合格ガイド

1級　原価計算

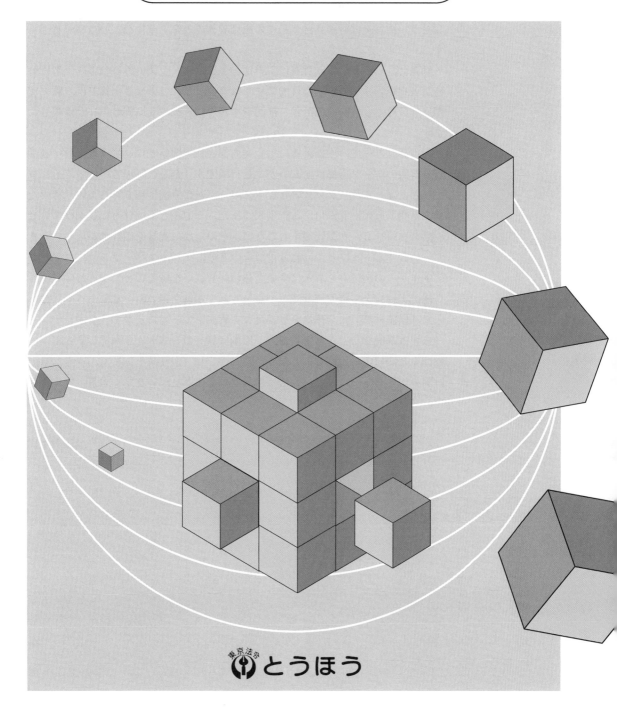

東京法令　とうほう

まえがき

　この問題集は，全商簿記実務検定1級原価計算の合格をめざす皆さんのために作成されたものです。

　「原価計算」とは，具体的には，財務会計としての原価計算と管理会計としての原価計算に大別できます。従来はこの二つを総称して工業簿記としていましたが，正しくは財務会計としての原価計算のみを工業簿記というのが普通です。

　財務会計としての原価計算は工業簿記とよばれ，企業の外部利害関係者に財務諸表を報告するのが主な目的です。財務会計としての原価計算では，特に実際原価計算（費目別原価計算・部門別原価計算・製品別原価計算）が重視されます。

　管理会計としての原価計算は，企業内部の利害関係者に原価管理目的・利益管理目的のデータを提供するのが主な目的です。企業の管理者層の中でも，ロアーとよばれる課長クラスのビジネスパーソンが原価管理をおこない，そのためには標準原価計算が用いられます。また，ミドルとよばれる部長クラスのビジネスパーソンが利益管理をおこない，そのために直接原価計算が用いられます。いわゆるトップとよばれる役員をつとめるビジネスパーソンは，ロアーやミドルからのデータをもとに企業全体の経営戦略を練ることになるわけです。

　簿記実務検定1級原価計算への対策として本書を用いることによって，こうした「原価計算」の全体像を過不足なく網羅して学ぶことができます。

　まずは基礎をしっかり固めて，「原価計算」のシステムを理解しましょう。難問や奇問にとらわれることなく，教科書をしっかり読み込んで，本書で原価計算の演習をすることで，合格は勝ち取れることと思います。頑張ってください。

　　　　　　　　　　　　　　　　　　　　　　　　　　　　　　執筆者一同

もくじ

I 原価と原価計算

第1章 工業簿記と原価計算

1. 製造業と簿記

● 商品売買業の経営活動

● 製造業の経営活動

工業簿記は，複式簿記の原理を製造業に適用したものである。

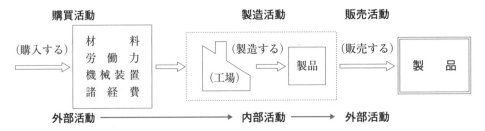

工業簿記の特色は製造活動について記録・計算・整理することである。

2. 工業簿記と原価計算

原　　　価……製品を製造するためにかかった材料，賃金・給料，諸経費などの費用をいう。

原価計算……製品の製造に要した原価を正確に計算する手続きをいう。

原価計算表……原価を集計した表をいう。

● 商業簿記との違い

(1) 工業簿記は，内部活動を処理する勘定科目が多く設けられている。

(2) 工業簿記は，内部活動に関する勘定科目間の振替記入が多い。

(3) 工業簿記は，補助簿や計算表が多く用いられ，補助元帳を統制する統制勘定が設けられる。

工業簿記と原価計算が相互に密接に結びつくことによって，製造業の経営活動について，その経営成績や財政状態を明らかにすることができるとともに，企業の将来の経営計画をたてるための重要な資料を提供することができる。

基本問題

解答p.2

1　次のそれぞれの取引は，①購買活動，②製造活動，③販売活動のいずれの活動になるか。その番号を記入しなさい。

(1)　材料￥200,000を買い入れ，代金は掛けとした。
(2)　本月分の賃金￥500,000を現金で支払った。
(3)　製品の製造のため電力料￥350,000を消費した。
(4)　製品￥800,000が完成した。
(5)　機械装置の減価償却費￥100,000を製品に負担させた。
(6)　水道光熱費￥400,000が当座預金から引き落とされた。
(7)　製品￥1,000,000が完成した。
(8)　製品￥700,000を掛けで売り渡した。

(1)	(2)	(3)	(4)	(5)	(6)	(7)	(8)
①	①	②	②	②	①	②	③

2　次の各文は工業簿記の特色をあらわしたものである。正しいものに○印を，誤っているものに×印を記入しなさい。

(1)　商業簿記になかった内部活動のみを記録・計算する。
(2)　損益勘定などのような集合勘定が，決算以外にも多く設けられる。
(3)　内部活動の記録・計算においては，勘定間の振替記入は絶対におこなわない。
(4)　内部活動を記録・計算するための補助簿や計算表が多く用いられる。
(5)　電力料の支払いは，外部取引だから，記録・計算しない。
(6)　原価計算のために，特殊な勘定科目が多く用いられる。

(1)	(2)	(3)	(4)	(5)	(6)
×	○	×	○	×	○

3　次の各取引のうち，外部活動には○印を，内部活動には×印を記入しなさい。

(1)　材料￥400,000を，掛けで買い入れた。
(2)　製品の製造のために材料￥340,000を消費した。
(3)　賃金￥850,000を現金で支払った。
(4)　製品￥1,200,000が完成した。
(5)　水道光熱費￥130,000を現金で支払った。
(6)　機械装置の減価償却費￥720,000を製品に負担させた。
(7)　製品￥900,000を掛けで売り渡した。

(1)	(2)	(3)	(4)	(5)	(6)	(7)
○	×	○	×	○	×	○

4 次の各文の □ のなかに，下記の語群のなかから，もっとも適当なものを選び，その番号を記入しなさい。

(1) 製造業では，購買活動や販売活動のような ［ ア ］ 活動のほかに，製造活動という ［ イ ］ 活動がある。商業簿記が ［ ウ ］ 業を営む企業に適用されるのに対して，製造業を営む企業には工業簿記が適用される。工業簿記の特色としては ［ イ ］ 活動によって生じた取引を処理するために，商業簿記では用いられない多くの ［ エ ］ が設けられることがあげられる。

(2) 商業簿記では電力料や減価償却費などは，［ オ ］ となるが，工業簿記では，このうち製造に要したものは製品の ［ カ ］ となる。

語群 1.費　用　　2.勘定科目　　3.外　　部　　4.経　　営　　5.原　　価
　　 6.材　　料　　7.商品売買　　8.内　　部

(1)				(2)	
ア	イ	ウ	エ	オ	カ
3	8	7	2	1	5

応用問題

解答p.2

1 次の各文の □ のなかに，下記の語群のなかから，もっとも適当なものを選び，その番号を記入しなさい。

(1) 工業簿記では，材料の加工から，製品の完成にいたるまでの ［ ア ］ 活動も ［ イ ］ の原理によって記録する。そのため ［ ア ］ 活動を分析して，製品の製造に要した材料，賃金，電力料などの費用，すなわち ［ ウ ］ を計算することが必要になる。この ［ エ ］ に要した原価を算定する手続きを ［ オ ］ といい，原価を集計した表を ［ カ ］ という。

語群 1.原価計算表　2.複式簿記　3.内　　部　4.外　　部　5.費　　用
　　 6.原　　価　7.原価計算　8.製　　品　9.商　　品

(2) 製造業の内部の ［ キ ］ 活動を ［ ク ］・［ ケ ］・［ コ ］ するには，そのために商業簿記にはない特別の勘定を設け，原価計算によって計算された金額をこれに記入する。このようにすれば，［ キ ］ 活動が勘定によって明らかにされるばかりではなく，［ サ ］ の原理によって ［ ク ］・［ ケ ］・［ コ ］ された結果が正しいかどうかを確かめることができる。

語群 1.販　　売　2.製　　造　3.記　　録　4.決　　算　5.計　　算
　　 6.外　　部　7.整　　理　8.貸借平均

(3) 工業簿記は商業簿記とは異なり，製造活動を処理する勘定科目が多く設けられるとともに，勘定間の ［ シ ］ 記入がひんぱんにおこなわれる。また，補助簿や計算表が多く用いられ，［ ス ］ を統制する統制勘定が設けられる。このような工業簿記と ［ セ ］ が密接に結びつくことによって，製造業の経営活動についてその ［ ソ ］ や ［ タ ］ を明らかにすることができるとともに，企業の将来の経営計画をたてるための重要な資料を提供することができる。

語群 1.財政状態　2.買掛金元帳　3.補助元帳　4.原価計算　5.振　　替
　　 6.原価計算表　7.経営成績　8.決　　算

(1)						(2)	
ア	イ	ウ	エ	オ	カ	キ	ク
3	2	6	8	7	1	2	3

(2)			(3)				
ケ	コ	サ	シ	ス	セ	ソ	タ
5	7	8	5	3	4	7	1

（注）ク，ケ，コおよびソ，タは順不同

2 次の図の，それぞれの経営活動の（　）のなかに入る語句を記入しなさい。
● 商品売買業の経営活動

● 製造業の経営活動

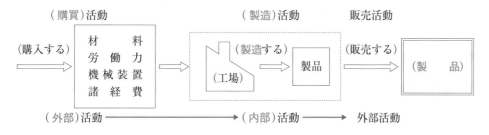

検定問題

解答p.3

1 次の文の□□□のなかに，下記の語群のなかから，もっとも適当なものを選び，その番号を記入しなさい。
（第41回一部修正）

　商品売買業では，商品の仕入れや販売などの外部活動がおこなわれるが，製造業では，このほかに□ア□という内部活動をおこなうことが大きな特徴である。この内部活動における原価を正確に計算する手続きが□イ□である。

語群　1．製造活動　2．月次決算　3．外部活動　4．原価計算　5．固定費　6．複式簿記　7．販売活動　8．購買活動

ア	イ
1	4

第2章　原価と原価計算

学習の要点 ●●●

1．原価の意味

原価には，次の2つの意味がある。

(1) 製造原価……製品を製造するために要した費用

(2) 総　原　価……製造原価＋販売費及び一般管理費

 ● 工業簿記や原価計算で原価という場合は，ふつうは製造原価を意味する。

 ● 非原価項目……費用のなかで原価に含めない項目のこと。

　　　例　支払利息，手形売却損，有価証券評価損，固定資産売却損，火災損失など。

2．原価の分類

(1) 発生形態による分類

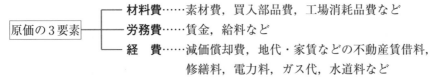

　原価の3要素 ─┬─ **材料費**……素材費，買入部品費，工場消耗品費など

　　　　　　　　├─ **労務費**……賃金，給料など

　　　　　　　　└─ **経　費**……減価償却費，地代・家賃などの不動産賃借料，

　　　　　　　　　　　　　　　　修繕料，電力料，ガス代，水道料など

(2) 製品との関連による分類

① **製造直接費**……特定の製品について個別に発生し，その製品に直接に集計することができる原価要素のこと。製造直接費を集計する手続きを**賦課**という。

　　（勘定科目➡仕掛品）

② **製造間接費**……各種の製品について共通して発生し，特定の製品の原価として直接に集計することができない原価要素のこと。製造間接費をある一定の基準で各製品に割り当てる計算の手続きを**配賦**という。

　　（勘定科目➡製造間接費）

原価の構成

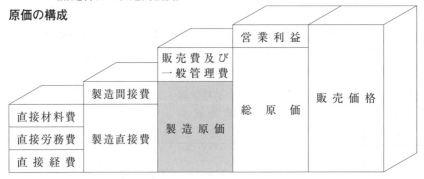

(3) 操業度との関連による分類

① **固　定　費**……操業度の増減にかかわりなく，発生額が一定している原価要素のこと。

　　　　例　減価償却費（定額法），保険料，支払家賃など。

② **変　動　費**……操業度の増減によって，比例的に増減する原価要素のこと。

　　　　例　直接材料費，出来高払賃金など。

③　**準固定費**……ある範囲内の操業度では発生高が一定で，その範囲をこえると急増し，ふたたび一定範囲内の操業度で発生高が固定する原価要素のこと。

　　　　　例　監督者の給料など。

④　**準変動費**……操業度が零(0)の場合でも一定額が発生し，そのうえ操業度の増減にともなって比例的に発生高が増減する原価要素のこと。

　　　　　例　電力料，水道料など。

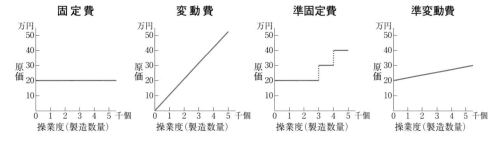

3．原価計算の目的

(1)　財務諸表の作成に必要な資料を提供すること。

(2)　製品の販売価格計算に必要な資料を提供すること。

(3)　原価管理に必要な資料を提供すること。

(4)　利益管理に必要な資料を提供すること。

4．原価計算の手続き

費目別計算　⟶　部門別計算　⟶　製品別計算

5．原価計算の期間

ふつう1か月を計算期間とし，これを原価計算期間という。

6．原価計算の種類

(1)　生産形態の違いによる分類

①　**個別原価計算**……種類の異なる製品を個別に製造する製造業(機械製造業・造船業など)に適用される方法。個々の製品ごとに特定製造指図書が発行される。この製造指図書には一連の番号(指図書番号)がつけられ，指図書番号別に原価計算表が作成されて，製品別に製造原価が集計される。

②　**総合原価計算**……同じ規格の製品を連続して製造する製造業(製糖業・製粉業・製紙業・化学工業)などに適用される方法。総合原価計算で発行される製造指図書は，継続製造指図書といわれ，これは製品を一定期間継続して製造することを命令するものである。

$$製品 1 単位あたりの製造原価 = \frac{一定期間の完成品原価}{一定期間の完成品数量}$$

(2)　原価計算をおこなう目的の違いによる分類

①　**実際原価計算**……製品の製造のために消費した実際原価によって，製品の原価を計算する方法。

②　**標準原価計算**……すべての原価要素の消費量を科学的・統計的に調査し，能率測定の尺度となるような原価標準をあらかじめ定めておき，この原価標準によって製品の原価を計算する方法。原価管理を有効におこなうために用いられる。

(3)　原価要素を集計する範囲の違いによる分類

　　①　**全部原価計算**……製造のために消費したすべての原価要素を集計する原価計算

　　②　**部分原価計算**……製造のために消費した原価要素の一部を集計する原価計算

7．サービス業における原価計算

　労務費と経費が主な原価となり，基本的に在庫をもたない。

基本問題

解答p.3

1　次の図は原価の構成関係を示したものである。（　　）のなかに，適当な語を記入しなさい。

			営業利益	
		販売費及び一般管理費		
	（　ウ　）			（　キ　）
（　ア　）			（　カ　）	
直接労務費	（　エ　）	（　オ　）		
（　イ　）				

ア	イ	ウ	エ	オ
直接材料費	直接経費	製造間接費	製造直接費	製造原価

カ	キ
総原価	販売価格

（注）ア，イは順不同

2　次の図は，操業度との関連による原価の分類である。ア～エの（　　）のなかに費用の名称を記入し，オ～クの（　　）のなかにどのような項目があるかを記入しなさい。

（　ア　）　　　　　（　イ　）　　　　　（　ウ　）　　　　　（　エ　）
（　オ　）　　　　　（　カ　）　　　　　（　キ　）　　　　　（　ク　）

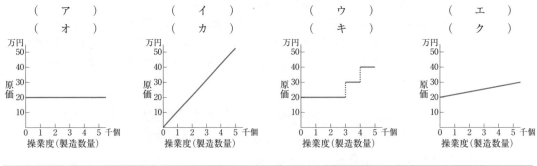

ア	イ	ウ	エ
固定費	変動費	準固定費	準変動費

オ	カ	キ	ク
減価償却費（定額法）	直接材料費	監督者の給料	電力料

（注）オ～クには別解あり

3 次の各文の □ のなかに，下記の語群のなかから，もっとも適当なものを選び，その番号を記入しなさい。

(1) 原価要素は，その発生形態によって， ア ・ イ ・ ウ に，また，その発生が特定の製品に直接に生じたか，間接に生じたかによって エ ・ オ に分類される。

(2) 製造直接費を特定の製品に集計する手続きを カ といい，製造間接費を一定の基準で各製品に割り当てる手続きを キ という。

(3) 保険料や減価償却費のように，操業度にかかわらず変化しない原価要素を ク といい，直接材料費のように，操業度の増減に比例して増減する原価要素を ケ という。

(4) 製造業では，ふつう1か月を計算期間として原価の計算をおこなうが，この計算期間を コ という。

語群
1. 固 定 費　2. 直 接 費　3. 製造間接費　4. 配 賦　5. 経 費
6. 材 料 費　7. 製造原価　8. 原価計算期間　9. 総 原 価　10. 変 動 費
11. 会計期間　12. 賦 課　13. 労 務 費　14. 製造直接費　15. 間 接 費

(1)					(2)		(3)		(4)
ア	イ	ウ	エ	オ	カ	キ	ク	ケ	コ
6	13	5	14	3	12	4	1	10	8

(注) ア，イ，ウおよびエ，オは順不同

4 次の図は原価の構成関係を示したものである。（　）のなかに，適当な語またはあてはまる金額を計算して記入しなさい。

		（ 販売費及び一般管理費 ）¥35,000	
直接材料費　¥70,000	製造直接費¥148,000	（ 製造原価 ）（¥ 228,000 ）	総 原 価（¥ 263,000）
直接労務費　（¥ 72,000）			
（ 直接経費 ）　¥6,000			
間接材料費　¥15,000	（製造間接費）（¥ 80,000 ）		
間接労務費　¥25,000			
（ 間接経費 ）　¥40,000			

5 次の資料によって，(1)製造直接費，(2)製造間接費，(3)製造原価，(4)総原価を求めなさい。

資　料
直接材料費　¥4,000　　直接労務費　¥5,000　　直 接 経 費　¥3,000
間接材料費　¥3,000　　間接労務費　¥2,000　　間 接 経 費　¥1,000
販売費及び一般管理費　¥1,500

(1)	¥	12,000	(2)	¥	6,000	(3)	¥	18,000	(4)	¥	19,500

6　次の各文の◻◻◻のなかに，下記の語群のなかから，もっとも適当なものを選び，その番号を記入しなさい。

(1)　原価計算のおもな目的には，① ア の作成に必要な資料を提供すること，②製品の イ の計算に必要な資料を提供すること，③ ウ に必要な資料を提供すること，④ エ に必要な資料を提供することなどがある。

(2)　原価計算の手続きは， オ 計算 → カ 計算 → キ 計算の3つの段階に分けておこなわれる。

(3)　種類・規格の異なる特定製品を生産する製造業に適用される原価計算の方法を ク といい，同種または異種の製品を連続的に大量生産する製造業に適用される原価計算の方法を ケ という。

(4)　原価計算は，その目的の違いによって，実際の原価によって計算する コ と，科学的・統計的調査による消費数量と標準となる価格によって計算する標準原価計算とに分類される。

語群　1．販売価格　　2．製造原価　　3．製品別　　4．利益管理　　5．個別原価計算
　　　6．全部原価計算　7．財務諸表　　8．総原価　　9．原価管理　10．費目別
　　　11．実際原価計算　12．部門別　　13．総合原価計算　14．部分原価計算

(1)				(2)			(3)		(4)
ア	イ	ウ	エ	オ	カ	キ	ク	ケ	コ
7	1	9	4	10	12	3	5	13	11

（注）ウ，エは順不同

7　次の各項目のうち，製造原価になるものをすべてあげなさい。
　1．工場の電力料　　2．機械の減価償却費　　3．配当金　　4．材料費
　5．火災損失　　6．役員の賞与　　7．製品の発送費　　8．広告料
　9．支払利息　10．工場長の給料

製造原価になるもの	1 ，2 ，4 ，10

応用問題
解答p.4

1　次の資料によって，製造直接費・製造間接費・製造原価・製品単価・総原価・販売価格を計算しなさい。

資料
　間接経費　￥8,000　　　直接材料費　￥104,000　　販売費及び一般管理費　￥40,000
　直接労務費　￥61,000　　直接経費　￥5,000　　　間接労務費　￥9,000
　間接材料費　￥13,000　　営業利益　￥60,000　　　完成品数量　40個

製造直接費 ￥	170,000	製造間接費 ￥	30,000	製造原価 ￥	200,000
製品単価 ￥	5,000	総原価 ￥	240,000	販売価格 ￥	300,000

2 次の各文の　□　のなかに，下記の語群のなかから，もっとも適当なものを選び，その番号を記入しなさい。

(1) ① 原価要素のうち，操業度との関連で，その発生額が比例的に増減する原価を　ア　という。これには　イ　や出来高払賃金などがある。

② 商品売買業では，商品の仕入れや販売などの外部活動がおこなわれるが，製造業では，このほかに　ウ　という内部活動をおこなうことが大きな特徴である。この内部活動を記録し，計算・整理する手続きが　エ　である。

語群 1．購 買 活 動　　2．変 動 費　　3．減価償却費　　4．工 業 簿 記　　5．直接材料費
　　 6．商 業 簿 記　　7．製 造 活 動　　8．固 定 費

(2) ① 原価計算のおもな目的には，財務諸表の作成，製品の　オ　の決定，ならびに　カ　に必要な資料を提供することなどがある。

② 製品の製造のために要した原価要素の実際消費量に，実際の取得価額または　キ　等を掛けて製造原価を計算する方法を　ク　という。

語群 1．販 売 価 格　　2．販 売 管 理　　3．実際原価計算　　4．標 準 原 価　　5．原 価 管 理
　　 6．標準原価計算　　7．見 積 原 価　　8．予 定 価 格

(3) ① 製造業では，販売価格の決定や原価管理を効果的におこなうため，ふつう，　ケ　を計算期間として，製品の製造原価を計算する。この期間を　コ　という。

② 同種または異種の製品を反復・連続して大量に製造する企業，たとえば，製紙業・　サ　・化学工業などに適用される原価計算の方法を　シ　という。

③ 原価計算の手続きのうち，原価要素を材料費・労務費・　ス　に分類して，その消費高を計算する手続きを，原価の　セ　という。

④ サービス業においては材料費ではなく，労務費と　ソ　がおもな原価となる。

語群 1．部 門 費　　2．個別原価計算　　3．原価計算期間　　4．経 費　　5．製 粉 業
　　 6．1 か 月　　7．部門別計算　　8．造 船 業　　9．費 目 計 算　　10．会 計 期 間
　　 11．1 年　　12．総合原価計算

(1)				(2)			
ア	イ	ウ	エ	オ	カ	キ	ク
2	5	7	4	1	5	8	3

(3)						
ケ	コ	サ	シ	ス	セ	ソ
6	3	5	12	4	9	4

検定問題

解答p.4

1 次の各文の下線を引いてある語が正しいときは○印を，誤っているときは正しい語を記入しなさい。 （第43回一部修正）

　（注）正しい語を書きなおしたときは，たとえ同じ意味を示す語を記入した場合も誤答となる。

(1) 原価計算における原価とは，一般的に製品を製造するために要した製造直接費と製造間接費の合計額，すなわち<u>総原価</u>を意味する。これは販売価格の決定などのため，ふつう1か月を単位
　　　　　　　　　　ア
として計算される。この期間を<u>販売期間</u>という。
　　　　　　　　　　　　　　イ

(2) 原価計算には，原価管理を効果的におこなう目的で，あらかじめ製品単位あたりの標準原価を計算しておき，実際の生産量に対する標準原価と<u>実際原価</u>とを比較して，その差異を分析する方
　　　　　　　　　　　　　　　　　　　　　　　　　　ウ
法がある。これを<u>実際原価計算</u>という。
　　　　　　　　エ

(3) 各種の製品の製造について共通に発生し，特定の製品の原価として直接集計することのできない製造費用を<u>製造間接費</u>という。これをある一定の基準によって，各種の製品に割り当てる手続
　　　　　　　　　オ
きを<u>賦課</u>という。
　　カ

(4) 種類の異なる製品を個々に生産する製造業で用いられる原価計算の方法を<u>総合原価計算</u>とい
　　　　　　　　　　　　　　　　　　　　　　　　　　　　　　　　　キ
う。この場合，特定の製品ごとに<u>製造指図書</u>が発行され，これにもとづいて製品の製造がおこな
　　　　　　　　　　　　　　　ク
われる。

(1)		(2)	
ア	イ	ウ	エ
製　造　原　価	原価計算期間	○	標準原価計算
(3)		(4)	
オ	カ	キ	ク
○	配　　　賦	個別原価計算	○

2 次の各文の□□□□のなかに，下記の語群のなかから，もっとも適当なものを選び，その番号を記入しなさい。

(1) 工場長の給料や電力料などのように，特定の製品の原価として直接集計することができない原価要素を　ア　という。これを一定の基準によって，各製品に割り当てる手続きを　イ　という。 （第50回一部修正）

(2) 財務諸表作成などのために，製品の製造に要したすべての原価要素を集計する原価計算の方法を　ウ　という。これに対し，製品の製造に要した原価要素の一部を集計する原価計算の方法もあり，代表的なものに直接原価計算がある。直接原価計算においては，利益計画に役立つ資料を提供するために，原価要素のうち　エ　だけを集計して原価を算出する。 （第58回）

語群　1．製造間接費　　2．全部原価計算　　3．部分原価計算　　4．棚卸計算法　　5．賦　　　課
　　　6．変　動　費　　7．仕　損　じ　　8．配　　　賦

(1)		(2)	
ア	イ	ウ	エ
1	8	2	6

3 次の各文の□□□のなかに，下記の語群のなかから，もっとも適当なものを選び，その番号を記入しなさい。　（第54回一部修正）

(1) 一定期間における製造数量・作業時間・機械運転時間などによって示された一定の生産設備の利用度を□ア□という。この利用度に比例して発生額が増減する原価要素を□イ□という。

(2) 工業簿記では，購買活動や販売活動だけでなく，材料の消費から製品の完成にいたるまでの□ウ□も複式簿記の原則によって記録する。この活動をより正確に記録するためには，費目別計算・部門別計算・製品別計算をおこなう必要がある。この手続きを□エ□という。

語群　1. 製 造 活 動　　2. 操 業 度　　3. 月 次 決 算　　4. 配 賦 率　　5. 変 動 費
　　　6. 外 部 活 動　　7. 固 定 費　　8. 原 価 計 算

(1)		(2)	
ア	イ	ウ	エ
2	5	1	8

4 次の文の□□□のなかに，下記の語群のなかから，もっとも適当なものを選び，その番号を記入しなさい。　（第84回）

原価は集計される原価の範囲によって２つに区分される。１つめは，製品を製造するために消費したすべての原価要素を製品の原価として集計する□ア□であり，財務諸表の作成や，製品の販売価格の設定に必要な資料を提供する目的に適している。２つめは，原価要素の一部を集計して，製品の原価を計算する□イ□であり，原価管理や利益計画に必要な資料を提供する目的に適している。この代表的な計算方法が直接原価計算である。

語群　1. 標 準 原 価 計 算　2. 部 分 原 価 計 算　3. 実 際 原 価 計 算　4. 全 部 原 価 計 算

ア	イ
4	2

5 次の各文の□□□のなかに，下記の語群のなかから，もっとも適当なものを選び，その番号を記入しなさい。　（第57回一部修正）

(1) 原価計算の手続きは□ア□計算・部門別計算・製品別計算の３つの段階からなるが，製品別計算はさらに，生産形態の違いにもとづき，種類の異なる特定の製品を製造指図書別に製造する場合に用いられる個別原価計算と，同じ種類または異なる種類の製品を連続して製造する場合に用いられる□イ□に分けることができる。

(2) 原価計算の目的の１つに，原価管理に必要な資料を提供することがあげられる。そのための有効な方法として，科学的・統計的調査にもとづいて原価の達成目標を設定し，これによって算出された原価と□ウ□を比較して差異を求め，その原因を分析する□エ□がある。

語群　1. 標準原価計算　　2. 部分原価計算　　3. 標 準 原 価　　4. 費 目 別　　5. 直接原価計算
　　　6. 総合原価計算　　7. 工 程 別　　8. 実 際 原 価

(1)		(2)	
ア	イ	ウ	エ
4	6	8	1

第3章　製造業における簿記の特色としくみ

学習の要点 ●●●

1. 製造業における特有な勘定

(1)　原価要素の勘定……**材料・労務費・経費**

(2)　原価を集計する勘定……**仕掛品・製造間接費**

(3)　製品の増減をあらわす勘定……**製品**

2. 工業簿記の勘定間の振替

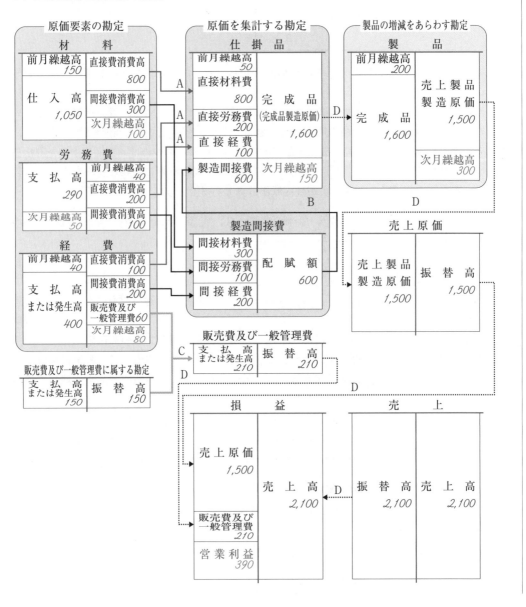

	A	製造直接費の賦課を示す。

　　A　　製造直接費の賦課を示す。

　　　　　賦課……製造直接費をある特定の製品に集計する手続き

　　B　　製造間接費の配賦を示す。

　　　　　配賦……製造間接費を各製品にある一定の基準で配分する手続き

　　C　　販売費及び一般管理費の振替を示す。

　　D　　製品の完成から損益勘定までの振替を示す。

基本問題

解答p.5

1　次の取引の仕訳を示しなさい（購買活動）。
(1)　材料¥100,000を掛で仕入れた。
(2)　労務費¥50,000を小切手を振り出して支払った。
(3)　経費¥40,000を現金で支払った。

	借　　　方		貸　　　方	
(1)	材　　　料	100,000	買　掛　金	100,000
(2)	労　務　費	50,000	当　座　預　金	50,000
(3)	経　　　費	40,000	現　　　金	40,000

2　次の取引の仕訳を示しなさい（製造活動）。
(1)　材料を直接材料費として¥80,000　間接材料費として¥15,000消費した。
(2)　労務費を直接労務費として¥40,000　間接労務費として¥5,000消費した。
(3)　経費を直接経費として¥6,000　間接経費として¥30,000消費した。
(4)　製造間接費¥50,000を仕掛品勘定に振り替えた。
(5)　製品が完成し，その製造原価は¥150,000である。

	借　　　方		貸　　　方	
(1)	仕　掛　品	80,000	材　　　料	95,000
	製　造　間　接　費	15,000		
(2)	仕　掛　品	40,000	労　務　費	45,000
	製　造　間　接　費	5,000		
(3)	仕　掛　品	6,000	経　　　費	36,000
	製　造　間　接　費	30,000		
(4)	仕　掛　品	50,000	製　造　間　接　費	50,000
(5)	製　　　品	150,000	仕　掛　品	150,000

3　次の取引の仕訳を示しなさい（販売活動）。
(1)　製品を¥200,000で売り渡し，代金は掛けとした。
(2)　当月に販売した製品の製造原価¥120,000を売上原価として計上した。

	借　　　　　方		貸　　　　　方	
(1)	売　掛　金	200,000	売　　　上	200,000
(2)	売　上　原　価	120,000	製　　　品	120,000

4　次の資料から，材料勘定に記入をおこない，締め切りなさい。ただし，勘定記入は相手科目・金額を示すこと。
資　料
ⅰ　材料の月初棚卸高は¥30,000である。
ⅱ　材料¥450,000を買い入れ，代金は掛けとした。
ⅲ　直接材料として¥380,000，間接材料として¥40,000消費した。

材　　　料

前 月 繰 越	30,000	諸　　　口	420,000
買 　掛　 金	450,000	次 月 繰 越	60,000
	480,000		480,000

5　次の連続した取引の仕訳を示しなさい。
(1)　材料を直接材料として¥400,000，間接材料として¥70,000消費した。
(2)　労務費を直接労務費として¥180,000，間接労務費として¥30,000，販売費及び一般管理費として¥20,000消費した。
(3)　経費を直接経費として¥50,000，間接経費として¥60,000，販売費及び一般管理費として¥30,000消費した。
(4)　製造間接費¥160,000を各製品に配賦し，仕掛品勘定に振り替えた。
(5)　製品が完成し，その製造原価は¥790,000であった。
(6)　製品を¥1,000,000で売り渡し，代金は掛けとした。
(7)　当月に販売した製品の製造原価¥790,000を売上原価として計上した。
(8)　売上原価勘定の残高¥790,000を損益勘定に振り替えた。
(9)　販売費及び一般管理費勘定の残高¥50,000を損益勘定に振り替えた。
(10)　売上勘定の残高¥1,000,000を損益勘定に振り替えた。

	借　　　　方		貸　　　　方	
(1)	仕　掛　品	400,000	材　　　　料	470,000
	製　造　間　接　費	70,000		
(2)	仕　掛　品	180,000	労　　務　　費	230,000
	製　造　間　接　費	30,000		
	販売費及び一般管理費	20,000		
(3)	仕　掛　品	50,000	経　　　　費	140,000
	製　造　間　接　費	60,000		
	販売費及び一般管理費	30,000		
(4)	仕　掛　品	160,000	製　造　間　接　費	160,000
(5)	製　　　　品	790,000	仕　掛　品	790,000
(6)	売　掛　金	1,000,000	売　　　　上	1,000,000
(7)	売　上　原　価	790,000	製　　　　品	790,000
(8)	損　　　　益	790,000	売　上　原　価	790,000
(9)	損　　　　益	50,000	販売費及び一般管理費	50,000
(10)	売　　　　上	1,000,000	損　　　　益	1,000,000

6　**5**の問題で明らかになった金額を次の原価の構成の図にあてはめなさい。ただし，この問題では投入(消費)した材料費・労務費・経費はすべて製品となり，¥1,000,000で販売したものとする。

				営　業　利　益 (¥　160,000)	
			販売費及び一般管理費 (¥　50,000)		
		製　造　間　接　費 (¥　160,000)			
直接材料費 (¥　400,000)			製　造　原　価 (¥　790,000)	総　原　価 (¥　840,000)	販　売　価　格 ¥1,000,000
直接労務費 (¥　180,000)	製　造　直　接　費 (¥　630,000)				
直　接　経　費 (¥　50,000)					

応用問題

解答p.7

1 次の取引の仕訳を示し，各勘定に記入して締め切りなさい。

ただし，ⅰ　勘定記入は取引番号・相手科目・金額を示すこと。

ⅱ　損益勘定は，締め切らなくてよい。

(1) 材料￥800,000を買い入れ，代金は約束手形を振り出して支払った。

(2) 材料を直接材料として￥620,000，間接材料として￥80,000消費した。

(3) 労務費￥440,000を小切手を振り出して支払った。

(4) 労務費を直接労務費として￥260,000，間接労務費として￥150,000，販売費及び一般管理費として￥50,000消費した。

(5) 経費￥180,000を小切手を振り出して支払った。

(6) 経費を間接経費として￥130,000，販売費及び一般管理費として￥40,000消費した。

(7) 製造間接費￥360,000を仕掛品勘定に振り替えた。

(8) 製品が完成し，その製造原価は￥1,100,000であった。

(9) 製品を￥1,170,000で売り渡し，代金は掛けとした。

(10) 売り渡した製品の製造原価は￥800,000であった。

(11) 売上勘定の残高￥1,170,000を損益勘定に振り替えた。

(12) 売上原価勘定の残高￥800,000と販売費及び一般管理費勘定の残高￥90,000を損益勘定に振り替えた。

		借　　方		貸　　方	
(1)	材　　　　料	800,000	支　払　手　形	800,000
(2)	仕　掛　品 製　造　間　接　費	620,000 80,000	材　　　　料	700,000
(3)	労　　務　　費	440,000	当　座　預　金	440,000
(4)	仕　掛　品 製　造　間　接　費 販売費及び一般管理費	260,000 150,000 50,000	労　　務　　費	460,000
(5)	経　　　　費	180,000	当　座　預　金	180,000
(6)	製　造　間　接　費 販売費及び一般管理費	130,000 40,000	経　　　　費	170,000
(7)	仕　掛　品	360,000	製　造　間　接　費	360,000
(8)	製　　　　品	1,100,000	仕　掛　品	1,100,000
(9)	売　掛　金	1,170,000	売　　　　上	1,170,000
(10)	売　上　原　価	800,000	製　　　　品	800,000
(11)	売　　　　上	1,170,000	損　　　　益	1,170,000
(12)	損　　　　益	890,000	売　上　原　価 販売費及び一般管理費	800,000 90,000

材　料

前 月 繰 越	40,000	(2)諸　　口	700,000
(1)支払手形	800,000	次 月 繰 越	140,000
	840,000		840,000

労　務　費

(3)当座預金	440,000	前 月 繰 越	50,000
次 月 繰 越	70,000	(4)諸　　口	460,000
	510,000		510,000

経　費

前 月 繰 越	20,000	(6)諸　　口	170,000
(5)当座預金	180,000	次 月 繰 越	30,000
	200,000		200,000

仕　掛　品

前 月 繰 越	80,000	(8)製　品	1,100,000
(2)材　　料	620,000	次 月 繰 越	220,000
(4)労 務 費	260,000		
(7)製造間接費	360,000		
	1,320,000		1,320,000

製 造 間 接 費

(2)材　　料	80,000	(7)仕 掛 品	360,000
(4)労 務 費	150,000		
(6)経　　費	130,000		
	360,000		360,000

製　品

前 月 繰 越	130,000	(10)売上原価	800,000
(8)仕 掛 品	1,100,000	次 月 繰 越	430,000
	1,230,000		1,230,000

売 上 原 価

(10)製　品	800,000	(12)損　益	800,000

販売費及び一般管理費

(4)労 務 費	50,000	(12)損　益	90,000
(6)経　　費	40,000		
	90,000		90,000

売　上

(11)損　益	1,170,000	(9)売掛金	1,170,000

損　益

(12)売上原価	800,000	(11)売　上	1,170,000
(12)販売費及び一般管理費	90,000		

学習の要点
「工業簿記の勘定間の振替」
を参考にして考えよう。

2　次の資料から，下記の勘定に記入して締め切りなさい。ただし，勘定記入は相手科目・金額を示すこと。

<u>資　料</u>

(1)　材　料
前月繰越高　¥60,000　　　当月仕入高(掛け)　¥780,000　　　次月繰越高　¥70,000
ただし，消費高のうち¥540,000は製造直接費で，残額は製造間接費である。

(2)　労務費
前月未払高　¥53,000　　　当月支払高(小切手払い)　¥360,000　　　当月未払高　¥58,000
ただし，消費高のうち¥250,000は製造直接費で，残額は製造間接費である。

(3)　経　費
前月前払高　¥15,000　　　当月支払高(現金払い)　¥200,000　　　当月未払高　¥12,000
ただし，消費高のうち¥40,000は製造直接費で，残額は製造間接費である。

(4)　仕掛品　前月繰越高　¥110,000　　　次月繰越高　¥240,000

(5)　製　品　前月繰越高　¥270,000　　　次月繰越高　¥210,000

材　料

前 月 繰 越	60,000	諸　　　口	770,000
買 掛 金	780,000	次 月 繰 越	70,000
	840,000		840,000

労　務　費

当 座 預 金	360,000	前 月 繰 越	53,000
次 月 繰 越	58,000	諸　　　口	365,000
	418,000		418,000

経　費

前 月 繰 越	15,000	諸　　　口	227,000
現　　　金	200,000		
次 月 繰 越	12,000		
	227,000		227,000

仕　掛　品

前 月 繰 越	110,000	製　　　品	1,232,000
材　　　料	540,000	次 月 繰 越	240,000
労 務 費	250,000		
経　　　費	40,000		
製造間接費	532,000		
	1,472,000		1,472,000

製 造 間 接 費

材　　　料	230,000	仕 掛 品	532,000
労 務 費	115,000		
経　　　費	187,000		
	532,000		532,000

製　　　品

前 月 繰 越	270,000	売 上 原 価	1,292,000
仕 掛 品	1,232,000	次 月 繰 越	210,000
	1,502,000		1,502,000

売 上 原 価

製　　　品	1,292,000	損　　　益	1,292,000

3 次の資料によって，(1)仕訳を示し，(2)仕掛品勘定と損益勘定に記入し，仕掛品勘定を締め切りなさい。ただし，勘定記入は相手科目・金額を示すこと。

資　料

①		月初棚卸高	月末棚卸高
材　　　料		￥ 420,000	￥ 340,000
仕　掛　品		￥ 660,000	￥ 820,000
製　　　品		￥ 520,000	￥ 740,000

② 材料仕入高(掛け)　￥1,680,000

③ 当月消費高

材　　　料　消費高のうち製造直接費は￥1,520,000であり，残額は製造間接費である。

労　務　費　￥1,580,000

うち，製造直接費は￥1,060,000　製造間接費は￥360,000であり，残額は販売費及び一般管理費である。

経　　　費　￥ 840,000

うち，製造間接費は￥580,000であり，残額は販売費及び一般管理費である。

④ 製品売上高(掛け)　￥4,500,000

(1)

	借　　　方		貸　　　方	
②	材　　　料	1,680,000	買　掛　金	1,680,000
	仕　掛　品	1,520,000	材　　　料	1,760,000
	製　造　間　接　費	240,000		
③	仕　掛　品	1,060,000	労　務　費	1,580,000
	製　造　間　接　費	360,000		
	販売費及び一般管理費	160,000		
	製　造　間　接　費	580,000	経　　　費	840,000
	販売費及び一般管理費	260,000		
④	売　掛　金	4,500,000	売　　　上	4,500,000

(2)

仕　掛　品

前月繰越	660,000	製　　品	3,600,000
材　　料	1,520,000	次月繰越	820,000
労　務　費	1,060,000		
製造間接費	1,180,000		
	4,420,000		4,420,000

損　　益

売上原価	3,380,000	売　上	4,500,000
販売費及び一般管理費	420,000		

4 次の諸勘定を完成しなさい。

材　　料

前 月 繰 越	(*120,000*)	(諸　　口)	(*455,000*)
買 掛 金	506,000	次 月 繰 越	*171,000*
	(*626,000*)		(*626,000*)

労　務　費

当 座 預 金	812,000	前 月 繰 越	88,000
次 月 繰 越	95,000	(諸　　口)	(*819,000*)
	907,000		907,000

経　　費

前 月 繰 越	64,000	(諸　　口)	(*285,000*)
当 座 預 金	(*262,000*)	次 月 繰 越	*41,000*
	(*326,000*)		(*326,000*)

仕　掛　品

前 月 繰 越	96,000	(製　　品)	(*1,446,000*)
材　　料	(*324,000*)	次 月 繰 越	*111,000*
(労 務 費)	(*607,000*)		
(製造間接費)	(*530,000*)		
	(*1,557,000*)		(*1,557,000*)

製 造 間 接 費

材　　料	(*131,000*)	(仕 掛 品)	(*530,000*)
労 務 費	170,000		
(経　　費)	229,000		
	530,000		530,000

製　　品

前 月 繰 越	184,000	(売上原価)	(*1,470,000*)
(仕 掛 品)	(*1,446,000*)	次 月 繰 越	160,000
	1,630,000		1,630,000

売 上 原 価

(製　　品)	(*1,470,000*)	(損　　益)	(*1,470,000*)

売　　上

(損　　益)	1,860,000	売 掛 金	1,860,000

販売費及び一般管理費

労 務 費	42,000	(損　　益)	(*98,000*)
経　　費	(*56,000*)		
	98,000		98,000

損　　益

売 上 原 価	1,470,000	(売　　上)	(*1,860,000*)
販売費及び一般管理費	(*98,000*)		

5 東京製作所は，A製品（製造指図書＃1）・B製品（製造指図書＃2）・C製品（製造指図書＃3）を製造している。次の資料によって，必要な仕訳を示し，製造間接費勘定と仕掛品勘定に記入して締め切りなさい（勘定記入は相手科目・金額を記入のこと）。また，各製品の製造原価を計算しなさい。

ただし，月初仕掛品はなかった。

資　料

(1) 材料消費高　製造指図書＃1　¥200,000　＃2 ¥180,000　＃3　¥150,000

間接材料費　¥30,000

(2) 労務費消費高　製造指図書＃1　¥300,000　＃2 ¥250,000　＃3　¥100,000

間接労務費　¥80,000

(3) 経費消費高　製造指図書＃1　¥60,000　＃2 ¥40,000　間接経費 ¥20,000

(4) 製造間接費は製造指図書＃1に50%，＃2に40%，＃3に10%の割合で配賦した。

(5)　製造指図書＃1および＃3が完成した。

	借　　　　　方		貸　　　　　方	
(1)	仕　　掛　　品	530,000	材　　　　　料	560,000
	製　造　間　接　費	30,000		
(2)	仕　　掛　　品	650,000	労　　務　　費	730,000
	製　造　間　接　費	80,000		
(3)	仕　　掛　　品	100,000	経　　　　　費	120,000
	製　造　間　接　費	20,000		
(4)	仕　　掛　　品	130,000	製　造　間　接　費	130,000
(5)	製　　　　　品	888,000	仕　　掛　　品	888,000

製 造 間 接 費

材　　料	30,000	仕掛品	130,000
労　務　費	80,000		
経　　費	20,000		
	130,000		130,000

仕 掛 品

材　　料	530,000	製　　品	888,000
労　務　費	650,000	次月繰越	522,000
経　　費	100,000		
製造間接費	130,000		
	1,410,000		1,410,000

A製品（＃1）	
直接材料費　¥	200,000
直接労務費	300,000
直接経費	60,000
製造間接費	65,000
製造原価　¥	625,000

B製品（＃2）	
直接材料費　¥	180,000
直接労務費	250,000
直接経費	40,000
製造間接費	52,000
製造原価　¥	522,000

C製品（＃3）	
直接材料費　¥	150,000
直接労務費	100,000
直接経費	0
製造間接費	13,000
製造原価　¥	263,000

この問題で用いる原価計算の方法は，製造指図書ごとに原価を計算し，製造間接費を配賦するので個別原価計算といいます。

Ⅱ　原価の費目別計算

第1章　材料費の計算と記帳

学習の要点 ● ● ●

1．材料費の分類

　①素材費（または原料費），②買入部品費，③燃料費，④工場消耗品費，⑤消耗工具器具備品費などに分類される。

2．材料の購入と記帳

　材料購入に要した付随費用（買入手数料・引取運賃・保険料など）は，材料の購入原価に含める。

> 材料の購入原価＝材料の購入代価＋付随費用

3．材料の保管

　倉庫に保管された材料は材料の種類ごとに材料台帳（材料棚札）に記入し，適正な在庫を確保する。材料は保管や受け払いのさいに破損・滅失することがある。これを**棚卸減耗**という。材料の実地棚卸高（実際有高）が帳簿残高より少ない場合の差額は，**棚卸減耗損**として，月末または会計期末に会計処理をおこなう。

> 当月棚卸減耗損＝（当月帳簿棚卸数量－当月実地棚卸数量）×仕入単価

4．材料出庫と記帳

5．材料消費高の計算

　(1)　消費数量の計算
　　①　**継続記録法**……材料の受け入れ，払い出しのつど，材料元帳などに数量を記入，その払出数量を消費数量とする。
　　②　**棚卸計算法**……出庫のつど払い出しの記録はおこなわず，月末に実地棚卸をおこない次の式で消費数量を計算する。

> 消費数量＝（前月繰越数量＋受入数量）－月末棚卸数量

(2) 消費単価の計算

① **原　価　法**……次のいずれかの方法によって消費単価を計算する。

先入先出法・移動平均法・総平均法

② **予定価格法**……将来の一定期間の購入原価を予定しておき、これを消費単価として、消費高を計算する。

6. 予定価格法による記帳

(1) 消費材料勘定を設けない方法

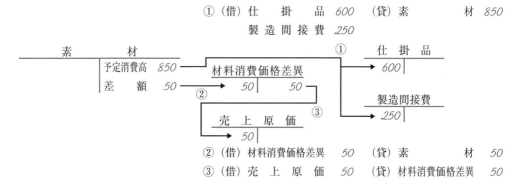

(2) 消費材料勘定を設ける方法……消費材料勘定の貸借差額は、材料消費価格差異勘定に振り替え、その残高は、会計年度末に、原則として売上原価勘定に振り替える。

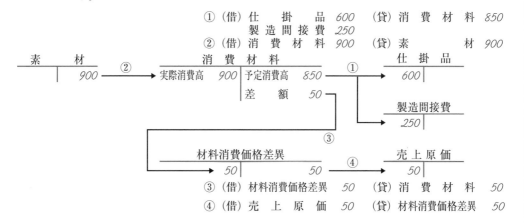

(3) 材料消費価格差異の内容

材料の実際消費高が予定消費高よりも多いときに生じる差異は、予定していた消費高よりも余分に消費してしまったという不利な差異なので、不利差異という。不利差異は材料消費価格差異勘定の借方に記入されるため、借方差異ともいう。

一方、実際消費高が予定消費高よりも少ないときに生じる差異は、予定していた消費高よりも節約できたという有利な差異なので、有利差異という。有利差異は材料消費価格差異勘定の貸方に記入されるため、貸方差異ともいう。

材料消費価格差異＝予定消費高－実際消費高

基本問題

解答p.11

1 　次の各文の□□□のなかに，下記の語群のなかから，もっとも適当なものを選び，その番号を記入しなさい。

(1)　製品の主要な構成部分となる材料を　ア　といい，たとえば家具製造業の木材や造船業における鋼材などがある。一方，外部から買い入れ，加工されずにそのまま製品の一部に取り付けられる材料を　イ　という。これには自動車におけるタイヤやシートなどがある。

(2)　材料の購入原価は，購入代価に買入手数料や引取運賃などの　ウ　を加算する。

(3)　材料の消費数量の計算方法には，2つの方法がある。ひとつは，材料の入出庫のつど，材料元帳に記録する方法で，　エ　という。もうひとつの方法は，　オ　といい，月末に実地棚卸をおこない，次の式によって消費数量を計算する。

消費数量＝（　カ　＋　キ　）－　ク

(4)　材料の実地棚卸高が帳簿残高より少ない場合は，その不足額は　ケ　として処理される。

語群　1．継続記録法　　2．月末棚卸数量　　3．買入部品　　4．付随費用　　5．素　　材
　　　6．前月繰越数量　7．棚卸計算法　　　8．移動平均法　9．受入数量　　10．棚卸減耗損

(1)		(2)	(3)					(4)
ア	イ	ウ	エ	オ	カ	キ	ク	ケ
5	3	4	1	7	6	9	2	10

（注）カ，キは順不同

2 　次の取引の仕訳を示しなさい。

(1)　素材¥600,000を掛けで買い入れ，引取費用¥20,000を現金で支払った。

(2)　買入部品¥280,000を買い入れ，代金は小切手を振り出して支払った。

(3)　材料を次のとおり買い入れ，代金のうち¥100,000は約束手形を振り出して支払い，残額は掛けとした。

燃　　　料　¥100,000　　工場消耗品　¥80,000　　消耗工具器具備品　¥90,000

(4)　素材¥400,000と買入部品¥200,000を製造指図書#2のために消費した。

(5)　素材¥70,000を機械修理用に消費した。

(6)　期末棚卸の結果，素材の実地棚卸高が帳簿残高より¥7,000少ないことがわかった。

	借　　　　　方		貸　　　　　方	
(1)	素　　　　　材	620,000	買　掛　金	600,000
			現　　　金	20,000
(2)	買　入　部　品	280,000	当　座　預　金	280,000
(3)	燃　　　　　料	100,000	支　払　手　形	100,000
	工　場　消　耗　品	80,000	買　掛　金	170,000
	消耗工具器具備品	90,000		
(4)	仕　掛　品	600,000	素　　　材	400,000
			買　入　部　品	200,000
(5)	製　造　間　接　費	70,000	素　　　材	70,000
(6)	棚　卸　減　耗　損	7,000	素　　　材	7,000

3　次の取引の仕訳を示しなさい。

8月17日　素材を次のとおり買い入れ，代金は掛けとした。

素　　　材　　400個　　@¥560　　¥224,000

19日　工場の外壁修理用に，素材を次のとおり消費した。

素　　　材　　100個　　@¥580　　¥ 58,000

24日　買入部品および工場消耗品を次のとおり買い入れ，代金は小切手を振り出して支払った。

買 入 部 品　　300個　　@¥350　　¥105,000

工場消耗品　　200個　　〃〃150　　¥ 30,000

25日　A製品（製造指図書＃1）の注文を受け，素材200個と買入部品100個を次のとおり消費した。

素　　　材　　200個　　@¥580　　¥116,000

買 入 部 品　　100個　　〃〃350　　¥ 35,000

27日　工場消耗品の消費高¥60,000を計上した。（間接材料）

	借　　　方		貸　　　方	
8/17	素　　　　　材	224,000	買　掛　金	224,000
19	製 造 間 接 費	58,000	素　　　　　材	58,000
24	買 入 部 品 工 場 消 耗 品	105,000 30,000	当 座 預 金	135,000
25	仕　掛　品	151,000	素　　　　　材 買 入 部 品	116,000 35,000
27	製 造 間 接 費	60,000	工 場 消 耗 品	60,000

4　次の各文の□□□のなかに，下記の語群のなかから，もっとも適当なものを選び，その番号を記入しなさい。

(1)　材料の消費数量を計算する方法のうち，材料の受け入れ・払い出しのつど，材料元帳などに数量を記入して，その払出数量を消費数量とする方法を□ア□という。

(2)　外部から買い入れ，加工されずにそのまま製品の一部に取り付けられる材料を□イ□という。たとえば自動車のタイヤやシートがそうであり，ふつうその消費高は直接材料費となる。

語群　1．棚卸計算法　　2．燃　　料　　3．継続記録法　　4．買 入 部 品

(1)	(2)
ア	イ
3	4

5 次のK素材の受け払いの資料から，材料元帳へ先入先出法・移動平均法によって記入し，締め切りなさい。また，それぞれの場合の消費高を計算しなさい。

資　料

9月1日　繰　越　100個　@¥300	9月6日　受　入　150個　@¥320
11日　払　出　200個	16日　受　入　100個　@¥330
21日　払　出　80個	29日　払　出　50個

材　料　元　帳

（先入先出法）　　　　　　　　　　　　　　〈品名〉K素材　　　　　　　　　　　　　　単位：個

令和○年		摘　要	受　入			払　出			残　高		
			数量	単価	金　額	数量	単価	金　額	数量	単価	金　額
9	1	前月繰越	100	300	30,000				100	300	30,000
	6	受　入	150	320	48,000				100	300	30,000
									150	320	48,000
	11	払　出				100	300	30,000			
						100	320	32,000	50	320	16,000
	16	受　入	100	330	33,000				50	320	16,000
									100	330	33,000
	21	払　出				50	320	16,000			
						30	330	9,900	70	330	23,100
	29	払　出				50	330	16,500	20	330	6,600
	30	次月繰越				20	330	6,600			
			350		111,000	350		111,000			
10	1	前月繰越	20	330	6,600				20	330	6,600

消費高　¥　　104,400

（移動平均法）　　　　　　　　　　　　　　〈品名〉K素材　　　　　　　　　　　　　　単位：個

令和○年		摘　要	受　入			払　出			残　高		
			数量	単価	金　額	数量	単価	金　額	数量	単価	金　額
9	1	前月繰越	100	300	30,000				100	300	30,000
	6	受　入	150	320	48,000				250	312	78,000
	11	払　出				200	312	62,400	50	312	15,600
	16	受　入	100	330	33,000				150	324	48,600
	21	払　出				80	324	25,920	70	324	22,680
	29	払　出				50	324	16,200	20	324	6,480
	30	次月繰越				20	324	6,480			
			350		111,000	350		111,000			
10	1	前月繰越	20	324	6,480				20	324	6,480

消費高　¥　　104,520

6　次のW素材の受け払いの資料から，材料元帳へ先入先出法・総平均法によって記入し，締め切りなさい。また，それぞれの場合の消費高を計算しなさい。

資　料

10月1日	繰　越	70個　@¥400	10月2日	受　入	230個　@¥450
8日	払　出	150個	17日	受　入	200個　@¥460
24日	払　出	250個			

材　料　元　帳

（先入先出法）　　　　　　　　　〈品名〉W素材　　　　　　　　　　　単位：個

令和○年		摘　要	受　入			払　出			残　高		
			数量	単価	金　額	数量	単価	金　額	数量	単価	金　額
10	1	前月繰越	70	400	28,000				70	400	28,000
	2	受　入	230	450	103,500				{ 70	400	28,000
									230	450	103,500
	8	払　出				{ 70	400	28,000			
						80	450	36,000	150	450	67,500
	17	受　入	200	460	92,000				{ 150	450	67,500
									200	460	92,000
	24	払　出				{ 150	450	67,500			
						100	460	46,000	100	460	46,000
	31	次月繰越				100	460	46,000			
			500		223,500	500		223,500			
11	1	前月繰越	100	460	46,000				100	460	46,000

消費高　¥　　177,500

（総平均法）　　　　　　　　　　〈品名〉W素材　　　　　　　　　　　単位：個

令和○年		摘　要	受　入			払　出			残　高		
			数量	単価	金　額	数量	単価	金　額	数量	単価	金　額
10	1	前月繰越	70	400	28,000				70	400	28,000
	2	受　入	230	450	103,500				300		
	8	払　出				150	447	67,050	150		
	17	受　入	200	460	92,000				350		
	24	払　出				250	447	111,750	100	447	44,700
	31	次月繰越				100	447	44,700			
			500		223,500	500		223,500			
11	1	前月繰越	100	447	44,700				100	447	44,700

消費高　¥　　178,800

7 次の資料によって, (1)消費材料勘定を設けない場合と, (2)設ける場合の仕訳を示し, 下記の勘定に記入しなさい。なお, 勘定記入は相手科目・金額を示すこと。

資　料

① 素材¥*1,000,000*を買い入れ, 代金は掛けとした。

② 予定価格による素材の消費高は, 製造指図書# 5¥*700,000*　機械修理用¥*80,000*とした。

③ 素材の実際消費高は¥*777,000*であった。

④ 予定価格による消費高と実際消費高との差異について処理した。

⑤ 会計期末に, 材料消費価格差異勘定の貸方残高¥*3,000*を売上原価勘定に振り替えた。

(1) 消費材料勘定を設けない場合

	借　　　　　方		貸　　　　　方	
①	素　　　　　　材	*1,000,000*	買　　掛　　金	*1,000,000*
②	仕　　掛　　品	*700,000*	素　　　　　　材	*780,000*
	製　造　間　接　費	*80,000*		
③・④	素　　　　　　材	*3,000*	材料消費価格差異	*3,000*
⑤	材料消費価格差異	*3,000*	売　上　原　価	*3,000*

素　　　　材

買 掛 金	*1,000,000*	諸　　口	*780,000*
材料消費価格差異	*3,000*		

仕　　掛　　品

素　　材	*700,000*		

製　造　間　接　費

素　　材	*80,000*		

材料消費価格差異

売上原価	*3,000*	素　　材	*3,000*

売　上　原　価

		材料消費価格差異	*3,000*

(2) 消費材料勘定を設ける場合

	借　　　　　方		貸　　　　　方	
①	素　　　　　　材	*1,000,000*	買　　掛　　金	*1,000,000*
②	仕　　掛　　品	*700,000*	消　費　材　料	*780,000*
	製　造　間　接　費	*80,000*		
③	消　費　材　料	*777,000*	素　　　　　　材	*777,000*
④	消　費　材　料	*3,000*	材料消費価格差異	*3,000*
⑤	材料消費価格差異	*3,000*	売　上　原　価	*3,000*

素　　　　材

買 掛 金	*1,000,000*	消費材料	*777,000*

消　費　材　料

素　　材	*777,000*	諸　　口	*780,000*
材料消費価格差異	*3,000*		

仕　　掛　　品

消費材料	*700,000*		

製　造　間　接　費

消費材料	*80,000*		

材料消費価格差異

売上原価	*3,000*	消費材料	*3,000*

売　上　原　価

		材料消費価格差異	*3,000*

応用問題

解答p.15

1　個別原価計算を採用している石川製作所の下記の資料によって，6月中の次の取引の仕訳を示しなさい。

　　ただし，ⅰ　前月繰越高は，次のとおりである。

　　　　　　素　　材　300kg　@¥1,520　¥456,000
　　　　　　工場消耗品　600個　〃　70　¥42,000

　　　　ⅱ　素材の消費高は仕入単価が変動するため，1kgあたり¥1,500の予定価格を用いて計算し，消費材料勘定を設けて記帳している。なお，実際消費高の計算は総平均法によっている。

　　　　ⅲ　工場消耗品の消費数量の計算は棚卸計算法によっている。

　6月6日　素材および工場消耗品を次のとおり買い入れ，代金は掛けとした。

　　　　　　素　　材　1,700kg　@¥1,500　¥2,550,000
　　　　　　工場消耗品　6,200個　〃　70　¥434,000

　　12日　素材を次のとおり買い入れ，代金は掛けとした。

　　　　　　素　　材　2,600kg　@¥1,480　¥3,848,000

　　30日①　当月の素材消費数量は4,200kg（製造指図書＃1用4,000kg　機械修理用200kg）であった。よって，素材の予定消費高を計上した。

　　　　②　工場消耗品の月末棚卸数量は500個であった。よって，消費高を計上した。

　　　　③　当月の素材実際消費高を計上した。なお，消費数量は4,200kgである。

　　　　④　素材の予定消費高と実際消費高との差額を，材料消費価格差異勘定に振り替えた。

	借　　方		貸　　方	
6月6日	素　　材 工 場 消 耗 品	2,550,000 434,000	買　掛　金	2,984,000
12日	素　　材	3,848,000	買　掛　金	3,848,000
30日①	仕　掛　品 製 造 間 接 費	6,000,000 300,000	消 費 材 料	6,300,000
〃日②	製 造 間 接 費	441,000	工 場 消 耗 品	441,000
〃日③	消 費 材 料	6,258,000	素　　材	6,258,000
〃日④	消 費 材 料	42,000	材料消費価格差異	42,000

2 次の諸勘定を完成しなさい。ただし，素材については予定価格を用いて計算し，消費材料勘定を設けて記帳している。

<table>
<tr><td colspan="4" align="center">素　　　　材</td></tr>
<tr><td>前 月 繰 越</td><td align="right">120,000</td><td>（消費材料）</td><td align="right">（1,255,000）</td></tr>
<tr><td>買 　 掛 　 金</td><td align="right">1,280,000</td><td>棚卸減耗損</td><td align="right">15,000</td></tr>
<tr><td></td><td></td><td>次 月 繰 越</td><td align="right">130,000</td></tr>
<tr><td></td><td align="right">（1,400,000）</td><td></td><td align="right">（1,400,000）</td></tr>
<tr><td>（前月繰越）</td><td align="right">（130,000）</td><td></td><td></td></tr>
</table>

<table>
<tr><td colspan="4" align="center">工 場 消 耗 品</td></tr>
<tr><td>前 月 繰 越</td><td align="right">10,000</td><td>（製造間接費）</td><td align="right">（142,000）</td></tr>
<tr><td>買 　 掛 　 金</td><td align="right">150,000</td><td>（次月繰越）</td><td align="right">（18,000）</td></tr>
<tr><td></td><td align="right">160,000</td><td></td><td align="right">（160,000）</td></tr>
<tr><td>（前月繰越）</td><td align="right">18,000</td><td></td><td></td></tr>
</table>

<table>
<tr><td colspan="4" align="center">仕 　 掛 　 品</td></tr>
<tr><td>前 月 繰 越</td><td align="right">345,000</td><td>（製　　品）</td><td align="right">（2,300,000）</td></tr>
<tr><td>（消費材料）</td><td align="right">（1,200,000）</td><td>次 月 繰 越</td><td align="right">450,000</td></tr>
<tr><td>賃 　 金</td><td align="right">755,000</td><td></td><td></td></tr>
<tr><td>（製造間接費）</td><td align="right">（450,000）</td><td></td><td></td></tr>
<tr><td></td><td align="right">（2,750,000）</td><td></td><td align="right">（2,750,000）</td></tr>
<tr><td>（前月繰越）</td><td align="right">（450,000）</td><td></td><td></td></tr>
</table>

<table>
<tr><td colspan="4" align="center">製 造 間 接 費</td></tr>
<tr><td>消 費 材 料</td><td align="right">138,000</td><td>（仕 掛 品）</td><td align="right">（450,000）</td></tr>
<tr><td>工場消耗品</td><td align="right">（142,000）</td><td></td><td></td></tr>
<tr><td>賃 　 金</td><td align="right">130,000</td><td></td><td></td></tr>
<tr><td>減価償却費</td><td align="right">25,000</td><td></td><td></td></tr>
<tr><td>棚卸減耗損</td><td align="right">（15,000）</td><td></td><td></td></tr>
<tr><td></td><td align="right">450,000</td><td></td><td align="right">（450,000）</td></tr>
</table>

<table>
<tr><td colspan="4" align="center">消 費 材 料</td></tr>
<tr><td>（素 　 材）</td><td align="right">（1,255,000）</td><td>（諸 　 口）</td><td align="right">（1,338,000）</td></tr>
<tr><td>（材料消費価格差異）</td><td align="right">（83,000）</td><td></td><td></td></tr>
<tr><td></td><td align="right">（1,338,000）</td><td></td><td align="right">（1,338,000）</td></tr>
</table>

<table>
<tr><td colspan="4" align="center">製 　 　 品</td></tr>
<tr><td>前 月 繰 越</td><td align="right">200,000</td><td>売 上 原 価</td><td align="right">2,100,000</td></tr>
<tr><td>（仕 掛 品）</td><td align="right">（2,300,000）</td><td>（次月繰越）</td><td align="right">（400,000）</td></tr>
<tr><td></td><td align="right">（2,500,000）</td><td></td><td align="right">（2,500,000）</td></tr>
<tr><td>前 月 繰 越</td><td align="right">400,000</td><td></td><td></td></tr>
</table>

<table>
<tr><td colspan="4" align="center">棚 卸 減 耗 損</td></tr>
<tr><td>素 　 　 材</td><td align="right">15,000</td><td>（製造間接費）</td><td align="right">（15,000）</td></tr>
</table>

<table>
<tr><td colspan="4" align="center">材料消費価格差異</td></tr>
<tr><td></td><td></td><td>（消費材料）</td><td align="right">（83,000）</td></tr>
</table>

3　ある原価計算期間の材料に関する資料は次のとおりであった。この資料から必要な仕訳をおこない，下記の勘定に記入しなさい。なお，勘定は締め切らなくてよい。

　　　ただし，ⅰ　前月繰越高は次のとおりである。

素　　材	400個	@¥600	¥240,000
買入部品	300〃	〃〃200	¥ 60,000

　　　　　ⅱ　材料の消費高の計算は，材料 1 個につき¥630　買入部品 1 個につき¥220の予定価格を用いて計算し，消費材料勘定を設けて記帳している。

　　　　　ⅲ　勘定記入は相手科目と金額のみ示すこと。

(1)　当月材料仕入高（掛け）

素　　材	1,200個	@¥640	¥768,000
買入部品	500〃	〃〃250	¥125,000

(2)　予定価格による消費数量

直接材料	素　　材	1,200個	買入部品	550個
間接材料	素　　材	100〃		

(3)　当月実際価格による消費高

　　　消費単価の計算は，素材は移動平均法により，買入部品は先入先出法による。

(4)　予定価格による消費高と実際価格による消費高との差額を材料消費価格差異勘定に振り替えた。

(5)　各材料の実地棚卸数量は，次のとおりであった。

　　　　素　　材　　280個　　　買入部品　　250個

	借　　　　方		貸　　　　方	
(1)	素　　　　　材	768,000	買　掛　金	893,000
	買　入　部　品	125,000		
(2)	仕　　掛　　品	877,000	消　費　材　料	940,000
	製　造　間　接　費	63,000		
(3)	消　費　材　料	941,500	素　　　　　材	819,000
			買　入　部　品	122,500
(4)	材料消費価格差異	1,500	消　費　材　料	1,500
(5)	棚　卸　減　耗　損	12,600	素　　　　　材	12,600

素　　　　材

前月繰越	240,000	消費材料	819,000
買掛金	768,000	棚卸減耗損	12,600

買　入　部　品

前月繰越	60,000	消費材料	122,500
買掛金	125,000		

消　費　材　料

諸　　口	941,500	諸　　口	940,000
		材料消費価格差異	1,500

棚　卸　減　耗　損

素　材	12,600		

仕　　掛　　品

消費材料	877,000		

製　造　間　接　費

消費材料	63,000		

材料消費価格差異

消費材料	1,500		

検定問題

解答p.17

1 次の取引の仕訳を示しなさい。

(1) 月末における買入部品Aの帳簿棚卸高は，次の材料元帳に示されているとおりであり，実地棚卸高は890個 @¥2,000であった。よって，買入部品勘定を修正した。 （第56回一部修正）

材 料 元 帳

〈品名〉買入部品A 単位：個

令和○年		摘　　要	受　　入			払　　出			残　　高		
			数量	単価	金額	数量	単価	金額	数量	単価	金額
5	31	払出				230	2,000	460,000	900	2,000	1,800,000

(2) 当月の素材の消費高について，次の資料を得たので，予定価格による消費高と実際価格による消費高との差額を材料消費価格差異勘定に振り替えた。ただし，消費材料勘定を設けている。 （第41回）

　　　素材消費数量　　800個　　予 定 価 格　@¥850　　実 際 価 格　@¥880

(3) 会計期末にあたり，材料消費価格差異勘定の残高を売上原価勘定に振り替えた。なお，材料消費価格差異勘定の前月繰越高は¥35,000（借方）であり，当月の素材の実際消費高は予定消費高より¥17,000少なかった。 （第58回）

(4) 月末における素材の帳簿棚卸数量は300個であり，実地棚卸数量は290個であった。よって，素材勘定を修正した。ただし，消費単価の計算は先入先出法によっている。 （第59回）

　　　素材の月初棚卸高　　　　200個　　　　@¥440　　　¥　88,000
　　　素材の当月仕入高　　4,800〃　　　〃〃500　　　¥2,400,000

(5) 当月の素材の消費高について，次の資料を得たので，予定価格による消費高と実際価格による消費高との差額を材料消費価格差異勘定に振り替えた。ただし，素材勘定だけで処理する方法によること。 （第60回）

　　　実際消費数量　　650個　　予 定 価 格　@¥360　　実 際 価 格　@¥380

(6) 愛知製作所は，月末に素材の予定価格による消費高¥290,000と実際価格による消費高¥278,000との差額を材料消費価格差異勘定に振り替えたとき，誤って，次のように処理していたのでこれを訂正した。ただし，消費材料勘定を設けている。 （第45回）

　　　（借）　材料消費価格差異　　12,000　　　（貸）　素　　　　材　　12,000

(7) 月末における素材の帳簿棚卸数量は600個であり，実地棚卸数量は575個であった。よって，素材勘定を修正した。ただし，消費単価の計算は総平均法によっている。 （第67回）

　　　素材の月初棚卸高　　　　800個　　　　@¥400　　　¥　320,000
　　　素材の当月仕入高　　3,200〃　　　〃〃450　　　¥1,440,000

	借　　　　　方		貸　　　　　方	
(1)	棚 卸 減 耗 損	20,000	買 入 部 品	20,000
(2)	材料消費価格差異	24,000	消 費 材 料	24,000
(3)	売 上 原 価	18,000	材料消費価格差異	18,000
(4)	棚 卸 減 耗 損	5,000	素　　　　　材	5,000
(5)	材料消費価格差異	13,000	素　　　　　材	13,000
(6)	素　　　　　材	12,000	材料消費価格差異	24,000
	消 費 材 料	12,000		
(7)	棚 卸 減 耗 損	11,000	素　　　　　材	11,000

2　次の取引の仕訳を示しなさい。

(1)　月末に素材の実際消費高¥490,000を計上した。ただし，素材の消費高は予定価格法により，消費材料勘定を設けて処理している。　　　　　　　　　　　　　　　　　　　（第54回）

(2)　神奈川工業株式会社は，会計期末にあたり，材料消費価格差異勘定の残高を売上原価勘定に振り替えた。なお，材料消費価格差異勘定の前月繰越高は¥7,000（借方）であり，当月の素材の実際消費高は予定消費高より¥6,000少なく，この額は材料消費価格差異勘定に振り替えられている。　　　　　　　　　　　　　　　　　　　　　　　　　　　　　　　　　　　　　（第84回）

(3)　個別原価計算を採用している沖縄製作所の月末における買入部品の実地棚卸数量は520個であった。よって，次の買入部品に関する当月の資料にもとづいて買入部品勘定の残高を修正した。ただし，消費単価の計算は先入先出法によっている。　　　　　　　　　　　　　　　　（第83回）

前 月 繰 越 高	500個	@¥4,570	¥2,285,000
当 月 仕 入 高	1,000〃	〃〃4,600	¥4,600,000
当月消費数量	970〃		

(4)　当月の素材の消費高について，次の資料を得たので，予定価格による消費高と実際価格による消費高との差額を材料消費価格差異勘定に振り替えた。ただし，素材勘定だけで処理する方法によること。　　　　　　　　　　　　　　　　　　　　　　　　　　　　　　　　　　（第55回）

素材消費数量　700個　予定価格　@¥830　実際価格　@¥800

(5)　当月の素材の払出数量は，製造指図書＃1に2,000個　製造指図書＃2に1,600個　機械修理用として200個であったので，素材の消費高を計上した。なお，消費単価の計算は総平均法による。　　　　　　　　　　　　　　　　　　　　　　　　　　　　　　　　　　　　　　（第57回）

素材の月初棚卸高	800個	@¥600	¥　480,000
素材の当月仕入高	4,000〃	〃〃630	¥2,520,000

	借　　　　　方		貸　　　　　方	
(1)	消　費　材　料	490,000	素　　　　　材	490,000
(2)	売　上　原　価	1,000	材料消費価格差異	1,000
(3)	棚　卸　減　耗　損	46,000	買　入　部　品	46,000
(4)	素　　　　　材	21,000	材料消費価格差異	21,000
(5)	仕　　掛　　品	2,250,000	素　　　　　材	2,375,000
	製　造　間　接　費	125,000		

3　次の各文の　　　のなかに，下記の語群のなかから，もっとも適当なものを選び，その番号を記入しなさい。　　　　　　　　　　　　　　　　　　　　　　　　　　（第50回一部修正）

(1)　材料の消費数量を計算する方法のうち，材料の受け払いのつど材料元帳に記入する　ア　によると，帳簿上の消費数量と残高数量がわかる。この残高数量と実際数量を照合することによって　イ　を知ることができる。

(2)　材料の消費単価の計算方法のうち，あらかじめ将来の一定期間（ふつう1会計期間）の購入原価を予想しておき，これを消費単価とする方法を　ウ　という。

(3)　材料の予定消費高と実際消費高の差額を　エ　といい，予定消費高が実際消費高より多い場合，　エ　は　オ　に生じる。

語群　1．継続記録法　　2．実地棚卸　　3．借　方　　4．帳簿棚卸　　5．予定価格法
　　　6．棚卸計算法　　7．棚卸減耗　　8．貸　方　　9．原　価　法　　10．材料消費価格差異

(1)		(2)	(3)	
ア	イ	ウ	エ	オ
1	7	5	10	8

第2章 労務費の計算と記帳

学習の要点 ●●●

1. 労務費の分類

①賃金，②給料，③雑給，④従業員賞与手当，⑤退職給付費用，⑥法定福利費などに分類される。

2. 支払賃金の計算と記帳

月給制の場合，経験年数や職制などによって定められた月額の基本賃金に，割増賃金や諸手当を加算して，支払賃金総額を計算する。実際に支払う正味支払額は，支払賃金から所得税や健康保険料などの社会保険料を控除した金額である。

> 支払賃金総額＝基本賃金＋割増賃金(早出・残業などの超過勤務手当)＋諸手当
>
> 正味支払額＝支払賃金総額−(所得税預り金＋健康保険料預り金など)

3. 消費賃金の計算と記帳

賃金勘定には，その借方に当月支払高を，貸方に前月未払高（前月繰越高）と当月消費高を記入する。賃金勘定の残高はふつう貸方に生じるが，これは当月未払高を示す。

> 当月賃金消費高＝当月賃金支払高−前月賃金未払高＋当月賃金未払高

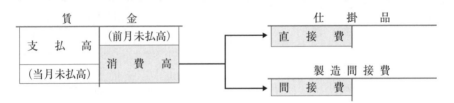

4. 予定賃率による記帳

(1) 消費賃金勘定を設けない方法

① (借) 仕 掛 品 500 (貸) 賃 金 730
　　製造間接費 230

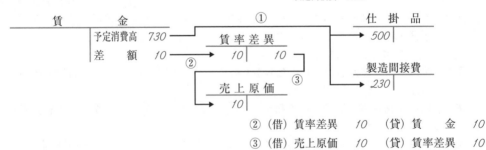

② (借) 賃率差異 10 (貸) 賃 金 10
③ (借) 売上原価 10 (貸) 賃率差異 10

(2) 消費賃金勘定を設ける方法……消費賃金勘定の貸借差額は賃率差異勘定に振り替え，その残高は，会計年度末に原則として売上原価勘定に振り替える。

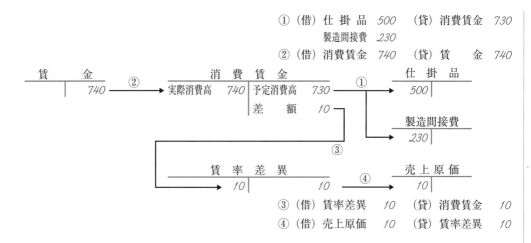

①（借）仕 掛 品　500　（貸）消費賃金　730
　　　　製造間接費　230
②（借）消費賃金　740　（貸）賃　　金　740

③（借）賃率差異　10　（貸）消費賃金　10
④（借）売上原価　10　（貸）賃率差異　10

５．その他の労務費の計算と記帳

(1) 給料・雑給……支払額を消費高とし，製造間接費として処理する。

(2) 従業員賞与手当……諸手当(住居手当・家族手当等)は，毎月の支払額，賞与は支払予定額の月割額を消費高とし，製造間接費として処理する。

(3) 退職給付費用……計上する金額を見積もり，その月割額を消費高とし，製造間接費として処理する。

(4) 法定福利費……健康保険料などの社会保険料の事業主負担分を消費高とし，製造間接費として処理する。

基本問題

解答p.18

1　次の各文の　　　　のなかに，下記の語群のなかから，もっとも適当なものを選び，その番号を記入しなさい。

(1) 製造活動に従事する従業員に対して支払われる給与を　　ア　　という。

(2) 工場長・技師・工場事務員などに支払われる給与を　　イ　　という。

(3) 賃金消費高の計算のために，作業時間票（または作業時間報告書）が作成される。これに製造指図書番号のあるものは　　ウ　　となり，仕掛品勘定の借方に振り替える。一方，製造指図書番号のないものは　　エ　　となり，製造間接費勘定の借方に振り替える。

(4) 賃金の消費高の計算は，次の式によっておこなわれる。

　　　当月賃金消費高＝当月賃金支払高　−　　オ　　＋　　カ

(5) 賃金の予定消費高と実際消費高に差額が生じるときは，月末に　　キ　　勘定に振り替える。

語群　1. 消 費 賃 金　　2. 給　　料　　3. 前月賃金未払高　　4. 直接労務費　　5. 賃 率 差 異
　　　6. 労　務　費　　7. 間接労務費　　8. 退職給付費用　　9. 賃　　金　　10. 雑　　給
　　　11. 法定福利費　　12. 諸　手　当　　13. 当月賃金未払高

(1)	(2)	(3)		(4)		(5)
ア	イ	ウ	エ	オ	カ	キ
9	2	4	7	3	13	5

2 次の資料によって，(1)賃金の支払いおよび消費に関する仕訳を示し，(2)賃金勘定に記入して締め切りなさい（日付・相手科目・金額を示すこと）。また，(3)当月賃金未払高を計算しなさい。

資　料

11月1日	前月賃金未払高		¥ 190,000
25日	当月賃金支払高		¥ 2,950,000
	控除額　所　得　税	¥ 276,000	
	健康保険料	¥ 162,000	¥ 438,000
	正味支払高(小切手振り出し)		¥ 2,512,000
30日	当月賃金消費高　¥ 2,900,000(うち直接賃金 ¥ 2,320,000)		

(1)

	借　　　　方		貸　　　　方	
11/25	賃　　　　　金	2,950,000	所 得 税 預 り 金	276,000
			健康保険料預り金	162,000
			当　座　預　金	2,512,000
11/30	仕　　掛　　品	2,320,000	賃　　　　　金	2,900,000
	製　造　間　接　費	580,000		

(2)

賃　　　　金

11/25 諸　口	2,950,000	11/1　前 月 繰 越	190,000
30 次月繰越	140,000	30 諸　口	2,900,000
	3,090,000		3,090,000

(3)

当月賃金未払高　¥	140,000

3 次の勘定記録から，下記(1)～(6)の金額を求めなさい。

賃　　　　金

諸　口	1,040,000	前月繰越	140,000
		消費賃金	980,000

消　費　賃　金

賃　金	980,000	諸　口	1,000,000

仕　　掛　　品

消費賃金	700,000	

製　造　間　接　費

消費賃金	300,000	

(1)	当 月 賃 金 支 払 総 額　¥	1,040,000	(2)	当 月 予 定 賃 金 消 費 高　¥	1,000,000
(3)	当 月 実 際 賃 金 消 費 高　¥	980,000	(4)	前 月 賃 金 未 払 高　¥	140,000
(5)	当 月 賃 金 未 払 高　¥	80,000	(6)	当 月 賃 率 差 異　¥	20,000

4 次の取引の仕訳を示しなさい。

(1) 個別原価計算を採用している鹿児島工業株式会社の本月分の賃金支払帳は次のとおりであった。よって，正味支払高を小切手を振り出して支払った。

賃　金　支　払　帳

支払賃金総額	控　　除　　額			正味支払高 （小切手払い）	領収印
	所　得　税	健康保険料	合　　計		
6,295,000	630,000	420,000	1,050,000	5,245,000	

(2) 個別原価計算を採用している鹿児島工業株式会社は，健康保険料の事業主負担分¥420,000（消費高）を計上した。

(3) 個別原価計算を採用している鹿児島工業株式会社は，健康保険料の事業主負担分¥420,000と従業員負担分¥420,000を小切手を振り出して支払った。

(4) 製造指図書番号が記載されている作業時間票の合計金額が¥4,500,000　製造指図書番号が記載されていない作業時間票の合計金額が¥1,840,000であることが判明し，賃金の消費高を計上した。ただし，消費賃金勘定を設けていないものとする。

(5) 当月の賃金の消費高について，次の資料を得たので，予定消費高と実際消費高との差額を賃率差異勘定に振り替えた。ただし，消費賃金勘定を設けている。
予定消費高　¥1,950,000　実際消費高　¥1,900,000

(6) 個別原価計算を採用している石川製作所は，当月の従業員賞与手当の消費高¥250,000を計上した。

(7) 個別原価計算を採用している京都工業株式会社は，従業員に対する賞与手当¥1,500,000を小切手を振り出して支払った。

	借　　　方		貸　　　方	
(1)	賃　　　金	6,295,000	所 得 税 預 り 金	630,000
			健康保険料預り金	420,000
			当 座 預 金	5,245,000
(2)	製 造 間 接 費	420,000	健 康 保 険 料	420,000
(3)	健 康 保 険 料	420,000	当 座 預 金	840,000
	健康保険料預り金	420,000		
(4)	仕 掛 品	4,500,000	賃　　　金	6,340,000
	製 造 間 接 費	1,840,000		
(5)	消 費 賃 金	50,000	賃 率 差 異	50,000
(6)	製 造 間 接 費	250,000	従 業 員 賞 与 手 当	250,000
(7)	従 業 員 賞 与 手 当	1,500,000	当 座 預 金	1,500,000

5 次の資料によって，(1)消費賃金勘定を設けない場合と，(2)設ける場合の仕訳を示し，下記の勘定に記入しなさい。ただし，勘定記入は相手科目・金額を示すこと。
① 賃金の予定賃率による消費高は，次のとおりである。
　　直接賃金　　　¥3,640,000
　　間接賃金　　　¥1,300,000
② 月末の実際賃金消費高は¥4,920,000であった。
③ 予定賃率による消費高との差額を処理した。

(1) 消費賃金勘定を設けない場合

	借　　　方		貸　　　方	
①	仕　掛　品	3,640,000	賃　　　金	4,940,000
	製　造　間　接　費	1,300,000		
②・③	賃　　　金	20,000	賃　率　差　異	20,000

賃　　金		仕　掛　品	
賃率差異　20,000 ┃ 諸　口　4,940,000		賃　金　3,640,000 ┃	

製　造　間　接　費		賃　率　差　異	
賃　金　1,300,000 ┃		┃ 賃　金　20,000	

(2) 消費賃金勘定を設ける場合

	借　　　方		貸　　　方	
①	仕　掛　品	3,640,000	消　費　賃　金	4,940,000
	製　造　間　接　費	1,300,000		
②	消　費　賃　金	4,920,000	賃　　　金	4,920,000
③	消　費　賃　金	20,000	賃　率　差　異	20,000

賃　　金		消　費　賃　金	
┃ 消費賃金　4,920,000		賃　金　4,920,000 ┃ 諸　口　4,940,000	
		賃率差異　20,000 ┃	

仕　掛　品		製　造　間　接　費	
消費賃金　3,640,000 ┃		消費賃金　1,300,000 ┃	

賃　率　差　異	
┃ 消費賃金　20,000	

6　次の資料によって，(1)賃金の支払いおよび消費に関する仕訳を示し，(2)消費賃金勘定に必要な記入をおこない，締め切りなさい。なお，勘定記入は日付・相手科目・金額を示すこと。

6月23日　　賃金を次のとおり小切手を振り出して支払った。

　　　　　賃金総額　　　¥1,200,000

　　　　　うち，控除額　所得税　¥150,000　健康保険料　¥100,000

6月30日①　当月の賃金予定消費高を作業時間1時間につき¥1,000の予定賃率と次の作業時間により計上した。

　　　　　直接作業時間　1,100時間　　間接作業時間　80時間

　〃日②　当月の賃金実際消費高¥1,239,000を計上した。

　〃日③　賃金の予定消費高と実際消費高との差額を，賃率差異勘定に振り替えた。

(1)

	借　　方		貸　　方	
6月23日	賃　　金	1,200,000	所得税預り金	150,000
			健康保険料預り金	100,000
			当座預金	950,000
30日①	仕掛品	1,100,000	消費賃金	1,180,000
	製造間接費	80,000		
30日②	消費賃金	1,239,000	賃　　金	1,239,000
30日③	賃率差異	59,000	消費賃金	59,000

(2)

消費賃金

6/30 賃　金	1,239,000	6/30 諸　口	1,180,000
		〃 賃率差異	59,000
	1,239,000		1,239,000

7　次の従業員の健康保険料負担分について，仕訳を示し，下記の勘定に記入しなさい。ただし，勘定記入は相手科目・金額を示すこと。

①　賃金¥2,500,000から所得税¥250,000　健康保険料¥150,000を差し引き，小切手を振り出して支払った。

②　月末に，工場の健康保険料の事業主負担分¥150,000を製造間接費として計上した。

③　翌月に，従業員から預かっている健康保険料¥150,000と事業主負担分の健康保険料¥150,000をともに現金で納付した。

	借　　方		貸　　方	
①	賃　　金	2,500,000	所得税預り金	250,000
			健康保険料預り金	150,000
			当座預金	2,100,000
②	製造間接費	150,000	健康保険料	150,000
③	健康保険料	150,000	現　　金	300,000
	健康保険料預り金	150,000		

健康保険料預り金			
現　金	150,000	賃　金	150,000

健康保険料			
現　金	150,000	製造間接費	150,000

8 次の連続した取引の仕訳を示し，下記の勘定に記入をおこない，締め切りなさい（決算日3月31日）。
　　ただし，ⅰ　会計期間は原価計算期間と一致するものとする。
　　　　　　ⅱ　勘定記入は日付・相手科目・金額を示すこと。
　3月31日　工場の従業員に対する退職給付費用について，月末に当月分の消費高¥60,000を計上した。
　　〃　　　決算をむかえ，退職給付引当金¥720,000を計上した。
　4月10日　工場従業員Bが退職し，退職金として¥300,000を現金で支給した。

	借　　　　　方		貸　　　　　方	
3/31	製 造 間 接 費	60,000	退 職 給 付 費 用	60,000
〃	退 職 給 付 費 用	720,000	退 職 給 付 引 当 金	720,000
4/10	退 職 給 付 引 当 金	300,000	現 　 　 　 金	300,000

退 職 給 付 費 用

3/31	退職給付引当金	720,000	（残高）	660,000
			3/31 製造間接費	60,000
		720,000		720,000

退 職 給 付 引 当 金

3/31	次期繰越	2,880,000	前期繰越	2,160,000
			3/31 退職給付費用	720,000
		2,880,000		2,880,000
4/10	現 金	300,000	4/1 前期繰越	2,880,000

9 次の連続した取引の仕訳を示し，下記の勘定に記入して締め切りなさい（勘定記入は相手科目・金額を示すこと）。
　(1)　月末に工場の従業員に対する賞与の月割額¥600,000を計上した。
　(2)　半年分の賞与¥3,600,000を現金で支払った。

	借　　　　　方		貸　　　　　方	
(1)	製 造 間 接 費	600,000	従 業 員 賞 与 手 当	600,000
(2)	従 業 員 賞 与 手 当	3,600,000	現 　 　 　 金	3,600,000

従 業 員 賞 与 手 当

現 　 金	3,600,000	前月繰越	3,000,000
		製造間接費	600,000
	3,600,000		3,600,000

応用問題

解答p.21

1 次の連続した取引の仕訳を示し，下記の勘定に記入して締め切りなさい。

ただし， i 賃金の前月未払高が￥280,000ある。

ⅱ 賃金の消費高の計算には，作業時間1時間につき￥850の予定賃率を用いている。

ⅲ 勘定記入は日付・相手科目・金額を示すこと。

5月25日 5月分の賃金を，次のとおり小切手を振り出して支払った。

賃金総額 ￥1,330,000

うち，控除額 所 得 税 ￥120,000 健康保険料 ￥75,000

31日 ① 当月の作業時間は，次のとおりであった。よって，当月の賃金予定消費高を計上した。ただし，すべて賃金勘定で処理している。

直接作業時間	製造指図書#1	700時間
	製造指図書#2	600時間
間接作業時間		250時間

② 当月の賃金未払高が￥320,000であったので，賃金の予定消費高と実際消費高との差額を賃率差異勘定に振り替えた。

		借 方		貸 方	
5月25日		賃 金	1,330,000	所 得 税 預 り 金	120,000
				健康保険料預り金	75,000
				当 座 預 金	1,135,000
31日	①	仕 掛 品	1,105,000	賃 金	1,317,500
		製 造 間 接 費	212,500		
	②	賃 率 差 異	52,500	賃 金	52,500

賃 金

5/25 諸 口	1,330,000	5/1 前月繰越	280,000
31 次期繰越	320,000	31 諸 口	1,317,500
		〃 賃率差異	52,500
	1,650,000		1,650,000

2 次の取引の仕訳を示しなさい。

(1) 個別原価計算を採用している鹿児島製作所は，月末に工場の従業員に対する退職給付費用の月割額￥760,000を製造間接費として計上した。

(2) 賃金の7月分の予定消費高と実際消費高は，次のとおりであった。よって，この差額を賃率差異勘定に振り替えた。ただし，消費賃金勘定が設けてある。

　　　予定消費高　￥620,000　　　実際消費高　￥630,000

(3) 賃金消費高を計算するために，作業時間票を集計したところ，次のとおりであった。ただし，1時間につき￥500の予定賃率を用い，消費賃金勘定を設けている。

　　　製造指図書#1　900時間　　　製造指図書#2　700時間　　　間接作業　350時間

(4) 当月分の従業員の賃金￥850,000と諸手当￥105,000から，次の控除額を差し引き，小切手を振り出して支払った。ただし，諸手当は賃金勘定に含めない方法で処理している。

　　　控除額　所得税　￥62,000　　　健康保険料　￥13,000

(5) 個別原価計算を採用している徳島製作所は，月末に工場の従業員に対する賞与の月割額を計上した。ただし，下半期(半年分)の賞与の支払予定額は￥270,000である。

(6) 賃金の予定消費高と実際消費高の差額を，消費賃金勘定から賃率差異勘定に振り替えた。

　　　ただし，(ア)　予定賃率　作業時間1時間につき￥250
　　　　　　　　(イ)　作業時間　2,100時間
　　　　　　　　(ウ)　実際消費高　￥520,000　であった。

(7) 決算にあたり，賃率差異勘定￥4,400(借方残高)を売上原価勘定に振り替えた。

	借　方		貸　方	
(1)	製 造 間 接 費	760,000	退 職 給 付 費 用	760,000
(2)	賃 率 差 異	10,000	消 費 賃 金	10,000
(3)	仕 掛 品	800,000	消 費 賃 金	975,000
	製 造 間 接 費	175,000		
(4)	賃 金	850,000	所 得 税 預 り 金	62,000
	従 業 員 賞 与 手 当	105,000	健 康 保 険 料 預 り 金	13,000
			当 座 預 金	880,000
(5)	製 造 間 接 費	45,000	従 業 員 賞 与 手 当	45,000
(6)	消 費 賃 金	5,000	賃 率 差 異	5,000
(7)	売 上 原 価	4,400	賃 率 差 異	4,400

検定問題

解答p.21

1 次の取引の仕訳を示しなさい。

(1) 徳島産業株式会社は，会計期末にあたり，賃率差異勘定の残高を売上原価勘定に振り替えた。なお，賃率差異勘定の前月繰越高は¥10,000（貸方）であり，当月の賃金の予定消費高¥1,250,000と実際消費高¥1,285,000との差額は，賃率差異勘定に振り替えられている。（第83回）

(2) 会計期末にあたり，賃率差異勘定の残高を売上原価勘定に振り替えた。なお，賃率差異勘定の前月繰越高は¥3,000（貸方）であり，当月の賃金の実際消費高は予定消費高より少なく，この差額の¥2,000は賃率差異勘定に振り替えられている。（第75回）

(3) 本月分の賃金支払帳は次のとおりであった。よって，正味支払高を小切手を振り出して支払った。ただし，諸手当は賃金勘定に含めないで処理している。（第82回）

賃　金　支　払　帳

番号	氏名	支　払　高			控　除　額			正味支払高
		基本賃金	諸手当	合　計	所得税	健康保険料	合　計	
		1,276,000	256,000	1,532,000	125,000	56,000	181,000	1,351,000

	借　方		貸　方	
(1)	売　上　原　価	25,000	賃　率　差　異	25,000
(2)	賃　率　差　異	5,000	売　上　原　価	5,000
(3)	賃　　　金	1,276,000	所得税預り金	125,000
	従業員賞与手当	256,000	健康保険料預り金	56,000
			当　座　預　金	1,351,000

2 佐賀製作所の下記の勘定記録と資料により，間接労務費の実際発生額を求めなさい。ただし，会計期間は原価計算期間と一致しているものとする。（第91回一部修正）

仕　掛　品

前期繰越	385,000	製　品	10,788,000
素　材（　　）		次月繰越	425,000
賃　金（　　）			
外注加工賃	361,000		
製造間接費	3,198,000		
（　　）		（　　）	

製　造　間　接　費

素　材	241,000	仕　掛　品	3,198,000
工場消耗品（　　）			
賃　金（　　）			
給　料	1,340,000		
退職給付費用	412,000		
健康保険料	148,000		
水　道　料	240,000		
減価償却費	185,000		
（　　）		（　　）	

資　料

①賃　　金　実際平均賃率　作業時間1時間につき¥900
　　　　　　直接作業時間　直接作業時間4,100時間　間接作業時間400時間

¥	2,260,000

3　岡山工業株式会社では，従業員Ａと従業員Ｂによって当月からＸ製品（製造指図書＃１）とＹ製品（製造指図書＃２）の製造をおこなっている。下記の資料から次の金額を求めなさい。（第75回）

ａ．実際個別賃率によるＸ製品（製造指図書＃１）の直接労務費
ｂ．実際平均賃率によるＸ製品（製造指図書＃１）の直接労務費
ｃ．予定賃率によるＸ製品（製造指図書＃１）の直接労務費

資　料

① 当社は作業時間１時間につき，従業員Ａに¥1,200　従業員Ｂに¥1,600の賃金を支払っている。

② 当月実際作業時間

	直接作業時間		間接作業時間	総作業時間
	製造指図書＃１	製造指図書＃２		
従業員Ａ	75時間	95時間	10時間	180時間
従業員Ｂ	125時間	85時間	10時間	220時間

③ 当社の１年間の予定賃金総額は¥6,804,000　予定総作業時間は4,860時間である。

a	¥	290,000	b	¥	284,000	c	¥	280,000

4　次の取引の仕訳を示しなさい。

(1) 水戸産業株式会社は，会計期末にあたり，賃率差異勘定の残高を売上原価勘定に振り替えた。なお，賃率差異勘定の前月繰越高は¥5,000（貸方）であり，当月の賃金の実際消費高は予定消費高より少なく，この差額の¥3,000は賃率差異勘定に振り替えられている。　（第90回）

(2) 岩手製作所は，月末に工場の従業員に対する賞与の月割額を計上した。なお，半年分の賞与の支払予定額は¥3,480,000である。　（第89回一部修正）

(3) 沖縄工業株式会社は，本月分の賃金を次のとおり小切手を振り出して支払った。ただし，諸手当は賃金勘定に含めないで処理する。　（第94回）

　　賃金総額　¥2,173,000　　諸手当　¥462,000

　　うち，控除額　所得税　¥154,000　　健康保険料　¥91,000

	借　　方		貸　　方	
(1)	賃 率 差 異	8,000	売 上 原 価	8,000
(2)	製 造 間 接 費	580,000	従 業 員 賞 与 手 当	580,000
(3)	賃　　　金	2,173,000	所 得 税 預 り 金	154,000
	従 業 員 賞 与 手 当	462,000	健康保険料預り金	91,000
			当 座 預 金	2,390,000

第3章　経費の計算と記帳

学習の要点 ●●●

１．経費の分類

　製品の製造のために要した原価のうち，材料費・労務費以外のものを経費という。このうち，特定の製品の原価として記録・計算・整理できる経費を直接経費といい，記録・計算・整理できない経費を間接経費という。

　経費は消費高の計算方法の違いによって，支払経費・月割経費・測定経費に分類される。

分類	費目	内容	直接経費	間接経費
支払経費	外注加工賃	外部に加工させた場合に支払う加工料	○	
	厚生費	従業員の保健や衛生，慰安などに要した費用		○
	修繕料	工場の建物や機械などの修繕の費用		○
	旅費交通費	従業員の出張などのときの費用		○
	通信費	電話料金・郵便料金など		○
	保管料	材料を保管するときの倉庫代金		○
	雑費	その他の少額の費用		○
月割経費	特許権使用料	他人の特許権を使用した場合に支払う使用料	○	
	減価償却費	工場の建物や機械などの減価償却費		○
	賃借料	工場の建物や機械などの賃借料		○
	保険料	工場の建物や機械などの保険料		○
	租税公課	工場の建物や機械の固定資産税など		○
	棚卸減耗損	保管中の材料の減耗費		○
測定経費	電力料	工場で使用する電気代		○
	ガス代	工場で使用するガス代		○
	水道料	工場で使用する水道代		○

２．経費消費高の計算

(1) 支払経費……毎月の支払高をその月の消費高とする。ただし，前払分や未払分があるときは，支払高に加減する。

(2) 月割経費……1年分または数か月分を単位として支払われたり，計上されたりするもので，これを月割にして各月の消費高とする。

(3) 測定経費……毎月，測定計器で計量した消費量に料率を掛けて消費高とする。

基本問題

解答p.22

1　次の経費を支払経費・月割経費・測定経費に分類し，解答欄に番号を記入しなさい。

1. 租 税 公 課　　　　2. 外 注 加 工 賃　　　　3. 特 許 権 使 用 料
4. 電 力 料　　　　　　5. 雑 　 　 費　　　　　　6. 保 　 険 　 料
7. 賃 借 料　　　　　　8. 棚 卸 減 耗 損　　　　　9. 旅 費 交 通 費
10. 厚 生 費　　　　　 11. 修 繕 料　　　　　　　12. 通 信 費

支払経費と なるもの	2, 5, 9, 10, 11, 12	月割経費と なるもの	1, 3, 6, 7, 8	測定経費と なるもの	4

2　次の取引の仕訳を示しなさい。

(1)　製品Bに対する特許権使用料の月割額￥50,000を計上した。

(2)　保険料の月割額￥80,000を工場80%，営業部20%の割合で計上した。

(3)　本月分の電力料について，次の資料を得たので，その消費高を計上した。
　　　　支 払 高　　￥890,000　　　測 定 高　　￥900,000

(4)　当月分の修繕料について，次の資料を得たので，その消費高を計上した。
　　　　当月支払高　　￥ 53,000　　　前月未払高　　￥ 5,500　　　当月未払高　　￥ 12,000

(5)　当月分の厚生費について次の資料を得たので，工場6，営業部4の割合で計上した。
　　　　当月支払高　　￥140,000　　　前月未払高　　￥ 32,000　　　当月未払高　　￥ 12,000

(6)　減価償却費￥1,080,000（年間）のうち，当月消費高を計上した。

(7)　棚卸減耗損￥90,000（年間）のうち，当月消費高を計上した。

(8)　外注加工賃の当月支払高は￥705,000　前月前払高は￥280,000　当月前払高は￥300,000であった。

(9)　ガス代の当月支払高は￥310,000　当月測定高は￥335,000であった。

(10)　個別原価計算を採用している岐阜製作所は，当月分の水道料￥100,000を計上した。ただし，このうち20%は販売部の消費高として，販売費及び一般管理費勘定で処理する。

	借　　　　　　方		貸　　　　　　方	
(1)	仕　　　掛　　　品	50,000	特 許 権 使 用 料	50,000
(2)	製 造 間 接 費	64,000	保　　　険　　　料	80,000
	販売費及び一般管理費	16,000		
(3)	製 造 間 接 費	900,000	電　　　力　　　料	900,000
(4)	製 造 間 接 費	59,500	修　　　繕　　　料	59,500
(5)	製 造 間 接 費	72,000	厚　　　生　　　費	120,000
	販売費及び一般管理費	48,000		
(6)	製 造 間 接 費	90,000	減 価 償 却 費	90,000
(7)	製 造 間 接 費	7,500	棚 卸 減 耗 損	7,500
(8)	仕　　　掛　　　品	685,000	外 注 加 工 賃	685,000
(9)	製 造 間 接 費	335,000	ガ　　　ス　　　代	335,000
(10)	製 造 間 接 費	80,000	水　　　道　　　料	100,000
	販売費及び一般管理費	20,000		

応用問題

解答p.23

1 次の原価計算期末（10月31日）の資料によって，元帳へ記入するための仕訳を示しなさい。

資　料
① 外注加工賃　当月支払高　¥110,000　前月前払高　¥35,000　当月前払高　¥27,000
② 減価償却費　年間推定額　¥720,000
③ 棚卸減耗損　年間推定額　¥48,000
④ 修　繕　料　当月支払高　¥80,000　前月未払高　¥14,000　当月未払高　¥18,000
⑤ 通　信　費　当月支払高　¥56,000　前月前払高　¥19,000　当月未払高　¥14,000
⑥ 電　力　料　当月支払高　¥160,000　当月測定高　¥170,000

	借　　方		貸　　方	
10/31	仕　掛　品	118,000	外 注 加 工 賃	118,000
	製 造 間 接 費	407,000	減 価 償 却 費	60,000
			棚 卸 減 耗 損	4,000
			修　繕　料	84,000
			通　信　費	89,000
			電　力　料	170,000

2 次の取引の仕訳を示しなさい。

(1) 個別原価計算を採用している浪速工業株式会社は，次の資料にもとづいて消費高を計上した。なお，外注加工賃は製造指図書＃4のために消費された経費である。

資　料
① 外注加工賃　前期未払高　¥28,000　当期支払高　¥120,000　当期未払高　¥20,000
② 通　信　費　前期前払高　¥8,000　当期支払高　¥68,000　当期前払高　¥11,000
③ 修　繕　料　前期未払高　¥30,000　当期支払高　¥90,000　当期前払高　¥40,000

(2) 個別原価計算を採用している和歌山製作所は，月末に工場の機械に対する減価償却費の月割額を消費高として計上した。ただし，1年分の減価償却費は¥792,000である。

(3) 個別原価計算を採用している秋田製作所は，次の資料にもとづいて消費高を計上した。なお，外注加工賃は製造指図書＃4のために消費された経費である。

資　料
① 外注加工賃　前期前払高　¥30,000　当期支払高　¥100,000　当期未払高　¥10,000
② 電　力　料　当期支払高　¥100,000　当期測定高　¥120,000
③ 減価償却費　当期消費高　¥30,000

	借　　方		貸　　方	
(1)	仕　掛　品	112,000	外 注 加 工 賃	112,000
	製 造 間 接 費	85,000	通　信　費	65,000
			修　繕　料	20,000
(2)	製 造 間 接 費	66,000	減 価 償 却 費	66,000
(3)	仕　掛　品	140,000	外 注 加 工 賃	140,000
	製 造 間 接 費	150,000	電　力　料	120,000
			減 価 償 却 費	30,000

3 富山製作所の次の勘定記録と資料から，次の金額を計算しなさい。

　　　　a．当期材料費　　　b．当期労務費　　　c．当期経費

<table>
<tr><th colspan="4">製 造 間 接 費</th></tr>
<tr><td>素　　　材</td><td>180,000</td><td>仕 掛 品（</td><td>）</td></tr>
<tr><td>燃　　　料</td><td>130,000</td><td></td><td></td></tr>
<tr><td>工場消耗品</td><td>40,000</td><td></td><td></td></tr>
<tr><td>賃　　　金</td><td>300,000</td><td></td><td></td></tr>
<tr><td>給　　　料</td><td>350,000</td><td></td><td></td></tr>
<tr><td>健康保険料</td><td>39,000</td><td></td><td></td></tr>
<tr><td>減価償却費</td><td>（　　）</td><td></td><td></td></tr>
<tr><td>保　険　料</td><td>（　　）</td><td></td><td></td></tr>
<tr><td>電　力　料</td><td>（　　）</td><td></td><td></td></tr>
<tr><td>水　道　料</td><td>（　　）</td><td></td><td></td></tr>
<tr><td>棚卸減耗損</td><td>3,000</td><td></td><td></td></tr>
<tr><td></td><td>（　　）</td><td>（　　）</td><td></td></tr>
</table>

<table>
<tr><th colspan="4">仕 掛 品</th></tr>
<tr><td>前 期 繰 越</td><td>100,000</td><td>製　　　品（</td><td>）</td></tr>
<tr><td>素　　　材</td><td>2,000,000</td><td>次 月 繰 越</td><td>240,000</td></tr>
<tr><td>賃　　　金</td><td>530,000</td><td></td><td></td></tr>
<tr><td>外注加工賃</td><td>（　　）</td><td></td><td></td></tr>
<tr><td>製造間接費</td><td>（　　）</td><td></td><td></td></tr>
<tr><td></td><td>（　　）</td><td></td><td>（　　）</td></tr>
</table>

資　料
①外注加工賃　前期未払高　¥ 70,000　　当期支払高　¥540,000
　　　　　　　当期未払高　¥ 50,000
②保　険　料　前月前払高　¥ 35,000　　当月支払高　¥110,000
　　　　　　　当月前払高　¥ 30,000
③電　力　料　当期支払高　¥190,000　　当期測定高　¥194,000
④減価償却費　当期消費高　¥250,000
⑤水　道　料　基本料金　　¥ 18,000
　　　　　　　当期使用料　¥□□□□□（当期使用量2,100㎥　単価1㎥あたり¥130）

<table>
<tr><td>a</td><td>¥</td><td>2,350,000</td><td>b</td><td>¥</td><td>1,219,000</td><td>c</td><td>¥</td><td>1,373,000</td></tr>
</table>

検定問題

解答p.24

1 　次の取引の仕訳を示しなさい。

(1)　個別原価計算を採用している佐賀製作所は，次の資料にもとづいて消費高を計上した。なお，外注加工賃は製造指図書＃4のために消費された経費である。　　　　（第85回一部修正）

資　料
　　①　外注加工賃　前期前払高　¥ 35,000　当期支払高　¥110,000　当期未払高　¥ 27,000
　　②　電　力　料　当期支払高　¥260,000　当期測定高　¥270,000
　　③　減価償却費　当期消費高　¥102,000

(2)　個別原価計算を採用している大阪製作所は，当月分の外注加工賃の消費高を計上した。ただし，当月支払高は¥495,000であり，前月前払高¥60,000　当月未払高¥80,000がある。なお，外注加工賃は製造指図書＃7の加工のために消費した。　　　　（第58回）

(3)　個別原価計算を採用している島根製作所は，次の資料にもとづいて消費高を計上した。ただし，外注加工賃と特許権使用料はA製品（製造指図書＃1）のために消費された経費である。

（第89回一部修正）

資　料
　　①　外注加工賃　前期未払高　¥ 70,000　当期支払高　¥540,000
　　　　　　　　　　　当期未払高　¥ 50,000
　　②　特許権使用料　当期消費高　¥160,000
　　③　電　力　料　当期支払高　¥190,000　当期測定高　¥194,000
　　④　減価償却費　当期消費高　¥250,000

	借　　　　　方		貸　　　　　方	
(1)	仕　　掛　　品	172,000	外　注　加　工　賃	172,000
	製　造　間　接　費	372,000	電　　力　　料	270,000
			減　価　償　却　費	102,000
(2)	仕　　掛　　品	635,000	外　注　加　工　賃	635,000
(3)	仕　　掛　　品	680,000	外　注　加　工　賃	520,000
	製　造　間　接　費	444,000	特　許　権　使　用　料	160,000
			電　　力　　料	194,000
			減　価　償　却　費	250,000

2 　次の資料から，製造原価報告書に記載する当期経費の金額を求めなさい。ただし，会計期間は原価計算期間と一致しているものとする。　　　　（第83回一部修正）

　　　　外注加工賃　前期未払高　¥ 56,000　当期支払高　¥403,000　当期未払高　¥71,000
　　　　電　力　料　当期支払高　¥169,000　当期測定高　¥179,000
　　　　水　道　料　基本料金　¥ 12,000
　　　　　　　　　　当期使用量　1,900㎥　単価1㎥あたり¥120

¥	837,000

3 静岡製作所における下記の勘定記録と資料により，製造原価報告書および損益計算書に記載する次の金額を求めなさい。ただし，会計期間は原価計算期間と一致しているものとする。（第57回一部修正）
　　　　　　　 a. 当 期 労 務 費　　b. 当 期 経 費　　c. 当期製品製造原価　　d. 売 上 原 価

仕　　掛　　品			
前 期 繰 越	350,000	製　　　品	(　　　　)
消 費 材 料	(　　　)	次 期 繰 越	380,000
賃　　　金	(　　　)		
外注加工賃	860,000		
製造間接費	(　　　)		
	(　　　)		(　　　)

製 造 間 接 費			
工場消耗品	(　　　)	仕 掛 品	(　　　)
給　　　料	570,000		
従業員賞与手当	230,000		
電 力 料	450,000		
修 繕 料	180,000		
減価償却費	960,000		
	(　　　)		(　　　)

材料消費価格差異		
消 費 材 料	20,000	売 上 原 価　20,000

資 料

①	素　　　材	期首棚卸高	¥ 370,000	当期仕入高	¥2,850,000	期末棚卸高	¥300,000
②	工場消耗品	期首棚卸高	¥ 140,000	当期仕入高	¥ 640,000	期末棚卸高	¥100,000
③	賃　　　金	前期未払高	¥ 60,000	当期支払高	¥1,480,000	当期未払高	¥ 70,000
④	製　　　品	期首棚卸高	¥2,150,000	期末棚卸高	¥2,300,000		

a	当 期 労 務 費　¥	2,290,000	b	当 期 経 費　¥	2,450,000
c	当期製品製造原価　¥	8,290,000	d	売 上 原 価　¥	8,160,000

4 島根製作所の下記の勘定記録と資料により，製造原価報告書に記載する次の金額を求めなさい。ただし，会計期間は原価計算期間と一致しているものとする。　　　　　　　　（第41回一部修正）

　　　 a. 当 期 材 料 費
　　　 b. 当 期 労 務 費
　　　 c. 当 期 経 費
　　　 d. 当期製品製造原価

仕　　掛　　品			
前 期 繰 越	360,000	製　　　品	(　　　　)
素　　　材	1,748,000	次 期 繰 越	433,000
賃　　　金	1,004,000		
外注加工賃	202,000		
製 造 間 接 費	(　　　)		
	(　　　)		(　　　)

資 料

ⅰ	工場消耗品	期首棚卸高	¥150,000	ⅴ	雑　　　費	前期未払高	¥ 15,000
		当期仕入高	355,000			当期支払高	128,000
		期末棚卸高	123,000			当期未払高	17,000
ⅱ	従業員賞与手当	当期消費高	¥190,000	ⅵ	電 力 料	当期支払高	¥267,000
ⅲ	退職給付費用	当期消費高	¥ 30,000			当期測定高	288,000
ⅳ	保 険 料	前期前払高	¥ 47,000	ⅶ	減価償却費	当期消費高	¥ 57,000
		当期支払高	135,000				
		当期前払高	49,000				

a	当 期 材 料 費　¥	2,130,000	b	当 期 労 務 費　¥	1,224,000
c	当 期 経 費　¥	810,000	d	当期製品製造原価　¥	4,091,000

Ⅲ 原価の部門別計算と製品別計算

第1章　個別原価計算

1　原価計算表と仕掛品勘定

学習の要点 ● ● ●

1．個別原価計算

　個別原価計算は，種類の異なる特定の製品を個別に製造する企業で用いられる。したがって，製品ごとに発生した原価を把握し，それを集計して製品原価を算定する。

　　　　例　造船業・精密機械の製造業・建設業など。

2．個別原価計算の特色と手続き

- ●顧客の注文に応じた受注生産で，**特定製造指図書**をその注文に応じて発行する。
- ●製造指図書番号ごとに原価計算表を作成して，それに製造原価を集計する。
- ●製造間接費の配賦については，**部門別計算をおこなわない方法**と**部門別計算をおこなう方法**とがある。
- ●月末仕掛品原価の計算は，未完成品の原価計算表を集計しておこなう。

3．原価元帳（原価計算表をつづった帳簿）と仕掛品勘定の関係

　下記関係図では，製造指図書＃1を3月10日に着手，4月20日に完成したと仮定している。

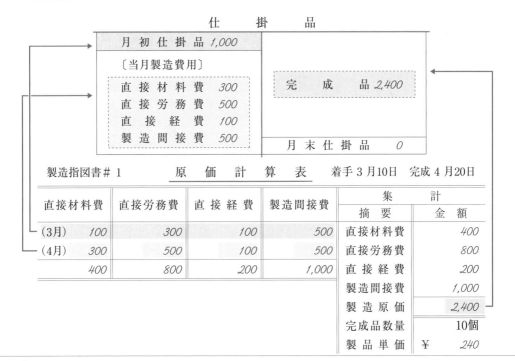

仕　掛　品

月初仕掛品 1,000	完成品 2,400
〔当月製造費用〕	
直接材料費 300	
直接労務費 500	
直接経費 100	
製造間接費 500	月末仕掛品 0

製造指図書＃1　　原　価　計　算　表　　着手 3月10日　完成 4月20日

直接材料費	直接労務費	直接経費	製造間接費	集　計 摘　要	金　額
（3月）100	300	100	500	直接材料費	400
（4月）300	500	100	500	直接労務費	800
400	800	200	1,000	直接経費	200
				製造間接費	1,000
				製造原価	2,400
				完成品数量	10個
				製品単価	¥　240

基本問題

解答p.25

1 次の原価計算表から，下記の仕掛品勘定を完成しなさい。

製造指図書＃101　　　　原　価　計　算　表　　　着手　4月10日　完成　5月20日

直接材料費	直接労務費	直接経費	製造間接費	集　　　計	
				摘　要	金　額
（4月）　1,000	2,000	1,000	1,000	直接材料費	5,000
（5月）　4,000	6,000	2,000	3,000	直接労務費	8,000
5,000	8,000	3,000	4,000	直接経費	3,000
				製造間接費	4,000
				製造原価	20,000
				完成品数量	100個
				製品単価	￥　　200

製造指図書＃102　　　　原　価　計　算　表　　　着手　5月20日　　　　未完成

直接材料費	直接労務費	直接経費	製造間接費	集　　計	
				摘　要	金　額
（5月）　3,000	4,000	2,000	5,000	直接材料費	——
				直接労務費	——
				直接経費	——
				製造間接費	——
				製造原価	——
				完成品数量	——個
				製品単価	￥　　——

仕　　掛　　品

5/1	前月繰越	（ 5,000）	5/20	製　　品	（ 20,000）
	材　　料	（ 7,000）	31	次月繰越	（ 14,000）
	労　務　費	（ 10,000）			
	経　　費	（ 4,000）			
	製造間接費	（ 8,000）			
		（ 34,000）			（ 34,000）

2　次の原価計算表および仕掛品勘定の(　　)の中に適当な金額を記入し，＃101が完成したときの仕訳を示しなさい。

製造指図書＃101　　　　原　価　計　算　表　　着手　9月20日　完成　10月15日

直接材料費	直接労務費	直接経費	製造間接費	集　　計	
				摘　要	金　額
（9月）　2,000	5,000	2,000	5,000	直接材料費	（　　8,000）
（10月）　6,000	7,000	1,000	5,000	直接労務費	（　12,000）
（　　8,000）	（　12,000）	（　　3,000）	（　10,000）	直接経費	（　　3,000）
				製造間接費	（　10,000）
				製造原価	（　33,000）
				完成品数量	100個
				製品単価	（¥　　330）

製造指図書＃102　　　　原　価　計　算　表　　着手　10月5日　　未完成

直接材料費	直接労務費	直接経費	製造間接費	集　　計	
				摘　要	金　額
（10月）　10,000	15,000	4,000	10,000	直接材料費	──
				直接労務費	──
				直接経費	──
				製造間接費	──
				製造原価	──
				完成品数量	──個
				製品単価	¥　──

仕　　掛　　品

10/1 前月繰越	（　14,000）	10/15 製　　品	（　33,000）
材　　料	（　16,000）	31 次月繰越	（　39,000）
労　務　費	（　22,000）		
経　　費	（　5,000）		
製造間接費	（　15,000）		
	（　72,000）		（　72,000）

	借　　　　方		貸　　　　方	
10月15日	製　　　　品	33,000	仕　　掛　　品	33,000

3 次の資料によって，⑴仕掛品勘定および製造間接費勘定を完成しなさい。また，⑵製造指図書
　＃1の原価計算表を完成し，⑶製造指図書＃2の仕掛品原価を求めなさい。
　　ただし，月初仕掛品は，製造指図書＃1のみである。
　① 素　材　前月繰越　¥10,000　　当月仕入高　¥160,000　　月末棚卸高　¥20,000
　　　　　　　消費高内訳　＃1 ¥80,000　　＃2 ¥50,000　　月残額　間接材料費
　② 賃　金　前月未払高　¥40,000　　当月支払高　¥190,000　　当月未払高　¥50,000
　　　　　　　消費高内訳　＃1 ¥70,000　　＃2 ¥80,000　　残額　間接賃金
　③ 経　費　前月前払高　¥20,000　　当月支払高　¥100,000　　当月未払高　¥30,000
　　　　　　　消費高内訳　＃2 ¥10,000　　残額　間接経費
　④ 製造間接費は＃1に60%，＃2に40%の割合で配賦する。
　⑤ 製造指図書＃1が完成し，＃2は未完成である。

(1)

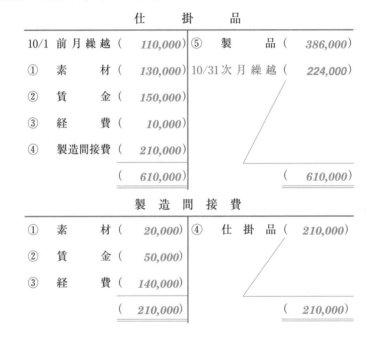

仕　掛　品

10/1 前月繰越	(110,000)	⑤ 製　品	(386,000)
① 素　材	(130,000)	10/31 次月繰越	(224,000)
② 賃　金	(150,000)		
③ 経　費	(10,000)		
④ 製造間接費	(210,000)		
	(610,000)		(610,000)

製　造　間　接　費

① 素　材	(20,000)	④ 仕　掛　品	(210,000)
② 賃　金	(50,000)		
③ 経　費	(140,000)		
	(210,000)		(210,000)

(2)

製造指図書＃1　　　　原　価　計　算　表　　着手　9月20日　完成　10月15日

直接材料費	直接労務費	直接経費	製造間接費	集　　計	
				摘　要	金　額
（9月） 30,000	40,000	15,000	25,000	直接材料費	110,000
（10月） 80,000	70,000	——	126,000	直接労務費	110,000
110,000	110,000	15,000	151,000	直接経費	15,000
				製造間接費	151,000
				製造原価	386,000
				完成品数量	100個
				製品単価 ¥	3,860

(3)

製造指図書＃2の仕掛品原価　¥　224,000

応用問題

解答p.27

1　個別原価計算を採用している金沢製作所の下記の原価元帳によって，当月の仕掛品勘定・製品勘定を完成しなさい。

原　価　元　帳

摘　　要	原価計算表 # 1	原価計算表 # 2	原価計算表 # 3	原価計算表 # 4
月 初 仕 掛 品	――	20,000	10,000	――
直 接 材 料 費	――	25,000	40,000	15,000
直 接 労 務 費	――	35,000	50,000	25,000
製 造 間 接 費	――	40,000	30,000	20,000
製 造 原 価	100,000	120,000	130,000	60,000
備　　考	前月に完成，前月製品勘定に記入済み 当月引渡	前月製造着手 当月完成 当月引渡	前月製造着手 当月完成 月末在庫	当月製造着手 当月未完成

仕　　掛　　品

前 月 繰 越（	30,000 ）	製　　　品（	250,000 ）
材　　　料（	80,000 ）	次 月 繰 越（	60,000 ）
労　務　費（	110,000 ）		
製造間接費（	90,000 ）		
（	310,000 ）	（	310,000 ）

製　　　品

前 月 繰 越（	100,000 ）	売 上 原 価（	220,000 ）
仕　掛　品（	250,000 ）	次 月 繰 越（	130,000 ）
（	350,000 ）	（	350,000 ）

2 個別原価計算を採用している徳島製作所は，製品A(製造指図書#1)と製品B(製造指図書#2)を製造している。下記の資料によって，次の各問いに答えなさい。

(1) 製造指図書#1および#2の製造原価を求めなさい。

(2) 仕掛品勘定を完成しなさい。

資 料

① 材料費

		素 材	工場消耗品
月 初 棚 卸 高		¥ 125,000	¥ 30,000
当 月 仕 入 高		850,000	120,000
月 末 棚 卸 高		135,000	40,000
消費高 うち 直接費	#1	300,000	——
	#2	320,000	——

② 賃金

前 月 未 払 高		¥ 40,000
当月正味支払高		780,000
所得税その他控除額		20,000
当 月 未 払 高		30,000
消費高 うち 直接費	#1	360,000
	#2	340,000

③ 経費

当 期 消 費 高		¥ 350,000
消費高 うち 直接費	#1	70,000
	#2	50,000

④ 製造間接費は#1と#2に3:2の割合で配賦する。

⑤ 製造指図書#1は当月に完成し，製造指図書#2は未完成である。

⑥ 月初仕掛品原価　製造指図書#1　¥225,000

(1)	製 造 指 図 書 # 1 の 製 造 原 価	¥	1,345,000
	製 造 指 図 書 # 2 の 製 造 原 価	¥	970,000

(2)

仕 掛 品

前 月 繰 越 (225,000)	製 品 (1,345,000)
素 材 (620,000)	次 月 繰 越 (970,000)
賃 金 (700,000)	
経 費 (120,000)	
製 造 間 接 費 (650,000)	
(2,315,000)	(2,315,000)

2　製造間接費の配賦

学習の要点 ● ● ●

1．製造間接費の配賦

　製造間接費は，各製品に共通して発生する原価要素であるため，特定の製品の原価に直接負担させることができない。したがって，一定の基準を設定し，その割合に応じて各指図書に**配賦**することになる。

2．製造間接費の配賦方法

(1)　**価額法**……各製造指図書に集計された直接費を基準に製造間接費を配賦する方法
〔直接材料費法・直接労務費法・製造直接費法など〕

①　**直接材料費法**……直接材料費を基準として配賦する方法

$$配賦率 = \frac{1\ 原価計算期間の製造間接費総額}{1\ 原価計算期間の直接材料費総額} \times 100（\%）$$

$$配賦額 = 製造指図書別の直接材料費 \times 配賦率$$

②　**直接労務費法**……直接労務費を基準として配賦する方法

$$配賦率 = \frac{1\ 原価計算期間の製造間接費総額}{1\ 原価計算期間の直接労務費総額} \times 100（\%）$$

$$配賦額 = 製造指図書別の直接労務費 \times 配賦率$$

③　**製造直接費法**……製造直接費を基準として配賦する方法

$$配賦率 = \frac{1\ 原価計算期間の製造間接費総額}{1\ 原価計算期間の製造直接費総額} \times 100（\%）$$

$$配賦額 = 製造指図書別の製造直接費 \times 配賦率$$

(2)　**時間法**……製品の製造に要した時間を基準として配賦する方法
〔直接作業時間法・機械運転時間法など〕

①　**直接作業時間法**……直接作業時間を基準として配賦する方法

$$配賦率 = \frac{1\ 原価計算期間の製造間接費総額}{1\ 原価計算期間の直接作業総時間数}$$

$$配賦額 = 製造指図書別の直接作業時間数 \times 配賦率$$

②　**機械運転時間法**……機械運転時間を基準として配賦する方法

$$配賦率 = \frac{1\ 原価計算期間の製造間接費総額}{1\ 原価計算期間の機械運転総時間数}$$

$$配賦額 = 製造指図書別の機械運転時間数 \times 配賦率$$

基本問題

解答p.28

1 次の資料から，直接材料費法によって，(1)製造間接費の配賦率を求め，(2)製造間接費配賦表を完成しなさい。また，(3)各製品（＃1～＃3）への配賦の仕訳を示しなさい。

　資　料
　　① 製造間接費総額　￥*480,000*
　　② 直接材料費総額　￥*600,000*
　　　　内訳：＃1　￥*300,000*　　＃2　￥*200,000*　　＃3　￥*100,000*

(1)　製造間接費の配賦率の計算式

$$\frac{¥480,000}{¥600,000} \times 100 = 80$$

配　賦　率＝　　　80　％

(2)
製 造 間 接 費 配 賦 表
令和○年5月分

令和○年		製造指図書番号	配　賦　率	配 賦 基 準	配 賦 額	備　考
5	31	＃1	80　%	*300,000*	*240,000*	
	〃	＃2	80　%	*200,000*	*160,000*	
	〃	＃3	80　%	*100,000*	*80,000*	
				600,000	*480,000*	

(3)

借　　　方		貸　　　方	
仕　　掛　　品	*480,000*	製　造　間　接　費	*480,000*

2 次の資料から，直接材料費法によって，(1)製造間接費の配賦率を求め，(2)製造間接費配賦表を完成しなさい。また，(3)各製品（＃1～＃3）への配賦の仕訳を示しなさい。

　資　料
　　① 製造間接費総額　￥*630,000*
　　② 直接材料費総額　￥*900,000*
　　　　内訳：＃1　￥*400,000*　　＃2　￥*300,000*　　＃3　￥*200,000*

(1)　製造間接費の配賦率の計算式

$$\frac{¥630,000}{¥900,000} \times 100 = 70$$

配　賦　率＝　　　70　％

(2)
製 造 間 接 費 配 賦 表
令和○年5月分

令和 ○年		製造指図書番号	配 賦 率	配 賦 基 準	配 賦 額	備　　考
5	31	＃ 1	70　%	400,000	280,000	
	〃	＃ 2	70　%	300,000	210,000	
	〃	＃ 3	70　%	200,000	140,000	
				900,000	630,000	

(3)

借　　　　　方		貸　　　　　方	
仕　　掛　　品	630,000	製 造 間 接 費	630,000

3 次の資料から，直接労務費法によって，(1)製造間接費の配賦率，(2)各製品への配賦額を求めなさい。

資　料
- ① 製造間接費総額　¥1,200,000
- ② 直接労務費総額　¥ 800,000
    内訳：＃ 1　¥300,000　　＃ 2　¥100,000　　＃ 3　¥400,000

(1) 製造間接費の配賦率の計算式

$$\frac{¥1,200,000}{¥800,000} \times 100 = 150$$

配　賦　率＝	150　%

(2) 各製品への配賦額の計算式

＃ 1　¥300,000×150%＝¥450,000	配　賦　額　¥　450,000
＃ 2　¥100,000×150%＝¥150,000	配　賦　額　¥　150,000
＃ 3　¥400,000×150%＝¥600,000	配　賦　額　¥　600,000

4 次の資料から，機械運転時間法によって，各製品への配賦額を求めなさい。

資　料
- ① 製 造 間 接 費 総 額　¥1,200,000
- ② 機械運転時間の総時間　150時間
    内訳：＃ 1　80時間　　＃ 2　40時間　　＃ 3　30時間

各製品への配賦額の計算式

＃ 1　$¥1,200,000 \times \dfrac{80時間}{150時間} = ¥640,000$	配　賦　額　¥　640,000
＃ 2　$¥1,200,000 \times \dfrac{40時間}{150時間} = ¥320,000$	配　賦　額　¥　320,000
＃ 3　$¥1,200,000 \times \dfrac{30時間}{150時間} = ¥240,000$	配　賦　額　¥　240,000

応用問題
解答p.29

1 個別原価計算を採用している和歌山製作所の下記の資料から，(1)～(4)の配賦方法によって，配賦率と製造指図書別の配賦額および製造原価を求めなさい。

資　料

原　価　元　帳				
摘　　要	#1	#2	#3	合　　計
直 接 材 料 費	¥ 30,000	¥ 30,000	¥ 20,000	¥ 80,000
直 接 労 務 費	20,000	20,000	10,000	50,000
直 接 経 費	10,000	5,000	5,000	20,000
製 造 間 接 費	(ア)	(イ)	(ウ)	60,000
計：製造原価	(エ)	(オ)	(カ)	210,000
機 械 運 転 時 間	150 時間	80 時間	70 時間	300 時間
直 接 作 業 時 間	50 時間	40 時間	30 時間	120 時間

(1) 直接労務費法

配　賦　率		120　　%		
指 図 書 番 号		配　賦　額		製　造　原　価
#1	ア ¥	24,000	エ ¥	84,000
#2	イ ¥	24,000	オ ¥	79,000
#3	ウ ¥	12,000	カ ¥	47,000

(2) 製造直接費法

配　賦　率		40　　%		
指 図 書 番 号		配　賦　額		製　造　原　価
#1	ア ¥	24,000	エ ¥	84,000
#2	イ ¥	22,000	オ ¥	77,000
#3	ウ ¥	14,000	カ ¥	49,000

(3) 機械運転時間法

配　賦　率		¥200 ／1時間あたり		
指 図 書 番 号		配　賦　額		製　造　原　価
#1	ア ¥	30,000	エ ¥	90,000
#2	イ ¥	16,000	オ ¥	71,000
#3	ウ ¥	14,000	カ ¥	49,000

(4) 直接作業時間法

配　賦　率		¥500 ／1時間あたり		
指 図 書 番 号		配　賦　額		製　造　原　価
#1	ア ¥	25,000	エ ¥	85,000
#2	イ ¥	20,000	オ ¥	75,000
#3	ウ ¥	15,000	カ ¥	50,000

3　**製造間接費の予定配賦**

学習の要点 ●●●

1．製造間接費の予定配賦

　製造間接費の予定配賦は，原則として，**予定配賦率**に製造指図書別の実際配賦基準数値を掛けてそれぞれの製品に配賦していく方法である。これは，実際配賦の場合には実際発生額を月末でなければ把握できないため製品原価の計算が遅れることや，各月の製造数量の変動により製造原価が異なるといった欠点があるためである。

2．予定配賦率と配賦基準数値

⑴　予定配賦率の計算

$$予定配賦率＝\frac{一定期間（ふつうは 1 年間）の製造間接費予定総額}{一定期間（ふつうは 1 年間）の予定配賦基準の数値}$$

　　＊予定配賦基準の数値 ⇨ 予定直接作業時間や予定機械運転時間などが用いられる。

⑵　各指図書の予定配賦額

各指図書の予定配賦額＝予定配賦率×製造指図書別の実際配賦基準数値

3．予定配賦の勘定記入と仕訳

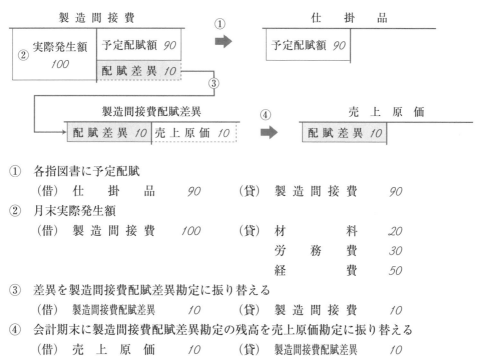

①　各指図書に予定配賦

　　（借）　仕　掛　品　　　　90　　　（貸）　製　造　間　接　費　　　90

②　月末実際発生額

　　（借）　製　造　間　接　費　　100　　　（貸）　材　　　　　料　　　20
　　　　　　　　　　　　　　　　　　　　　　　　労　　務　　費　　　30
　　　　　　　　　　　　　　　　　　　　　　　　経　　　　　費　　　50

③　差異を製造間接費配賦差異勘定に振り替える

　　（借）　製造間接費配賦差異　　10　　　（貸）　製　造　間　接　費　　　10

④　会計期末に製造間接費配賦差異勘定の残高を売上原価勘定に振り替える

　　（借）　売　上　原　価　　　10　　　（貸）　製造間接費配賦差異　　10

基本問題

解答p.30

1 次の資料から予定配賦率を求め，各製造指図書への予定配賦額を求めなさい。

資　料
① 年間製造間接費予定額　¥1,800,000
② 年間予定直接作業時間　12,000時間
③ 当月製造指図書の実際直接作業時間　製造指図書#1　300時間　製造指図書#2　200時間

予定配賦率 ¥	150	#1の配賦額 ¥	45,000	#2の配賦額 ¥	30,000

2 次の連続した取引の仕訳を示しなさい。

(1) 下記の製造間接費予定配賦表を作成し，各指図書への予定配賦をおこなった。
　　年間製造間接費予定額　¥9,000,000　　年間予定直接作業時間　2,500時間
　　当月実際直接作業時間　製造指図書#21　80時間　製造指図書#22　60時間

(2) 製造間接費の当月実際発生額は，次のとおりであった。
　　工場消耗品 ¥130,000　健康保険料 ¥70,000　電力料 ¥93,000
　　水道料 〃100,000　保険料 〃30,000　減価償却費 〃82,000

(3) 予定配賦額と当月実際発生額との差額を，製造間接費配賦差異勘定に振り替えた。

(4) 会計期末に，製造間接費配賦差異勘定の借方残高¥25,000を売上原価勘定に振り替えた。

	借　　方		貸　　方	
(1)	仕 掛 品	504,000	製 造 間 接 費	504,000
(2)	製 造 間 接 費	505,000	工 場 消 耗 品	130,000
			健 康 保 険 料	70,000
			電 力 料	93,000
			水 道 料	100,000
			保 険 料	30,000
			減 価 償 却 費	82,000
(3)	製造間接費配賦差異	1,000	製 造 間 接 費	1,000
(4)	売 上 原 価	25,000	製造間接費配賦差異	25,000

製造間接費予定配賦表

令和〇年	製造指図書番号	予定配賦率	配賦基準	予定配賦額	備　考
省略	#21	3,600	80時間	288,000	
	#22	3,600	60時間	216,000	
			140時間	504,000	

応用問題

解答p.31

1 次の原価計算表を完成しなさい。ただし，賃金の消費高の計算には予定賃率を用いている。1年間の予定賃金総額は¥6,000,000 1年間の年間予定作業時間は15,000時間である。また，製造間接費は直接作業時間を基準として予定配賦している。年間製造間接費予定額は¥10,500,000 年間予定作業時間は15,000時間である。

製造指図書＃101

原 価 計 算 表

直接材料費	直 接 賃 金			製 造 間 接 費			集	計
	作業時間	賃率	金額	作業時間	配賦率	金額	摘要	金額
350,000	100	400	40,000	100	700	70,000	直接材料費	470,000
120,000	200	400	80,000	200	700	140,000	直接労務費	280,000
——	400	400	160,000	400	700	280,000	製造間接費	490,000
470,000			280,000			490,000	製造原価	1,240,000
							完成品数量	10台
							製品単価	¥ 124,000

2 次の取引の仕訳を示しなさい。

(1) 月末に，製造間接費の予定配賦額と実際発生額との差額を製造間接費配賦差異勘定に振り替えた。なお，当月の製造間接費勘定の記入状況は次のとおりである。

製 造 間 接 費

素 材	180,000	仕 掛 品	1,500,000
賃 金	430,000		
従業員賞与手当	290,000		
諸 口	640,000		

(2) 月末に，製造間接費の予定配賦額¥750,000と実際発生額¥720,000との差額を製造間接費配賦差異勘定に振り替えた。

(3) 会計期末に，製造間接費配賦差異勘定の残高を売上原価勘定に振り替えた。ただし，この会計期間中の製造間接費の予定配賦額の合計は¥1,750,000 実際発生額の合計は¥1,780,000であった。

(4) 会計期末に，製造間接費配賦差異勘定の残高を売上原価勘定に振り替えた。ただし，この会計期間中の製造間接費の予定配賦額の合計は¥1,500,000 実際発生額の合計は¥1,470,000であった。

	借 方		貸 方	
(1)	製造間接費配賦差異	40,000	製 造 間 接 費	40,000
(2)	製 造 間 接 費	30,000	製造間接費配賦差異	30,000
(3)	売 上 原 価	30,000	製造間接費配賦差異	30,000
(4)	製造間接費配賦差異	30,000	売 上 原 価	30,000

3 奈良製作所は，個別原価計算を採用し，A製品（製造指図書＃１）とB製品（製造指図書＃２）を製造している。下記の資料によって，次の各問いに答えなさい。

(1) 1月中の取引の仕訳を示しなさい。

(2) 賃金勘定・仕掛品勘定に記入して締め切りなさい（日付・相手科目・金額を示すこと）。

(3) A製品（製造指図書＃１）の原価計算表を完成しなさい。

ただし， i 前月繰越高は，次のとおりである。

素　　　材　　2,000個　　@￥750　　　￥1,500,000

工場消耗品　　 400〃　　〃〃200　　￥　80,000

賃　　　金（未払高）　　　　　　　 ￥　400,000

仕　掛　品（製造指図書＃１）　　　￥1,118,000（原価計算表に記入済み）

ii 素材の消費高の計算は移動平均法により，工場消耗品の消費数量の計算は棚卸計算法によっている。

iii 賃金の消費高の計算には，作業時間1時間につき￥600の予定賃率を用いている。

iv 製造間接費は直接作業時間を基準に予定配賦している。なお，年間製造間接費予定額は￥13,500,000　年間予定直接作業時間は15,000時間である。

取　　引

1月8日　素材および工場消耗品を次のとおり買い入れ，代金は掛けとした。

素　　　材　　3,000個　　@￥800　　￥2,400,000

工場消耗品　　1,500〃　　〃〃200　　￥　300,000

9日　製造経費を次のとおり小切手を振り出して支払った。

電　力　料　￥260,000　　保　険　料　￥360,000　　雑　　費　￥35,000

12日　素材を次のとおり消費した。

製造指図書＃１　2,000個　　製造指図書＃２　1,500個

25日　賃金を次のとおり現金で支払った。

賃金総額　￥1,168,000

うち，控除額　所得税　￥146,000　　健康保険料　￥82,000

31日　① 工場消耗品の月末棚卸数量は900個であった。よって，消費高を計上した。

② 当月の賃金予定消費高を次の作業時間によって計上した。ただし，消費賃金勘定を設けている。

製造指図書＃１　700時間　製造指図書＃２　560時間　間接作業　500時間

③ 健康保険料の事業主負担分￥82,000を計上した。

④ 当月の製造経費消費高を計上した。

電　力　料　　￥286,000　　　保　険　料　　￥60,000

減価償却費　　　194,000　　　雑　　費　　　30,000

⑤ 製造間接費を次のとおり予定配賦した。

製造指図書＃１　700時間　　製造指図書＃２　560時間

⑥ A製品（製造指図書＃１）2,000個が完成した。

⑦ 当月の賃金実際消費高を計上した。

作業時間数　1,760時間　　実際平均賃率　作業時間1時間につき￥620

⑧ 賃金の予定消費高と実際消費高との差額を，賃率差異勘定に振り替えた。

⑨ 製造間接費の予定配賦による配賦差異を，製造間接費配賦差異勘定に振り替えた。

(1)

		借　　　　方		貸　　　　方	
1月8日		素　　　　　　　材	2,400,000	買　　掛　　金	2,700,000
		工　場　消　耗　品	300,000		
9日		電　　力　　料	260,000	当　座　預　金	655,000
		保　　険　　料	360,000		
		雑　　　　　　費	35,000		
12日		仕　　掛　　品	2,730,000	素　　　　　材	2,730,000
25日		賃　　　　　金	1,168,000	所　得　税　預　り　金	146,000
				健　康　保　険　料　預　り　金	82,000
				現　　　　　金	940,000
31日	①	製　造　間　接　費	200,000	工　場　消　耗　品	200,000
	②	仕　　掛　　品	756,000	消　費　賃　金	1,056,000
		製　造　間　接　費	300,000		
	③	製　造　間　接　費	82,000	健　康　保　険　料	82,000
	④	製　造　間　接　費	570,000	電　　力　　料	286,000
				保　　険　　料	60,000
				減　価　償　却　費	194,000
				雑　　　　　費	30,000
	⑤	仕　　掛　　品	1,134,000	製　造　間　接　費	1,134,000
	⑥	製　　　　　品	3,728,000	仕　　掛　　品	3,728,000
	⑦	消　費　賃　金	1,091,200	賃　　　　　金	1,091,200
	⑧	賃　率　差　異	35,200	消　費　賃　金	35,200
	⑨	製造間接費配賦差異	18,000	製　造　間　接　費	18,000

(2)

賃　　　金

1/25諸　口	1,168,000	1/1前月繰越	400,000
31次月繰越	323,200	31消費賃金	1,091,200
	1,491,200		1,491,200

仕　掛　品

1/1前月繰越	1,118,000	1/31製　品	3,728,000
12素　材	2,730,000	〃 次月繰越	2,010,000
31消費賃金	756,000		
〃 製造間接費	1,134,000		
	5,738,000		5,738,000

(3)　製造指図書＃1　　　**原　価　計　算　表**

直接材料費	直接労務費	製　造　間　接　費			集　　　　　計	
		時　間	配賦率	金　額	摘　要	金　額
638,000	192,000	320	900	288,000	直接材料費	2,198,000
1,560,000	420,000	700	900	630,000	直接労務費	612,000
2,198,000	612,000			918,000	製造間接費	918,000
					製　造　原　価	3,728,000
					完成品数量	2,000個
					製　品　単　価	¥　1,864

4 東京製作所（決算年1回 12月31日）は，個別原価計算を採用し，A製品（製造指図書＃1），B製品（製造指図書＃2）およびC製品（製造指図書＃3）を製造している。下記の資料によって，次の各問いに答えなさい。

(1) 製造間接費を予定配賦したときの仕訳を示しなさい。

(2) A製品（製造指図書＃1）の原価計算表を完成しなさい。

(3) 仕掛品勘定・製造間接費勘定・製造間接費配賦差異勘定を完成しなさい。

　　ただし，i　月初仕掛品はなかった。

　　　　　　ii　製造間接費は機械運転時間を基準として予定配賦している。

資　料

a．年間製造間接費予定額・年間予定機械運転総時間

年間製造間接費予定額	¥7,500,000
年間予定機械運転総時間	3,000時間

b．製造部門の当月機械運転時間

	製造指図書＃1	80時間
機械運転時間	製造指図書＃2	70時間
	製造指図書＃3	50時間

c．当月実際製造間接費の発生額

間接材料 ¥20,000　　間接賃金 ¥80,000　　減価償却費 ¥260,000

棚卸減耗損 30,000　　保険料 25,000　　電力料 75,000

d．完成品数量　A製品（製造指図書＃1）100個

(1)

借　　方		貸　　方	
仕　　掛　　品	500,000	製　造　間　接　費	500,000

(2) 製造指図書＃1　　　　原　価　計　算　表

直接材料費	直接労務費	製　造　間　接　費			集　　　計	
		時間	配賦率	金額	摘要	金額
70,000	110,000	80	2,500	200,000	直接材料費	70,000
				200,000	直接労務費	110,000
					製造間接費	200,000
					製造原価	380,000
					完成品数量	100個
					製品単価	¥ 3,800

(3)

仕　掛　品

素　　材	285,000	（製　　品）	（ 380,000 ）
賃　　金	230,000	次月繰越	（ 654,000 ）
外注加工賃	19,000		
（製造間接費）	（ 500,000 ）		
	（ 1,034,000 ）		（ 1,034,000 ）

製　造　間　接　費

（諸　　口）	（ 490,000 ）	（仕　掛　品）	（ 500,000 ）
製造間接費配賦差異	（ 10,000 ）		
	（ 500,000 ）		（ 500,000 ）

製造間接費配賦差異

次月繰越	（ 10,000 ）	（製造間接費）	（ 10,000 ）

検定問題

解答p.35

1　茨城製作所の下記の勘定記録と資料により，次の金額を求めなさい。ただし，会計期間は原価計算期間と一致しているものとする。　（第74回一部修正）

　　　　a．直接労務費　　b．製造間接費の実際発生額　　c．（　c　）にあてはまる勘定科目

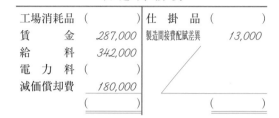

	仕 掛 品		
前期繰越	619,000	製 品	5,726,000
素 材	2,212,000	次期繰越	（ ）
賃 金	（ ）		
外注加工賃	384,000		
製造間接費	（ ）		
	（ ）		（ ）

	製 造 間 接 費		
工場消耗品	（ ）	仕 掛 品	（ ）
賃 金	287,000	製造間接費配賦差異	13,000
給 料	342,000		
電 力 料	（ ）		
減価償却費	180,000		
	（ ）		（ ）

	製造間接費配賦差異		
製造間接費	13,000	（ c ）	13,000

資 料

　①工場消耗品　期首棚卸高　¥ 19,000　当期仕入高　¥ 275,000　期末棚卸高　¥ 31,000

　②賃　　　金　前期未払高　¥302,000　当期支払高　¥2,267,000　当期未払高　¥284,000

　③電　力　料　当期支払高　¥127,000　当期測定高　¥ 125,000

a	¥	*1,962,000*	b	¥	*1,197,000*	c	売 上 原 価

2　宮城製作所の下記の勘定記録と資料により，次の金額を求めなさい。ただし，会計期間は原価計算期間と一致しているものとする。　（第80回一部修正）

　　　　a．直接労務費　　b．製造間接費の実際発生額

	仕 掛 品		
前期繰越	715,000	製 品	8,829,000
素 材	（ ）	次期繰越	570,000
賃 金	3,910,000		
外注加工賃	（ ）		
製造間接費	1,955,000		
	（ ）		（ ）

	売 上 原 価		
製 品	8,829,000	製造間接費配賦差異	20,000
		損 益	（ ）
	（ ）		（ ）

資 料

　①素　　　材　期首棚卸高　¥546,000　当期仕入高　¥2,402,000　期末棚卸高　¥482,000

　②工場消耗品　期首棚卸高　¥ 37,000　当期仕入高　¥ 256,000　期末棚卸高　¥ 41,000

　③賃　　　金　前期未払高　¥853,000　当期支払高　¥4,563,000　当期未払高　¥795,000

　④給　　　料　当期消費高　¥620,000

　⑤外注加工賃　前期前払高　¥ 87,000　当期支払高　¥ 345,000　当期前払高　¥ 79,000

　⑥電　力　料　当期支払高　¥165,000　当期測定高　¥ 174,000

　⑦減価償却費　当期消費高　¥294,000

a	¥	*3,910,000*	b	¥	*1,935,000*

3 広島製作所の下記の勘定記録と資料により，次の金額を求めなさい。ただし，会計期間は原価計算期間と一致しているものとする。 （第82回一部修正）

a．製造直接費　　b．製造間接費の実際発生額

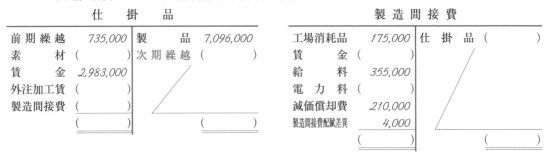

仕　掛　品

前期繰越	735,000	製　　品	7,096,000
素　材	（　　）	次期繰越	（　　）
賃　金	2,983,000		
外注加工賃	（　　）		
製造間接費	（　　）		
（　　）	（　　）		（　　）

製　造　間　接　費

工場消耗品	175,000	仕　掛　品	（　　）
賃　金	（　　）		
給　料	355,000		
電力料	（　　）		
減価償却費	210,000		
製造間接費配賦差異	4,000		
（　　）			（　　）

資　料

①素　　材　期首棚卸高　¥337,000　当期仕入高　¥2,415,000　期末棚卸高　¥402,000

②賃　　金　前期未払高　¥297,000　当期支払高　¥3,190,000　当期未払高　¥364,000

③外注加工賃　前期前払高　¥65,000　当期支払高　¥284,000　当期未払高　¥73,000

④電　力　料　当期支払高　¥162,000　当期測定高　¥164,000

a	¥　5,755,000	b	¥　1,178,000

4 佐賀製作所の下記の勘定記録と資料により，次の金額を求めなさい。ただし，会計期間は原価計算期間と一致しているものとする。 （第91回一部修正）

a．間接労務費の実際発生額　　b．製造間接費配賦差異の金額

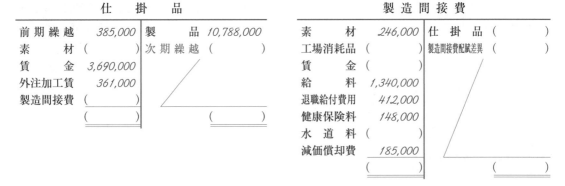

仕　掛　品

前期繰越	385,000	製　　品	10,788,000
素　材	（　　）	次期繰越	（　　）
賃　金	3,690,000		
外注加工賃	361,000		
製造間接費	（　　）		
（　　）			（　　）

製　造　間　接　費

素　材	246,000	仕　掛　品	（　　）
工場消耗品	（　　）	製造間接費配賦差異	（　　）
賃　金	（　　）		
給　料	1,340,000		
退職給付費用	412,000		
健康保険料	148,000		
水道料	（　　）		
減価償却費	185,000		
			（　　）

資　料

①素　　材　期首棚卸高　¥700,000　当期仕入高　¥3,800,000　期末棚卸高　¥675,000

②工場消耗品　期首棚卸高　¥32,000　当期仕入高　¥276,000　期末棚卸高　¥36,000

③賃　　金　実際平均賃率　作業時間1時間につき¥900
　　　　　　直接作業時間4,100時間　間接作業時間400時間

④水　道　料　当期の消費額は¥240,000である。

⑤製造間接費配賦額は，直接作業時間1時間につき¥780の予定配賦率を用いている。

a	¥　2,260,000	b	¥　5,000

4　仕損品・作業くずの処理

学習の要点 ●●●

1．仕損品と仕損費

　一定の基準に合格しなかったものを仕損品という。また，仕損品が生じたために，その補修や代品の製造にかかった費用を仕損費という。

(1)　補修によって合格品となる場合

補修指図書に集計された製造原価　⇨　仕損費

　　(借) 仕　損　費　*100*　　(貸) 素　　　　材　*20*
　　　　　　　　　　　　　　　　　賃　　　　金　*30*
　　　　　　　　　　　　　　　　　製 造 間 接 費　*50*

(2)　補修によって合格品とならない場合，新たに代品を製造する。

①　全部が仕損じとなった場合

旧製造指図書に集計された製造原価－仕損品評価額　⇨　仕損費

　　(借) 仕　損　品　*100*　　(貸) 仕　掛　品　*500*
　　　　仕　損　費　*400*

②　一部が仕損じとなった場合

新製造指図書に集計された製造原価－仕損品評価額　⇨　仕損費

　　(借) 仕　損　品　*100*　　(貸) 素　　　　材　*100*
　　　　仕　損　費　*400*　　　　　賃　　　　金　*200*
　　　　　　　　　　　　　　　　　製 造 間 接 費　*200*

　また，仕損品の補修や代品の製造のために，新たに製造指図書を発行しない場合には，仕損品の補修や代品製造に必要な製造原価の見積額を仕損費とする。

2．作業くずの処理

　製造中に生じた材料の削りくずや残りくずなどを，作業くずという。

①　作業くずの発生が製造指図書ごとに把握できる場合
　　発生した製造指図書の直接材料費または製造原価から差し引く。
　　(借) 仕　掛　品　*90*　　(貸) 素　　　　材　*100*
　　　　作 業 く ず　*10*
　　または
　　(借) 仕　掛　品　*100*　　(貸) 素　　　　材　*100*
　　(借) 作 業 く ず　*10*　　(貸) 仕　掛　品　*10*

②　作業くずの発生が製造指図書ごとに把握できない場合
　　製造間接費から差し引く。
　　(借) 作 業 く ず　*10*　　(貸) 製 造 間 接 費　*10*

③　作業くずの発生がわずかな場合は，評価しないで売却時に雑益勘定で処理
　　(借) 現 金 な ど　*10*　　(貸) 雑　　　　益　*10*

基本問題

解答p.36

1 次の取引の仕訳を示しなさい。

(1) 製造指図書＃1の製品のうち5個が仕損じとなったので，補修指図書＃1-1を発行して補修した。その補修費用は，素材￥20,000　賃金￥30,000　製造間接費配賦額￥50,000である。

(2) 上記の仕損費￥100,000を製造指図書＃1に賦課した。

(3) 製造指図書＃2の全部の製品が仕損じとなり，補修しても合格品とならないため代品を製造した。＃2の製造原価は￥150,000であり，仕損品の評価額は￥50,000であった。なお，この仕損費は新製造指図書＃2-1に賦課した。

(4) 製造指図書＃3の一部の製品が仕損じとなり，補修しても合格品とならないため代品を製造した。新製造指図書＃3-1に集計された製造原価は￥60,000であり，仕損品の評価額は￥20,000であった。なお，仕損費は製造間接費とした。

(5) 製造指図書＃4の製造中に作業くずが発生した。これを￥10,000として評価し，製造原価から差し引いた。

(6) 上記(5)の作業くずを￥10,000で売却し，代金は現金で受け取った。

(7) 製造中に作業くずが発生したが，金額がわずかであるため評価をしないでおいた。のちにこれを￥5,000で売却し，代金は現金で受け取った。

(8) 個別原価計算を採用している大阪製作所では，製造指図書＃1の製造中に作業くずが発生した。よって，これを￥23,000と評価し，製造指図書＃1の製造原価から差し引いた。

	借　　　　　方		貸　　　　　方	
(1)	仕　損　費	100,000	素　　　　　材	20,000
			賃　　　　　金	30,000
			製　造　間　接　費	50,000
(2)	仕　掛　品	100,000	仕　損　費	100,000
(3)	仕　損　品	50,000	仕　掛　品	150,000
	仕　損　費	100,000		
	仕　掛　品	100,000	仕　損　費	100,000
(4)	仕　損　品	20,000	仕　掛　品	60,000
	仕　損　費	40,000		
	製　造　間　接　費	40,000	仕　損　費	40,000
(5)	作　業　く　ず	10,000	仕　掛　品	10,000
(6)	現　　　金	10,000	作　業　く　ず	10,000
(7)	現　　　金	5,000	雑　　　益	5,000
(8)	作　業　く　ず	23,000	仕　掛　品	23,000

応用問題

解答p.36

1　次の資料によって，製造指図書別原価計算表を完成しなさい。ただし，記入不要な（　　）には──を示すこと。また，製造間接費は直接労務費の120%を配賦している。

資　料
① 月初仕掛品はない。
② 製造指図書＃ 1 の一部に補修可能な仕損品が生じたため，補修指図書＃ 1 − 1 を発行して補修をおこなった。
③ 製造指図書＃ 2 の全部が補修不可能な仕損品となったため，新たに製造指図書＃ 2 − 1 を発行してその代品を製造した。この仕損品の評価額は¥50,000である。
④ 製造指図書＃ 3 の一部に補修不可能な仕損品が生じたため，新たに製造指図書＃ 3 − 1 を発行してその代品を製造した。この仕損品の評価額は¥10,000である。
⑤ 製造指図書＃ 4 は未完成である。

製造指図書別原価計算表

摘　　要	＃ 1	＃ 2	＃ 3	＃ 4	＃ 1 − 1	＃ 2 − 1	＃ 3 − 1
直接材料費	10,000	12,000	14,000	7,000	4,000	12,000	6,000
直接労務費	20,000	25,000	30,000	15,000	5,000	20,000	10,000
製造間接費	(24,000)	(30,000)	(36,000)	(18,000)	(6,000)	(24,000)	(12,000)
合　　計	(54,000)	(67,000)	(80,000)	(40,000)	(15,000)	(56,000)	(28,000)
仕損品評価額	(──)	(△50,000)	(──)	(──)	(──)	(──)	(△10,000)
仕　損　費	(15,000)	(△17,000)	(18,000)	(──)	(△15,000)	(17,000)	(△18,000)
差引：計	(69,000)	(0)	(98,000)	(40,000)	(0)	(73,000)	(0)
備　　考	完　成	＃2-1に賦課	完　成	未完成	＃1に賦課	完　成	＃3に賦課

2　次の取引の仕訳を示しなさい。
(1) 製造指図書＃203の製品の一部が仕損じとなり，補修指図書＃203 − 1 を発行して補修した。この補修指図書に集計された原価は，素材¥80,000　賃金¥110,000　製造間接費配賦額¥30,000であった。
(2) 個別原価計算を採用している福島製作所では，A製品（製造指図書＃ 1 ）とB製品（製造指図書＃ 2 ）を製造している過程で作業くずが発生し，これを¥16,000と評価した。なお，この作業くずは製造指図書別に発生額を区別することができない。
(3) 製造指図書＃ 5 の全部が仕損じとなり，新たに製造指図書を発行して，代品を製造することにした。ただし，製造指図書＃ 5 に集計された製造原価は¥370,000であり，仕損品の評価額は¥45,000である。

	借　　　方		貸　　　方	
(1)	仕　損　費	220,000	素　　材	80,000
			賃　　金	110,000
			製　造　間　接　費	30,000
(2)	作　業　く　ず	16,000	製　造　間　接　費	16,000
(3)	仕　損　品	45,000	仕　掛　品	370,000
	仕　損　費	325,000		

検定問題

解答p.37

1 次の取引の仕訳を示しなさい。

(1) 個別原価計算を採用している愛媛製作所では，製造指図書＃5の製品が仕損じとなった。よって，補修製造指図書＃5-1を発行して補修をおこない，補修のために消費した素材¥25,000および賃金¥78,000を仕損費勘定に計上した。（第87回）

(2) 個別原価計算を採用している福岡工業株式会社では，製造指図書＃9の製造中に作業くずが発生した。よって，これを¥26,000と評価し，製造指図書＃9の製造原価から差し引いた。

（第88回）

(3) 個別原価計算を採用している福島製作所は，補修指図書＃3-1に集計された製造原価¥7,000を仕損費勘定に計上していたが，本日，これを製造指図書＃3に賦課した。（第89回）

(4) 個別原価計算を採用している奈良工業株式会社は，補修指図書＃26-1に集計された製造原価¥112,000を仕損費勘定に計上していたが，本日，これを製造指図書＃26に賦課した。（第92回）

(5) 個別原価計算を採用している岐阜産業株式会社において，製造指図書＃15の製品全部が仕損じとなり，新たに製造指図書＃15-1を発行し代品の製造を開始したので，本日，仕損費を計上した。ただし，製造指図書＃15に集計された製造原価は¥860,000であり，仕損品の評価額は¥89,000である。（第85回）

(6) 福島製作所は，発生がわずかであったため評価しないでおいた作業くずを¥2,000で売却し，代金は現金で受け取った。（第84回）

(7) 個別原価計算を採用している佐賀製作所では，X製品（製造指図書＃1）とY製品（製造指図書＃2）を製造している過程で作業くずが発生し，これを¥30,000と評価した。なお，この作業くずは製造指図書別に発生額を区別することができない。（第79回）

(8) 個別原価計算を採用している和歌山製作所では，製造指図書＃3の製品が仕損じとなった。よって，補修指図書＃3-1を発行して補修をおこない，補修のために消費した素材¥42,000と賃金¥57,000を仕損費に計上した。（第78回）

	借　方		貸　方	
(1)	仕　損　費	103,000	素　　　材	25,000
			賃　　　金	78,000
(2)	作　業　く　ず	26,000	仕　掛　品	26,000
(3)	仕　掛　品	7,000	仕　損　費	7,000
(4)	仕　掛　品	112,000	仕　損　費	112,000
(5)	仕　掛　品	89,000	仕　掛　品	860,000
	仕　損　費	771,000		
(6)	現　　　金	2,000	雑　　　益	2,000
(7)	作　業　く　ず	30,000	製　造　間　接　費	30,000
(8)	仕　損　費	99,000	素　　　材	42,000
			賃　　　金	57,000

第2章　部門別計算

1　部門別計算の手続き

学習の要点 ●●●

1．部門別計算の意味

　工場の規模が大きくなると工場内に専門の部門が設定される。この部門ごとに製造間接費を集計し，部門ごとの配賦基準を設けて各製品に配賦する。部門ごとに製造間接費を集計することを**部門別計算**といい，集計した金額を部門費という。

- 正確な製品原価の計算……各部門に適する配賦基準を適用することができる。
- 有効な原価管理……各責任者(部門)の原価が明確になる。

2．製造部門と補助部門

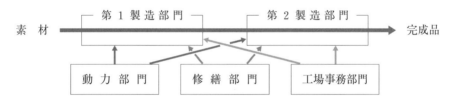

　製造部門 ⇨ 製造作業に直接たずさわっている部門。
　　　　　　例　機械加工部・組立部・塗装部・鋳造部・鍛造部など。
　補助部門 ⇨ 直接には製造にかかわっていないが，製造部門を補助する役割をもつ部門。
　(1)　補助経営部門……例　動力部・運搬部・修繕部・検査部など。
　(2)　工場管理部門……例　材料部・労務部・企画部・工場事務部など。

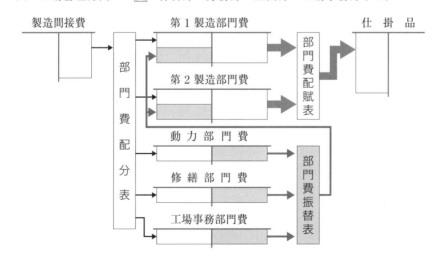

- **直接配賦法**……補助部門から直接に製造部門に配賦する方法。
- **相互配賦法**……補助部門にいったん配賦したのち，製造部門に配賦する方法。

基本問題

解答p.37

1　次の資料によって部門費配分表を完成し，製造間接費を部門費配分表にもとづいて，各部門に配分する仕訳を示しなさい。

資　料

費　　　　目	製 造 部 門		補 助 部 門		
	第1製造部門	第2製造部門	動 力 部 門	修 繕 部 門	工場事務部門
床　面　積	1,000㎡	800㎡	100㎡	50㎡	50㎡
従 業 員 数	40人	40人	5人	10人	5人
k W 数 × 運転時間数	100kW×50時間	200kW×20時間	50kW×10時間	40kW×10時間	10kW×10時間

部 門 費 配 分 表

費　　　　目	配賦基準	金　　額	製 造 部 門		補 助 部 門		
			第1部門	第2部門	動力部門	修繕部門	工場事務部門
間接材料費		30,000	10,000	10,000	3,000	7,000	——
間 接 賃 金		70,000	20,000	30,000	5,000	5,000	10,000
部門個別費合計		100,000	30,000	40,000	8,000	12,000	10,000
部 門 共 通 費							
間 接 賃 金	従業員数	60,000	24,000	24,000	3,000	6,000	3,000
建物減価償却費	床 面 積	40,000	20,000	16,000	2,000	1,000	1,000
保　険　料	床 面 積	10,000	5,000	4,000	500	250	250
電　力　料	k W 数 × 運転時間数	80,000	40,000	32,000	4,000	3,200	800
部門共通費合計		190,000	89,000	76,000	9,500	10,450	5,050
部 門 費 合 計		290,000	119,000	116,000	17,500	22,450	15,050

借　　　　　方		貸　　　　　方	
第 1 製 造 部 門 費	119,000	製 造 間 接 費	290,000
第 2 製 造 部 門 費	116,000		
動 力 部 門 費	17,500		
修 繕 部 門 費	22,450		
工 場 事 務 部 門 費	15,050		

2　次の資料によって部門費配分表を完成し，製造間接費を部門費配分表にもとづいて，各部門に配分する仕訳を示しなさい。

資　料

費　　目	製造部門		補助部門		
	第1製造部門	第2製造部門	動力部門	修繕部門	工場事務部門
床面積	1,500㎡	1,200㎡	200㎡	50㎡	50㎡
従業員数	100人	80人	10人	5人	5人
kW数×運転時間数	200kW×50時間	200kW×40時間	50kW×20時間	40kW×20時間	10kW×20時間

部門費配分表

費　　目	配賦基準	金　額	製造部門		補助部門		
			第1部門	第2部門	動力部門	修繕部門	工場事務部門
間接材料費		49,000	20,000	15,000	5,000	9,000	——
間接賃金		160,000	60,000	50,000	10,000	10,000	30,000
部門個別費合計		209,000	80,000	65,000	15,000	19,000	30,000
部門共通費							
間接賃金	従業員数	100,000	50,000	40,000	5,000	2,500	2,500
建物減価償却費	床面積	240,000	120,000	96,000	16,000	4,000	4,000
保険料	床面積	30,000	15,000	12,000	2,000	500	500
電力料	kW数×運転時間数	160,000	80,000	64,000	8,000	6,400	1,600
部門共通費合計		530,000	265,000	212,000	31,000	13,400	8,600
部門費合計		739,000	345,000	277,000	46,000	32,400	38,600

借　　方		貸　　方	
第1製造部門費	345,000	製造間接費	739,000
第2製造部門費	277,000		
動力部門費	46,000		
修繕部門費	32,400		
工場事務部門費	38,600		

3 次の資料から，(1)直接配賦法によって部門費振替表を完成し，(2)補助部門費の振替の仕訳を示しなさい。

資　料

補助部門費の配賦基準

部　門　費	配　賦　基　準	第1製造部門	第2製造部門
動 力 部 門 費	kW数×運転時間数	100kW×30時間	100kW×20時間
修 繕 部 門 費	修 繕 回 数	3 回	2 回
工 場 事 務 部 門 費	従 業 員 数	15人	10人

(1)

部　門　費　振　替　表

直接配賦法　　　　　　　　　　　　　　令和○年8月分

部　門　費	配賦基準	金　額	製 造 部 門		補 助 部 門		
			第1部門	第2部門	動力部門	修繕部門	工場事務部門
部 門 費 合 計		100,000	50,000	40,000	5,000	3,000	2,000
動 力 部 門 費	kW数×運転時間数	5,000	3,000	2,000			
修 繕 部 門 費	修繕回数	3,000	1,800	1,200			
工場事務部門費	従業員数	2,000	1,200	800			
配 賦 額 合 計		10,000	6,000	4,000			
製造部門費合計		100,000	56,000	44,000			

(2)

借　　　　方		貸　　　　方	
第 1 製 造 部 門 費	6,000	動 力 部 門 費	5,000
第 2 製 造 部 門 費	4,000	修 繕 部 門 費	3,000
		工 場 事 務 部 門 費	2,000

4 次の資料によって，補助部門費の振替の仕訳を示しなさい。ただし，直接配賦法による。

資　料

部　門　費	金　額	配　賦　基　準	第1製造部門	第2製造部門
動 力 部 門 費	¥140,000	kW数×運転時間数	200kW×20時間	100kW×30時間
工 場 事 務 部 門 費	¥80,000	従業員数	30人	20人

借　　　　方		貸　　　　方	
第1製造部門費	128,000	動 力 部 門 費	140,000
第2製造部門費	92,000	工 場 事 務 部 門 費	80,000

⑤　次の資料から，⑴相互配賦法によって部門費振替表を完成し，⑵補助部門費の振替の仕訳を示しなさい。

資　料

補助部門費の配賦基準

部　門　費	配賦基準	第1製造部門	第2製造部門	動力部門	修繕部門	工場事務部門
動 力 部 門 費	kW数×運転時間数	100kW×30時間	100kW×20時間	———	50kW×10時間	———
修 繕 部 門 費	修 繕 回 数	15　回	10　回	3　回	———	2　回
工場事務部門費	従 業 員 数	20　人	20　人	5　人	5　人	———

(1)

部　門　費　振　替　表

相互配賦法　　　　　　　　　　　　　　　令和○年9月分

部　門　費	配賦基準	金　　額	製 造 部 門		補 助 部 門		
			第1部門	第2部門	動力部門	修繕部門	工場事務部門
部 門 費 合 計		200,000	90,000	89,000	11,000	6,000	4,000
動 力 部 門 費	kW数×運転時間数	11,000	6,000	4,000	———	1,000	
修 繕 部 門 費	修繕回数	6,000	3,000	2,000	600	———	400
工場事務部門費	従業員数	4,000	1,600	1,600	400	400	———
第 1 次 配 賦 額		21,000	10,600	7,600	1,000	1,400	400
動 力 部 門 費	省略	1,000	600	400			
修 繕 部 門 費		1,400	840	560			
工場事務部門費		400	200	200			
第 2 次 配 賦 額		2,800	1,640	1,160			
製造部門費合計		200,000	102,240	97,760			

(2)

借　　　　　方		貸　　　　　方	
第 1 製 造 部 門 費	12,240	動 力 部 門 費	11,000
第 2 製 造 部 門 費	8,760	修 繕 部 門 費	6,000
		工 場 事 務 部 門 費	4,000

応用問題

解答p.41

1 次の資料によって，下記の問いに答えなさい。

(1) 相互配賦法によって，部門費振替表を完成しなさい。

(2) 第1製造部門費と第2製造部門費の配賦率を求めなさい。なお，配賦基準は直接作業時間による。

(3) 製造指図書＃1の原価計算表を完成しなさい。

資　料

① 補助部門費の配賦基準

	配賦基準	第1製造部門	第2製造部門	修繕部門	工場事務部門
修繕部門費	修繕回数	15 回	10 回	——	5 回
工場事務部門費	従業員数	100 人	100 人	50 人	——

② 当月直接作業時間　第1製造部門　600時間（うち＃1　100時間）
　　　　　　　　　　第2製造部門　300時間（うち＃1　50時間）

(1)
部　門　費　振　替　表

相互配賦法　　　　　　　　　　　　令和○年9月分

部　門　費	配賦基準	金　額	製造部門 第1部門	製造部門 第2部門	補助部門 修繕部門	補助部門 工場事務部門
部門費合計		1,200,000	600,000	500,000	60,000	40,000
修繕部門費	修繕回数	60,000	30,000	20,000	——	10,000
工場事務部門費	従業員数	40,000	16,000	16,000	8,000	——
第1次配賦額		100,000	46,000	36,000	8,000	10,000
修繕部門費	省	8,000	4,800	3,200		
工場事務部門費	略	10,000	5,000	5,000		
第2次配賦額		18,000	9,800	8,200		
製造部門費合計		1,200,000	655,800	544,200		

(2) 第1製造部門費の配賦率 〔￥ *1,093* 〕
　　第2製造部門費の配賦率 〔￥ *1,814* 〕

(3) 製造指図書＃1
原　価　計　算　表

直接材料費	直接労務費	製造間接費 部門	製造間接費 時間	製造間接費 配賦率	製造間接費 金額	集計 摘要	集計 金額
120,000	180,000	第1	100	1,093	109,300	直接材料費	120,000
		第2	50	1,814	90,700	直接労務費	180,000
					200,000	製造間接費	200,000
						製造原価	500,000
						完成品数量	200個
						製品単価	￥ 2,500

2　製造部門費の予定配賦

学習の要点 ● ● ●

1．製造部門費の予定配賦

　製造部門ごとに予定配賦率を定めて，各製品に配賦することを製造部門費の予定配賦という。

2．予定配賦率の設定

　各部門での適当な配賦基準を用いて予定配賦率を決定する。

$$予定配賦率 = \frac{1 会計期間の各製造部門費予定総額}{1 会計期間の予定配賦基準}$$

　予定配賦額 ＝ 各製造部門の予定配賦率 × 各製造指図書の実際配賦基準

3．各勘定での体系図

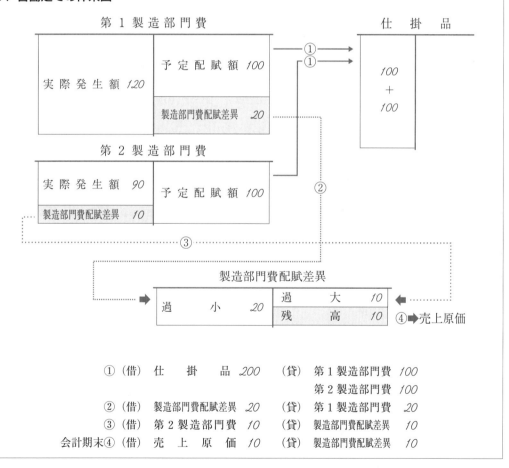

	①	（借）	仕　掛　品	200	（貸）	第 1 製造部門費	100
						第 2 製造部門費	100
	②	（借）	製造部門費配賦差異	20	（貸）	第 1 製造部門費	20
	③	（借）	第 2 製造部門費	10	（貸）	製造部門費配賦差異	10
会計期末	④	（借）	売　上　原　価	10	（貸）	製造部門費配賦差異	10

基本問題
解答p.42

1 次の連続した取引の(1)から(4)の仕訳を示しなさい。

(1) 次の資料から各部門の予定配賦率を求め，各製造指図書に配賦した。

〔年間製造間接費予定額・年間予定直接作業時間〕

	第1製造部門	第2製造部門
年間製造間接費予定額	¥3,200,000	¥2,700,000
年間予定直接作業時間	8,000時間	9,000時間
予定配賦率	（　／時間）	（　／時間）

〔製造部門の当月直接作業時間〕

	第1製造部門	第2製造部門
製造指図書＃1	300時間	500時間
製造指図書＃2	400時間	700時間

(2) 製造間接費を各部門に配賦した。

第1製造部門費	¥220,000
第2製造部門費	¥260,000
動力部門費	¥80,000
修繕部門費	¥50,000
工場事務部門費	¥40,000

(3) 補助部門費を次の割合で，製造部門に配賦した。

		第1製造部門	第2製造部門
動力部門費	¥80,000	50%	50%
修繕部門費	¥50,000	60%	40%
工場事務部門費	¥40,000	45%	55%

(4) 第1製造部門費と第2製造部門費の配賦差異を，それぞれ製造部門費配賦差異に振り替えた。

	借　方		貸　方	
(1)	仕　掛　品	640,000	第1製造部門費	280,000
			第2製造部門費	360,000
(2)	第1製造部門費	220,000	製造間接費	650,000
	第2製造部門費	260,000		
	動力部門費	80,000		
	修繕部門費	50,000		
	工場事務部門費	40,000		
(3)	第1製造部門費	88,000	動力部門費	80,000
	第2製造部門費	82,000	修繕部門費	50,000
			工場事務部門費	40,000
(4)	製造部門費配賦差異	28,000	第1製造部門費	28,000
	第2製造部門費	18,000	製造部門費配賦差異	18,000

第 2 章　部門別計算　**85**

2 次の連続した取引の仕訳を示し，下記の勘定に記入をおこない，締め切りなさい（取引番号・相手科目・金額を示すこと）。

(1) 次の資料から各部門の予定配賦率を求め，各製造指図書に配賦した。

〔年間製造間接費予定額・年間予定直接作業時間〕

	第1製造部門	第2製造部門
年間製造間接費予定額	¥7,000,000	¥8,000,000
年間予定直接作業時間	5,000時間	4,000時間
予定配賦率	（　／時間）	（　／時間）

〔製造部門の当月直接作業時間〕

	第1製造部門	第2製造部門
製造指図書＃1	250時間	180時間
製造指図書＃2	200時間	160時間

(2) 製造間接費を各部門に配賦した。

第1製造部門費	¥500,000	動力部門費	¥100,000
第2製造部門費	¥550,000	修繕部門費	¥90,000
		工場事務部門費	¥80,000

(3) 補助部門費を次の割合で，製造部門に配賦した。

	第1製造部門	第2製造部門
動力部門費	45%	55%
修繕部門費	40%	60%
工場事務部門費	50%	50%

(4) 製造部門費の配賦差異を，製造部門費配賦差異勘定に振り替えた。

	借　方		貸　方	
(1)	仕　掛　品	1,310,000	第1製造部門費	630,000
			第2製造部門費	680,000
(2)	第1製造部門費	500,000	製造間接費	1,320,000
	第2製造部門費	550,000		
	動力部門費	100,000		
	修繕部門費	90,000		
	工場事務部門費	80,000		
(3)	第1製造部門費	121,000	動力部門費	100,000
	第2製造部門費	149,000	修繕部門費	90,000
			工場事務部門費	80,000
(4)	第1製造部門費	9,000	製造部門費配賦差異	9,000
	製造部門費配賦差異	19,000	第2製造部門費	19,000

第 1 製造部門費

(2)製造間接費	500,000	(1)仕掛品	630,000
(3)諸口	121,000		
(4)製造部門費配賦差異	9,000		
	630,000		630,000

第 2 製造部門費

(2)製造間接費	550,000	(1)仕掛品	680,000
(3)諸口	149,000	(4)製造部門費配賦差異	19,000
	699,000		699,000

工場事務部門費

(2)製造間接費	80,000	(3)諸口	80,000

製造部門費配賦差異

(4)第2製造部門費	19,000	(4)第1製造部門費	9,000

3 兵庫製作所は，個別原価計算を採用し，A製品（製造指図書＃1）とB製品（製造指図書＃2）を製造している。下記の資料によって，次の各問いに答えなさい。

(1) 部門費振替表を直接配賦法によって完成しなさい。

(2) A製品（製造指図書＃1）の原価計算表を完成しなさい。

(3) 第1製造部門費および第2製造部門費の配賦差異を製造部門費配賦差異勘定に振り替える仕訳を示しなさい。

資　料

① 年間製造間接費予定額・年間予定直接作業時間

	第1製造部門	第2製造部門
年間製造間接費予定額	￥ 9,000,000	￥ 7,800,000
年間予定直接作業時間	7,500時間	6,000時間

② 製造部門の当月直接作業時間

製 造 指 図 書	第1製造部門	第2製造部門
＃1	500時間	400時間
＃2	300時間	500時間

③ 製造間接費の各部門への当月配分額

第1製造部門費	￥1,000,000	動力部門費	￥ 150,000
第2製造部門費	￥ 900,000	工場事務部門費	￥ 100,000

④ 補助部門費の配賦基準

部　門　費	配賦基準	第1製造部門	第2製造部門
動 力 部 門 費	kW数×運転時間数	18kW×200時間	15kW×160時間
工場事務部門費	従業員数	30人	20人

⑤ 完成品数量　　A製品（製造指図書＃1）　　200個

(1)

部 門 費 振 替 表

直接配賦法

令和○年5月分

部　門　費	配賦基準	金　　額	製 造 部 門		補 助 部 門	
			第1部門	第2部門	動力部門	工場事務部門
部門費合計		2,150,000	1,000,000	900,000	150,000	100,000
動力部門費	kW数×運転時間数	150,000	90,000	60,000		
工場事務部門費	従業員数	100,000	60,000	40,000		
配賦額合計		250,000	150,000	100,000		
製造部門費合計		2,150,000	1,150,000	1,000,000		

(2)　製造指図書＃１

原　価　計　算　表

直接材料費	直接労務費	製　造　間　接　費				集　　　　計		
		部　門	時　間	配賦率	金　　額	摘　　要	金　　額	
350,000	780,000	第１	500	1,200	600,000	直接材料費	350,000	
		第２	400	1,300	520,000	直接労務費	780,000	
					1,120,000	製造間接費	1,120,000	
						製造原価	2,250,000	
						完成品数量	200個	
						製品単価	￥	11,250

(3)

借　　　　　方		貸　　　　　方	
製造部門費配賦差異	190,000	第１製造部門費	190,000
第２製造部門費	170,000	製造部門費配賦差異	170,000

4　次の山口製作所の一連の仕訳を示しなさい。

(1)　第１製造部門の予定配賦率は直接作業時間１時間につき￥400　第２製造部門の予定配賦率は
直接作業時間１時間につき￥300である。当月の直接作業時間は次のとおりであり，よって製造
部門費を予定配賦した。

		第１製造部門	第２製造部門
直接作業時間	製造指図書＃１	800時間	700時間
	製造指図書＃２	500時間	600時間

(2)　製造間接費を各部門に配分し，補助部門費を各製造部門に配賦した結果，第１製造部門費の実
際発生額は￥533,000　第２製造部門費は￥383,500であった。よって，第１製造部門費および
第２製造部門費の配賦差異を，製造部門費配賦差異勘定に振り替えた。

(3)　会計期末に製造部門費配賦差異勘定の残高￥7,200（借方）を売上原価勘定に振り替えた。

	借　　　　　方		貸　　　　　方	
(1)	仕　　掛　　品	910,000	第１製造部門費	520,000
			第２製造部門費	390,000
(2)	製造部門費配賦差異	13,000	第１製造部門費	13,000
	第２製造部門費	6,500	製造部門費配賦差異	6,500
(3)	売　上　原　価	7,200	製造部門費配賦差異	7,200

応用問題

解答p.44

1 宮崎製作所は，個別原価計算を採用し，A製品（製造指図書＃1）とB製品（製造指図書＃2）を製造している。下記の資料によって，次の各問いに答えなさい。
(1) 1月中の取引の仕訳を示しなさい。
(2) 部門費振替表を直接配賦法によって完成しなさい。
(3) A製品（製造指図書＃1）の原価計算表を完成しなさい。
(4) 月末仕掛品原価を求めなさい。
　　ただし，ⅰ　前月繰越高は，次のとおりである。
　　　　　　　　素　　　材　250個　　＠¥3,120　　¥ 780,000
　　　　　　　　工場消耗品　170〃　　〃〃 300　　¥ 51,000
　　　　　　　　仕　掛　品（製造指図書＃1）　　¥1,637,000（原価計算表に記入済み）
　　　　　ⅱ　素材の消費高の計算は移動平均法により，工場消耗品の消費数量の計算は棚卸計算法によっている。
　　　　　ⅲ　賃金の消費高の計算には，作業時間1時間につき¥1,100の予定賃率を用いている。
　　　　　ⅳ　製造間接費は部門別計算をおこない，直接作業時間を基準として予定配賦している。

	第1製造部門	第2製造部門
年間製造間接費予定額	¥ 6,525,000	¥ 4,370,000
年間予定直接作業時間	14,500時間	11,500時間

　　　　　ⅴ　製造間接費勘定を設けている。

取　引
　1月8日　素材および工場消耗品を次のとおり買い入れ，代金は掛けとした。
　　　　　　　素　　　材　750個　　＠¥3,160　　¥2,370,000
　　　　　　　工場消耗品　400〃　　〃〃 300　　¥ 120,000
　　12日　B製品（製造指図書＃2）の注文を受け，素材900個を消費して製造を開始した。
　　20日　製造経費を次のとおり小切手を振り出して支払った。
　　　　　　　電力料　¥264,000　　保険料　¥144,000　　雑　費　¥ 28,000
　　25日　賃金を次のとおり小切手を振り出して支払った。
　　　　　　　賃金総額　¥2,550,000　（うち，控除額　所得税¥153,000　健康保険料¥112,000）
　　31日　① 工場消耗品の月末棚卸数量は80個であった。よって，消費高を計上した。(間接材料)
　　　　　② 当月の賃金予定消費高を次の作業時間によって計上した。ただし，消費賃金勘定を設けている。
　　　　　　　製造指図書＃1　1,310時間　　製造指図書＃2　820時間　　間接作業　120時間
　　　　　③ 健康保険料の事業主負担分¥112,000を計上した。
　　　　　④ 当月の製造経費消費高を計上した。
　　　　　　　電力料　¥269,000　保険料　¥24,000　減価償却費　¥180,000　雑費　¥29,000
　　　　　⑤ 当月の直接作業時間は次のとおりであった。よって，製造部門費を予定配賦した。

		第1製造部門	第2製造部門
直接作業時間	製造指図書＃1	760時間	550時間
	製造指図書＃2	420時間	400時間

　　　　　⑥ 製造間接費を次の部門費配分表によって各部門に配分した。

部　門　費　配　分　表
令和○年1月分

費　　目	配賦基準	金　　額	製　造　部　門		補　助　部　門	
			第1部門	第2部門	動力部門	工場事務部門
〜〜〜	〜〜〜	〜〜〜	〜〜〜	〜〜〜	〜〜〜	〜〜〜
部 門 費 合 計		893,000	385,000	260,000	160,000	88,000

　　　　　⑦ 補助部門費を次の配賦基準によって各製造部門に配賦した。

	配　賦　基　準	第1製造部門	第2製造部門
動 力 部 門 費	kW数×運転時間数	15kW×400時間	20kW×200時間
工場事務部門費	従 業 員 数	6人	5人

　　　　　⑧ A製品（製造指図書＃1）95個が完成した。
　　　　　⑨ 当月の賃金実際消費高¥2,484,000を計上した。

⑩　賃金の予定消費高と実際消費高との差額を，賃率差異勘定に振り替えた。
⑪　第1製造部門費および第2製造部門費の配賦差異を，製造部門費配賦差異勘定に振り替えた。

(1)

		借　　　方		貸　　　方	
1月8日		素　　　　　　材 工 場 消 耗 品	2,370,000 120,000	買　　掛　　金	2,490,000
12日		仕　　掛　　品	2,835,000	素　　　　　　材	2,835,000
20日		電　　力　　料 保　　険　　料 雑　　　　　　費	264,000 144,000 28,000	当 座 預 金	436,000
25日		賃　　　　　　金	2,550,000	所 得 税 預 り 金 健 康 保 険 料 預 り 金 当 座 預 金	153,000 112,000 2,285,000
31日	①	製 造 間 接 費	147,000	工 場 消 耗 品	147,000
	②	仕　　掛　　品 製 造 間 接 費	2,343,000 132,000	消 費 賃 金	2,475,000
	③	製 造 間 接 費	112,000	健 康 保 険 料	112,000
	④	製 造 間 接 費	502,000	電　　力　　料 保　　険　　料 減 価 償 却 費 雑　　　　　　費	269,000 24,000 180,000 29,000
	⑤	仕　　掛　　品	892,000	第 1 製 造 部 門 費 第 2 製 造 部 門 費	531,000 361,000
	⑥	第 1 製 造 部 門 費 第 2 製 造 部 門 費 動 力 部 門 費 工 場 事 務 部 門 費	385,000 260,000 160,000 88,000	製 造 間 接 費	893,000
	⑦	第 1 製 造 部 門 費 第 2 製 造 部 門 費	144,000 104,000	動 力 部 門 費 工 場 事 務 部 門 費	160,000 88,000
	⑧	製　　　　　　品	3,629,000	仕　　掛　　品	3,629,000
	⑨	消 費 賃 金	2,484,000	賃　　　　　　金	2,484,000
	⑩	賃 率 差 異	9,000	消 費 賃 金	9,000
	⑪	第 1 製 造 部 門 費 製 造 部 門 費 配 賦 差 異	2,000 3,000	製 造 部 門 費 配 賦 差 異 第 2 製 造 部 門 費	2,000 3,000

(2)
部 門 費 振 替 表
直接配賦法　　　　　　令和〇年1月分

部　門　費	配 賦 基 準	金　　額	製 造 部 門		補 助 部 門	
			第1部門	第2部門	動 力 部 門	工場事務部門
部 門 費 合 計		893,000	385,000	260,000	160,000	88,000
動 力 部 門 費	kW数×運転時間数	160,000	96,000	64,000		
工 場 事 務 部 門 費	従 業 員 数	88,000	48,000	40,000		
配 賦 額 合 計		248,000	144,000	104,000		
製 造 部 門 費 合 計		893,000	529,000	364,000		

(3) 製造指図書＃1
原 価 計 算 表

直接材料費	直接労務費	製 造 間 接 費				集　　　　計	
		部 門	時 間	配賦率	金　　額	摘　要	金　　額
1,482,000	110,000	第1	100	450	45,000	直接材料費	1,482,000
	1,441,000	第1	760	450	342,000	直接労務費	1,551,000
	1,551,000	第2	550	380	209,000	製造間接費	596,000
					596,000	製 造 原 価	3,629,000
						完成品数量	95個
						製 品 単 価　¥	38,200

(4)

月末仕掛品原価　¥	4,078,000

検定問題

解答p.46

1　和歌山製作所は，個別原価計算を採用し，A製品（製造指図書＃ 1 ）とB製品（製造指図書＃ 2 ）を製造している。下記の資料によって，次の各問いに答えなさい。　　　　　　（第62回一部修正）

(1)　製造部門費を予定配賦したときの仕訳を示しなさい。

(2)　部門費振替表を相互配賦法によって完成しなさい。

(3)　第 1 製造部門費および第 2 製造部門費の配賦差異を，製造部門費配賦差異勘定に振り替える仕訳を示しなさい。

(4)　A製品（製造指図書＃ 1 ）の原価計算表を完成しなさい。

　　ただし，　i　月初仕掛品はなかった。

　　　　　　　ii　賃金の消費高の計算には，作業時間 1 時間につき¥1,000の予定賃率を用いている。

　　　　　　　iii　製造間接費は部門別計算をおこない，直接作業時間を基準として予定配賦している。

資料　a．年間製造間接費予定額・年間予定直接作業時間

	第 1 製造部門	第 2 製造部門
年間製造間接費予定額	¥12,844,000	¥8,820,000
年間予定直接作業時間	16,900時間	14,700時間

　　　　b．製造部門の当月直接作業時間

		第 1 製造部門	第 2 製造部門
直接作業時間	製造指図書＃ 1	950時間	840時間
	製造指図書＃ 2	450時間	390時間

　　　　c．補助部門費の配賦基準

	配賦基準	第 1 製造部門	第 2 製造部門	動力部門	修繕部門
動力部門費	kW数×運転時間数	20kW×600時間	16kW×500時間	——	10kW×100時間
修繕部門費	修繕回数	8回	6回	2回	——

　　　　d．完成品数量　A製品（製造指図書＃ 1 ）　60個

(1)

借　　方		貸　　方	
仕　　掛　　品	1,802,000	第 1 製造部門費	1,064,000
		第 2 製造部門費	738,000

(2)
部門費振替表

相互配賦法　　　　　　　　　　令和○年6月分

部門費	配賦基準	金額	製造部門		補助部門	
			第1部門	第2部門	動力部門	修繕部門
部門費合計		1,800,000	911,000	622,000	147,000	120,000
動力部門費	kW数×運転時間数	147,000	84,000	56,000	——	7,000
修繕部門費	修繕回数	120,000	60,000	45,000	15,000	——
第 1 次配賦額		267,000	144,000	101,000	15,000	7,000
動力部門費	kW数×運転時間数	15,000	9,000	6,000		
修繕部門費	修繕回数	7,000	4,000	3,000		
第 2 次配賦額		22,000	13,000	9,000		
製造部門費合計		1,800,000	1,068,000	732,000		

(3)

借　　方		貸　　方	
製造部門費配賦差異	4,000	第 1 製造部門費	4,000
第 2 製造部門費	6,000	製造部門費配賦差異	6,000

(4)　製造指図書＃ 1
原価計算表

直接材料費	直接労務費	製造間接費				集計	
		部門	時間	配賦率	金額	摘要	金額
2,168,000	1,790,000	第1	950	760	722,000	直接材料費	2,168,000
		第2	840	600	504,000	直接労務費	1,790,000
					1,226,000	製造間接費	1,226,000
						製造原価	5,184,000
						完成品数量	60個
						製品単価	¥　86,400

第3章　総合原価計算

1　総合原価計算

学習の要点 ●●●

1．総合原価計算の内容

　同じ種類または異なる種類の製品を連続して大量生産・市場見込み生産する製造業（製糖業・製粉業・製菓業など）に適用される原価の計算方法である。

　総合原価計算は，製品の種類や等級別に区別可能かどうかによって，次のように分類される。

単純総合原価計算	同じ種類の製品を大量に製造する製造業に適用される。
等級別総合原価計算	同じ種類の製品であるが，等級で区別できる製品を大量に製造する製造業に適用される。
組別総合原価計算	種類の異なる製品を大量に製造する製造業に適用される。

　また，いくつかの製造工程がある場合には，これらに加えてさらに**工程別総合原価計算**（p.123参照）がおこなわれる。

2　単純総合原価計算

学習の要点 ●●●

1．単純総合原価の計算方法

　単純総合原価計算表を作成して以下の計算をおこなう。

> 当月製造費用＝当月材料消費高＋当月労務費消費高＋当月経費消費高
>
> 総製造費用＝月初仕掛品原価＋当月製造費用
>
> 完成品原価＝総製造費用（月初仕掛品原価＋当月製造費用）－月末仕掛品原価
>
> 製品単価＝$\dfrac{完成品原価}{完成品数量}$

2．月末仕掛品の評価

当月総製造費用のうち，どれだけを月末仕掛品原価とするか計算することを**月末仕掛品の評価**という。月末仕掛品の評価をする場合には，原価要素を**素材費**（直接材料費）と**加工費**（間接材料費・労務費・経費）に分けて計算する。

素材費については，通常製造着手の時点（作業工程の始点）で完成に必要な量がすべて投入されるので，完成品数量と同様に100％消費されたものとして計算する。

加工費については，通常作業工程の進行とともに消費されるので，**月末仕掛品の完成品換算数量**を計算する必要がある。

・素材費

仕掛品素材費

開始 ······································▶ 完成
0%　　　　　　50%　　　　　100%
〔加工進捗度〕

・加工費

仕掛品加工費

開始 ······································▶ 完成
0%　　　　　　50%　　　　　100%
〔加工進捗度〕

＊ただし，素材費が製造の進行程度に応じて投入される場合には，加工費と同様に月末仕掛品の完成品換算数量を計算する。

> 月末仕掛品の完成品換算数量＝月末仕掛品数量×加工進捗度＊（％）

＊加工進捗度……原価投入の観点からみた完成程度

3．月末仕掛品原価の計算

(1) 平均法

平均法は，月初仕掛品と当月に製造を開始した分が，ともに平均的に完成品と月末仕掛品に配分されるという仮定にもとづいて計算される。

● 素材を製造着手（工程の始点）のときにすべて投入（消費）する場合

> 月末仕掛品素材費＝（月初仕掛品素材費＋当月素材費）× $\dfrac{月末仕掛品数量}{完成品数量＋月末仕掛品数量}$
>
> 月末仕掛品加工費＝（月初仕掛品加工費＋当月加工費）× $\dfrac{月末仕掛品の完成品換算数量}{完成品数量＋月末仕掛品の完成品換算数量}$
>
> 月末仕掛品原価＝月末仕掛品素材費＋月末仕掛品加工費

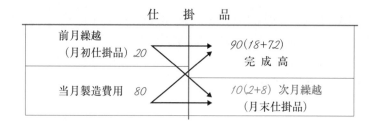

仕　掛　品

前月繰越 （月初仕掛品）20	90(18+72) 完　成　高
当月製造費用　80	10(2+8) 次月繰越 （月末仕掛品）

●素材を製造の進行に応じて投入(消費)する場合

$$月末仕掛品素材費 = (月初仕掛品素材費 + 当月素材費) \times \frac{月末仕掛品の完成品換算数量}{完成品数量 + 月末仕掛品の完成品換算数量}$$

$$月末仕掛品加工費 = (月初仕掛品加工費 + 当月加工費) \times \frac{月末仕掛品の完成品換算数量}{完成品数量 + 月末仕掛品の完成品換算数量}$$

$$月末仕掛品原価 = 月末仕掛品素材費 + 月末仕掛品加工費$$

●素材の投入(消費)割合と加工費の発生割合が等しいとき,素材費と加工費を区別しないで計算する。

$$月末仕掛品原価 = (月初仕掛品原価 + 当月製造費用) \times \frac{月末仕掛品の完成品換算数量}{完成品数量 + 月末仕掛品の完成品換算数量}$$

まとめて計算

(2)　先入先出法

　先入先出法は,月初仕掛品が先に加工されて完成したと考え,当月の製造着手分が完成品と月末仕掛品に配分されるという仮定にもとづいて計算される。

●素材を製造着手(工程の始点)のときにすべて投入(消費)する場合

$$月末仕掛品素材費 = 当月素材費 \times \frac{月末仕掛品数量}{完成品数量 - 月初仕掛品数量 + 月末仕掛品数量}$$

$$月末仕掛品加工費 = 当月加工費 \times \frac{月末仕掛品の完成品換算数量}{完成品数量 - 月初仕掛品の完成品換算数量 + 月末仕掛品の完成品換算数量}$$

$$月末仕掛品原価 = 月末仕掛品素材費 + 月末仕掛品加工費$$

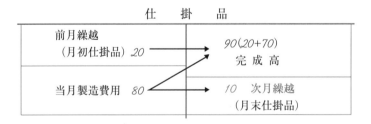

●素材を製造の進行に応じて投入(消費)する場合

$$月末仕掛品素材費 = 当月素材費 \times \frac{月末仕掛品の完成品換算数量}{完成品数量 - 月初仕掛品の完成品換算数量 + 月末仕掛品の完成品換算数量}$$

$$月末仕掛品加工費 = 当月加工費 \times \frac{月末仕掛品の完成品換算数量}{完成品数量 - 月初仕掛品の完成品換算数量 + 月末仕掛品の完成品換算数量}$$

$$月末仕掛品原価 = 月末仕掛品素材費 + 月末仕掛品加工費$$

まとめて計算

●素材の投入(消費)割合と加工費の発生割合が等しいとき,素材費と加工費を区別しないで計算する。

$$月末仕掛品原価 = 当月製造費用 \times \frac{月末仕掛品の完成品換算数量}{完成品数量 - 月初仕掛品の完成品換算数量 + 月末仕掛品の完成品換算数量}$$

4．記帳方法

　単純総合原価計算は製品が同じ種類であるため，材料・労務費・経費を消費するとき，直接費と間接費に分ける必要がない。すべて直接費（仕掛品勘定）として処理し，製造間接費勘定を使用しない。

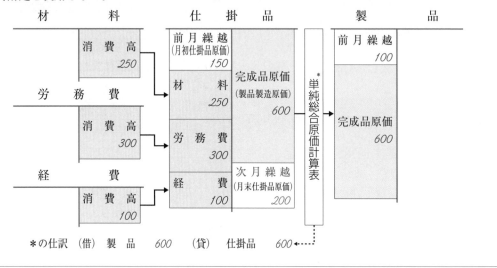

　＊の仕訳　(借) 製　品　*600*　　(貸)　仕掛品　*600*

基本問題

解答p.48

1　単純総合原価計算を採用している工場の次の取引について，仕訳を示しなさい。

(1)　当月の材料消費高は素材￥*650,000*　工場消耗品￥*120,000*であった。

(2)　当月の給料消費高￥*150,000*を計上した。

(3)　月末に，健康保険料の事業主負担分￥*80,000*を計上した。

(4)　月末に，電力料測定高￥*73,000*　減価償却費月割額￥*25,000*を計上した。

	借　　　　方		貸　　　　方	
(1)	仕　掛　品	*770,000*	素　　　　材 工　場　消　耗　品	*650,000* *120,000*
(2)	仕　掛　品	*150,000*	給　　　　料	*150,000*
(3)	仕　掛　品	*80,000*	健　康　保　険　料	*80,000*
(4)	仕　掛　品	*98,000*	電　　力　　料 減　価　償　却　費	*73,000* *25,000*

2　単純総合原価計算を採用している岡山製作所の次の資料によって，(1)当月製造費用，(2)当月総製造費用，(3)完成品原価，(4)製品単価の金額を求めなさい。

資　料

①	当月製造費用	材料費	￥*650,000*	②	月初仕掛品原価	￥*210,000*
		労務費	￥*460,000*	③	月末仕掛品原価	￥*150,000*
		経　費	￥*130,000*	④	完成品数量	2,000個

(1)	当月製造費用	¥	*1,240,000*	(2)	当月総製造費用	¥	*1,450,000*
(3)	完成品原価	¥	*1,300,000*	(4)	製品単価	¥	*650*

3 次の資料によって，単純総合原価計算表を完成し，(1)～(5)の計算式を示しなさい。

ただし， i　素材は製造着手のときにすべて投入され，加工費は製造の進行に応じて消費されるものとする。

ii　月末仕掛品原価の計算は平均法による。

資料
① 月初仕掛品原価　素材費　¥160,000　　加工費　¥86,000
② 当月製造費用　素材費　¥812,000　　工場消耗品　¥55,000
　　　　　　　　労務費　400,000　　経費　188,000
③ 当月完成品数量　1,500個
④ 月末仕掛品数量　300個(加工進捗度40%)

単純総合原価計算表
令和○年1月分

摘要	素材費	加工費	合計
材料費	812,000	55,000	867,000
労務費	———	400,000	400,000
経費	———	188,000	188,000
計	812,000	643,000	1,455,000
月初仕掛品原価	160,000	86,000	246,000
計	972,000	729,000	1,701,000
月末仕掛品原価	162,000	54,000	216,000
完成品原価	810,000	675,000	1,485,000
完成品数量	1,500個	1,500個	1,500個
製品単価	¥ 540	¥ 450	¥ 990

(1)	月末仕掛品素材費	式 $\frac{¥160,000+¥812,000}{1,500個+300個}\times300個=¥162,000$	¥	*162,000*
(2)	月末仕掛品加工費	式 $\frac{¥86,000+¥643,000}{1,500個+(300個\times40\%)}\times(300個\times40\%)=¥54,000$	¥	*54,000*
(3)	月末仕掛品原価	式 ¥162,000+¥54,000=¥216,000	¥	*216,000*
(4)	完成品原価	式 (¥1,455,000+¥246,000)−¥216,000=¥1,485,000	¥	*1,485,000*
(5)	製品単価	式 ¥1,485,000÷1,500個=¥990	¥	*990*

4 次の資料によって，単純総合原価計算表を完成し，(1)～(5)の計算式を示しなさい。

ただし， ⅰ　素材は製造着手のときにすべて投入され，加工費は製造の進行に応じて消費されるものとする。

ⅱ　月末仕掛品原価の計算は先入先出法によること。

資　料
① 当月製造費用　素　材　費　¥2,618,000　　工場消耗品　　¥　57,400
　　　　　　　　　労　務　費　　917,000　　経　　　費　　504,000
② 月初仕掛品数量　840個（加工進捗度50%）
　　　　　　　　　素　材　費　¥388,500　　加　工　費　¥132,300
③ 当月完成品数量　6,300個
④ 月末仕掛品数量　700個（加工進捗度40%）

単 純 総 合 原 価 計 算 表
令和〇年10月分

摘　　要	素　材　費	加　工　費	合　　計
材　料　費	2,618,000	57,400	2,675,400
労　務　費	———	917,000	917,000
経　　費	———	504,000	504,000
計	2,618,000	1,478,400	4,096,400
月初仕掛品原価	388,500	132,300	520,800
計	3,006,500	1,610,700	4,617,200
月末仕掛品原価	297,500	67,200	364,700
完 成 品 原 価	2,709,000	1,543,500	4,252,500
完 成 品 数 量	6,300個	6,300個	6,300個
製　品　単　価	¥　430	¥　245	¥　675

(1)	月末仕掛品素材費	式	$\frac{¥2,618,000}{6,300個-840個+700個}×700個=¥297,500$	¥	297,500
(2)	月末仕掛品加工費	式	$\frac{¥1,478,400}{6,300個-(840個×50\%)+(700個×40\%)}×(700個×40\%)=¥67,200$	¥	67,200
(3)	月末仕掛品原価	式	¥297,500 + ¥67,200 = ¥364,700	¥	364,700
(4)	完 成 品 原 価	式	(¥520,800 + ¥4,096,400) - ¥364,700 = ¥4,252,500	¥	4,252,500
(5)	製　品　単　価	式	¥4,252,500 ÷ 6,300個 = ¥675	¥	675

応用問題

解答p.50

1 単純総合原価計算を採用している秋田製作所の次の取引について，仕訳を示しなさい。
(1) 素材1,600個　@¥400　¥640,000を製品の製造のために消費した。
(2) 工場消耗品¥43,000を製品の製造のために消費した。
(3) 賃金¥700,000を製品の製造のために消費した。
(4) 電力料¥37,200と減価償却費¥34,000を製品の製造のために消費した。

	借 方		貸 方	
(1)	仕 掛 品	640,000	素 材	640,000
(2)	仕 掛 品	43,000	工 場 消 耗 品	43,000
(3)	仕 掛 品	700,000	賃 金	700,000
(4)	仕 掛 品	71,200	電 力 料	37,200
			減 価 償 却 費	34,000

2 前記**1**の仕訳および下記の資料から，(1)単純総合原価計算表を完成しなさい。また，(2)製品が完成したときの仕訳を示しなさい。

資 料
① 月初仕掛品原価 ¥105,800(うち，素材費¥80,000 加工費¥25,800)
② 素材は製造着手のときにすべて投入され，加工費は製造の進行に応じて消費されるものとする。
③ 月末仕掛品原価の計算は平均法による。
④ 当月製造量は，完成品数量2,600個 月末仕掛品数量400個(加工進捗度50%)である。

(1)
単 純 総 合 原 価 計 算 表

摘 要	素 材 費	加 工 費	合 計
材 料 費	640,000	43,000	683,000
労 務 費	——	700,000	700,000
経 費	——	71,200	71,200
計	640,000	814,200	1,454,200
月 初 仕 掛 品 原 価	80,000	25,800	105,800
計	720,000	840,000	1,560,000
月 末 仕 掛 品 原 価	96,000	60,000	156,000
完 成 品 原 価	624,000	780,000	1,404,000
完 成 品 数 量	2,600 個	2,600 個	2,600 個
製 品 単 価	¥ 240	¥ 300	¥ 540

(2)

借 方		貸 方	
製 品	1,404,000	仕 掛 品	1,404,000

3 前記**1**・**2**の仕訳から，仕掛品勘定に記入して締め切りなさい（相手科目・金額を示すこと）。

仕 掛 品

前 月 繰 越	105,800	製 品	1,404,000
素 材	640,000	次 月 繰 越	156,000
工場消耗品	43,000		
賃 金	700,000		
諸 口	71,200		
	1,560,000		1,560,000

4 岩手製作所の次の資料によって，
(1) 単純総合原価計算表を完成しなさい。
(2) 製品が完成したときの仕訳を示しなさい。
(3) 月末仕掛品原価を先入先出法によって計算するといくらになるか計算しなさい。
   ただし， i 素材は製造着手のときにすべて投入され，加工費は製造の進行に応じて消費される
       ものとする。
       ii 月末仕掛品原価の計算は平均法による。

資　料
① 当月製造費用　素　材　費 ¥3,652,000　工場消耗品 ¥ 82,000
           労　務　費 1,310,000　経　　　費 566,000
② 月 初 仕 掛 品 1,200個（加工進捗度50%）
           素　材　費 ¥ 548,000　加 工 費 ¥298,000
③ 月末仕掛品数量 1,000個（加工進捗度40%）
④ 完 成 品 数 量 9,000個

(1)
単 純 総 合 原 価 計 算 表
令和○年8月分

摘　　　　要	素　材　費	加　工　費	合　　　計
材　料　費	3,652,000	82,000	3,734,000
労　務　費	———	1,310,000	1,310,000
経　　　費	———	566,000	566,000
計	3,652,000	1,958,000	5,610,000
月初仕掛品原価	548,000	298,000	846,000
計	4,200,000	2,256,000	6,456,000
月末仕掛品原価	420,000	96,000	516,000
完 成 品 原 価	3,780,000	2,160,000	5,940,000
完 成 品 数 量	9,000個	9,000個	9,000個
製 品 単 価	¥　　420	¥　　240	¥　　660

(2)

借　　　　方		貸　　　　方	
製　　　品	5,940,000	仕　掛　品	5,940,000

(3)

先入先出法による月末仕掛品原価　¥	504,000

5 次の資料によって，(1)と(2)のケースにもとづき単純総合原価計算表を完成しなさい。
資　料
① 月初仕掛品原価　素　材　費 ¥ 53,000　加 工 費 ¥ 26,000
② 当月製造費用　素　材　費 ¥640,000
           加 工 費 工場消耗品 ¥ 30,000　労 務 費 ¥480,000
                経　　費 220,000

③　当月完成品数量　　4,000個
④　月末仕掛品数量　　　500個（加工進捗度40%）

ケース
(1)　i　素材は製造着手のときにすべて投入され，加工費は製造の進行に応じて消費されるものとする。
　　　ii　月末仕掛品原価の計算は平均法による。
(2)　i　素材費・加工費ともに製造の進行に応じて消費されるものとする。
　　　ii　月末仕掛品原価の計算は平均法による。

(1)
単 純 総 合 原 価 計 算 表
令和〇年11月分

摘　　　　　要	素　材　費	加　工　費	合　　　計
材　料　費	640,000	30,000	670,000
労　務　費	———	480,000	480,000
経　　　費	———	220,000	220,000
計	640,000	730,000	1,370,000
月初仕掛品原価	53,000	26,000	79,000
計	693,000	756,000	1,449,000
月末仕掛品原価	77,000	36,000	113,000
完 成 品 原 価	616,000	720,000	1,336,000
完 成 品 数 量	4,000個	4,000個	4,000個
製　品　単　価	¥　　154	¥　　180	¥　　334

(2)
単 純 総 合 原 価 計 算 表
令和〇年11月分

摘　　　　　要	素　材　費	加　工　費	合　　　計
材　料　費	640,000	30,000	670,000
労　務　費	———	480,000	480,000
経　　　費	———	220,000	220,000
計	640,000	730,000	1,370,000
月初仕掛品原価	53,000	26,000	79,000
計	693,000	756,000	1,449,000
月末仕掛品原価	33,000	36,000	69,000
完 成 品 原 価	660,000	720,000	1,380,000
完 成 品 数 量	4,000個	4,000個	4,000個
製　品　単　価	¥　　165	¥　　180	¥　　345

検定問題

解答p.53

1 次の取引の仕訳を示しなさい。

(1) 単純総合原価計算を採用している長野製作所は，月末に工場の従業員に対する賞与の月割額を計上した。なお，半年分の賞与の支払予定額は¥3,180,000である。 （第85回）

(2) 単純総合原価計算を採用している茨城工業株式会社は，月末に当月分の特許権使用料¥270,000および工場の建物に対する減価償却費¥190,000を消費高として計上した。 （第87回）

(3) 単純総合原価計算を採用している岩手製作所は，月末に工場の従業員に対する賞与の月割額を計上した。なお，半年分の賞与の支払予定額は¥3,480,000である。 （第89回）

(4) 単純総合原価計算を採用している富山製作所では，月末に特許権使用料の月割額を計上した。ただし，1年分の特許権使用料は¥4,800,000である。 （第93回）

(5) 単純総合原価計算を採用している新潟製作所は，月末に工場の機械に対する減価償却費の月割額を消費高として計上した。ただし，1年分の減価償却費は¥264,000である （第92回）

(6) 単純総合原価計算を採用している秋田工業株式会社は，月末に工場の建物に対する保険料の月割額を消費高として計上した。ただし，1年分の保険料は¥564,000である。 （第74回）

(7) 単純総合原価計算を採用している高知製作所は，当月分の修繕料の消費高を計上した。ただし，前月未払高は¥4,000であり，当月支払高は¥72,000 当月未払高は¥6,000である。 （第67回）

(8) 単純総合原価計算を採用している長崎製造株式会社は，月末に特許権使用料¥190,000および工場の建物に対する保険料¥35,000を消費高として計上した。 （第63回）

	借 方		貸 方	
(1)	仕 掛 品	530,000	従業員賞与手当	530,000
(2)	仕 掛 品	460,000	特 許 権 使 用 料	270,000
			減 価 償 却 費	190,000
(3)	仕 掛 品	580,000	従業員賞与手当	580,000
(4)	仕 掛 品	400,000	特 許 権 使 用 料	400,000
(5)	仕 掛 品	22,000	減 価 償 却 費	22,000
(6)	仕 掛 品	47,000	保 険 料	47,000
(7)	仕 掛 品	74,000	修 繕 料	74,000
(8)	仕 掛 品	225,000	特 許 権 使 用 料	190,000
			保 険 料	35,000

2 栃木製作所は，単純総合原価計算を採用し，A製品を製造している。下記の資料と仕掛品勘定によって，

(1) 単純総合原価計算表を完成しなさい。 （第80回一部修正）

(2) 仕掛品勘定の電力料（アの金額）を求めなさい。

ただし， i 素材は製造着手のときにすべて投入され，加工費は製造の進行に応じて消費されるものとする。

ii 月末仕掛品原価の計算は平均法による。

資 料

a．生産データ 月初仕掛品 500個（加工進捗度40%）

当月投入 2,500個

合 計 3,000個

月末仕掛品 400個（加工進捗度60%）

完 成 品 2,600個

b．月初仕掛品原価

素 材 費 ¥1,150,000

加 工 費 ¥208,000

c．当月製造費用

素 材 費 ¥6,350,000

加 工 費 ¥3,200,000

仕 掛 品

前 月 繰 越	（ ）	製 品	（ ）
素 材	（ ）	次月繰越	（ ）
工場消耗品	561,000		
賃 金	1,750,000		
従業員賞与手当	513,000		
健康保険料	70,000		
減価償却費	160,000		
電 力 料	（ ア ）		
雑 費	12,000		
	（ ）		（ ）

(1)

単 純 総 合 原 価 計 算 表
令和○年6月分

摘 要	素 材 費	加 工 費	合 計
材 料 費	6,350,000	561,000	6,911,000
労 務 費	———	2,333,000	2,333,000
経 費	———	306,000	306,000
計	6,350,000	3,200,000	9,550,000
月初仕掛品原価	1,150,000	208,000	1,358,000
計	7,500,000	3,408,000	10,908,000
月末仕掛品原価	1,000,000	288,000	1,288,000
完 成 品 原 価	6,500,000	3,120,000	9,620,000
完 成 品 数 量	2,600個	2,600個	2,600個
製 品 単 価	¥ 2,500	¥ 1,200	¥ 3,700

(2)

仕掛品勘定の電力料（ア）の金額	¥ 134,000

3 京都工業株式会社は，単純総合原価計算を採用し，A製品を製造している。下記の資料と仕掛品
勘定によって，
(1) 単純総合原価計算表を完成しなさい。 （第62回一部修正）
(2) 仕掛品勘定の保険料（アの金額）を求めなさい。
 ただし，ⅰ 素材は製造着手のときにすべて投入され，加工費は製造の進行に応じて消費される
    ものとする。
   ⅱ 月末仕掛品原価の計算は先入先出法による。

資料
 a. 生産データ 月初仕掛品 800個（加工進捗度45%）
      当月投入 3,400個
       合計 4,200個
      月末仕掛品 600個（加工進捗度50%）
       完成品 3,600個
 b. 月初仕掛品原価
  素材費 ¥1,008,000
  加工費 ¥396,000
 c. 当月製造費用
  素材費 ¥4,437,000
  加工費 ¥4,071,000

仕掛品

前月繰越	( )	製品	( )
素材	( )	次月繰越	( )
工場消耗品	680,000		
消耗工具器具備品	28,000		
賃金	1,850,000		
給料	320,000		
退職給付費用	126,000		
健康保険料	94,000		
電力料	372,000		
保険料	(ア)		
減価償却費	480,000		
雑費	23,000		
	( )		( )

(1)
単純総合原価計算表
令和○年6月分

摘要	素材費	加工費	合計
材料費	4,437,000	708,000	5,145,000
労務費	———	2,390,000	2,390,000
経費	———	973,000	973,000
計	4,437,000	4,071,000	8,508,000
月初仕掛品原価	1,008,000	396,000	1,404,000
計	5,445,000	4,467,000	9,912,000
月末仕掛品原価	783,000	345,000	1,128,000
完成品原価	4,662,000	4,122,000	8,784,000
完成品数量	3,600個	3,600個	3,600個
製品単価	¥ 1,295	¥ 1,145	¥ 2,440

(2)

仕掛品勘定の保険料 （ア）の金額	¥ 98,000

4　山梨製作所は，単純総合原価計算を採用し，A製品を製造している。下記の資料と仕掛品勘定によって，

(1)　単純総合原価計算表を完成しなさい。　　　　　　　　　　　　　　　　　（第91回一部修正）
(2)　仕掛品勘定の特許権使用料（アの金額）を求めなさい。

　　　ただし，ⅰ　素材は製造着手のときにすべて投入され，加工費は製造の進行に応じて消費されるものとする。
　　　　　　ⅱ　月末仕掛品原価の計算は平均法による。

資　料

a．生産データ　月初仕掛品　　800個（加工進捗度50%）
　　　　　　　　当月投入　　3,950個
　　　　　　　　合　計　　　4,750個
　　　　　　　　月末仕掛品　　750個（加工進捗度40%）
　　　　　　　　完成品　　　4,000個

b．月初仕掛品原価
　　素材費　¥1,502,000
　　加工費　¥ 410,000

c．当月製造費用
　　素材費　¥6,478,000
　　加工費　¥4,836,000

仕　掛　品

前月繰越	（　　）	製　品	（　　）
素　材	（　　）	次月繰越	（　　）
工場消耗品	684,000		
賃　金	2,204,000		
従業員賞与手当	1,136,000		
健康保険料	260,000		
特許権使用料	（ ア ）		
減価償却費	213,000		
電力料	97,000		
雑　費	56,000		
	（　　）		（　　）

(1)
単純総合原価計算表
令和○年6月分

摘　要	素材費	加工費	合計
材料費	6,478,000	684,000	7,162,000
労務費	―	3,600,000	3,600,000
経費	―	552,000	552,000
計	6,478,000	4,836,000	11,314,000
月初仕掛品原価	1,502,000	410,000	1,912,000
計	7,980,000	5,246,000	13,226,000
月末仕掛品原価	1,260,000	366,000	1,626,000
完成品原価	6,720,000	4,880,000	11,600,000
完成品数量	4,000個	4,000個	4,000個
製品単価	¥　1,680	¥　1,220	¥　2,900

(2)

仕掛品勘定の特許権使用料（ア）の金額	¥　186,000

5 静岡工業株式会社は，単純総合原価計算を採用し，A製品を製造している。次の資料によって，単純総合原価計算表を完成しなさい。 （第65回一部修正）

ただし， i 素材は製造着手のときにすべて投入され，加工費は製造の進行に応じて消費されるものとする。

ii 月末仕掛品原価の計算は平均法による。

資 料

a．月初仕掛品原価 ¥228,000（素材費 ¥144,000 加工費 ¥84,000）

b．当月製造費用

①材 料 費

素材の消費高は，1個あたり¥400の予定価格を用いて計算し，9,340個を消費した。

工場消耗品の消費高は¥146,000であった。（間接材料）

②労 務 費

賃金の消費高は作業時間1時間につき¥1,050の予定賃率を用いて計算しており，当月の作業時間は2,800時間であった。また，健康保険料の事業主負担分¥117,000を計上している。

③経 費

当月の製造経費について，次の資料を得たので，消費高を計上した。

電 力 料 当月支払高 ¥269,000 当月測定高 ¥280,000

保 険 料 6か月分 ¥618,000

減価償却費 年間見積高 ¥5,400,000

修 繕 料 前月前払高 ¥24,000 当月支払高 ¥125,000 当月未払高 ¥10,000

c．生産データ 月初仕掛品 400個（加工進捗度50%）

当 月 投 入 7,600個

合 計 8,000個

月末仕掛品 400個（加工進捗度45%）

完 成 品 7,600個

単 純 総 合 原 価 計 算 表

令和〇年6月分

摘　　　　　要	素　材　費	加　工　費	合　　　計
材　料　費	3,736,000	146,000	3,882,000
労　務　費	———	3,057,000	3,057,000
経　　　費	———	992,000	992,000
計	3,736,000	4,195,000	7,931,000
月初仕掛品原価	144,000	84,000	228,000
計	3,880,000	4,279,000	8,159,000
月末仕掛品原価	194,000	99,000	293,000
完 成 品 原 価	3,686,000	4,180,000	7,866,000
完 成 品 数 量	7,600個	7,600個	7,600個
製 品 単 価	¥ 485	¥ 550	¥ 1,035

6　九州工業株式会社は，単純総合原価計算を採用し，A製品を製造している。次の資料によって，
仕掛品勘定を完成しなさい。　　　　　　　　　　　　　　　　　　　　　　（第83回一部修正）

　　ただし，i　素材は製造着手のときにすべて投入され，加工費は製造の進行に応じて消費される
　　　　　　　ものとする。
　　　　　　ii　月末仕掛品原価の計算は先入先出法による。

資　料
　a．月初仕掛品原価　¥972,000（素材費　¥600,000　加工費　¥372,000）
　b．当月製造費用
　①材　料　費
　　　素材の消費高は，1個あたり¥3,000の予定価格を用いて計算し，2,100個を消費した。
　　　工場消耗品の消費高は¥441,000であった。（間接材料）
　②労　務　費
　　　賃金の消費高は作業時間1時間につき¥1,260の予定賃率を用いて計算しており，当月の作
　　業時間は2,700時間であった。また，健康保険料の事業主負担分¥159,000を計上している。
　③経　　　費
　　　当月の製造経費について，次の資料を得たので，消費高を計上した。
　　　電　力　料　¥269,000　保　険　料　¥76,000　減価償却費　¥931,000
　c．生産データ　月初仕掛品　　　200個（加工進捗度60%）
　　　　　　　　　当　月　投　入　2,100個
　　　　　　　　　合　　　計　　2,300個
　　　　　　　　　月末仕掛品　　　300個（加工進捗度50%）
　　　　　　　　　完　成　品　　2,000個

仕　　　掛　　　品

前 月 繰 越	（ 972,000）	（製　　品）		（ 11,260,000）
素　　　材	（ 6,300,000）	次 月 繰 越		（ 1,290,000）
工場消耗品	（ 441,000）			
賃　　　金	（ 3,402,000）			
健康保険料	（ 159,000）			
諸　　　口	（ 1,276,000）			
	（ 12,550,000）			（ 12,550,000）

3　等級別総合原価計算

学習の要点 ●●●

1．等級別総合原価計算

同じ製造工程から同じ種類の製品を連続して製造するが，その製品が形状・重量・品質などによっていくつかの等級に区別される製造業(衣料品製造業・製粉業・醸造業など)で適用される原価計算の方法である。

2．等級別総合原価計算の手続き

(1)　製品の形状・重量・品質などによって各等級製品の原価配分の基準となる比率である等価係数を定める。

等価係数とは，等級の異なる製品を同じ等級に換算するために用いる一定の数値をいう。

(2)　等価係数に各等級製品の完成品数量を乗じて積数を求める。

> 積数＝等価係数×各等級製品の完成品数量

(3)　1原価計算期間の完成品の総合原価を積数の比で各等級製品に按分(比例配分)する。

$$各等級製品の製造原価＝\frac{総合原価}{積数合計}×各等級製品の積数$$

(4)　各等級製品の製造原価をそれぞれの完成品数量で割って製品単価(単位原価)を計算する。

$$各等級製品の製品単価(単位原価)＝\frac{各等級製品の製造原価}{各等級製品の完成品数量}$$

3．記帳方法

等級製品ごとに製品勘定を設け，各等級製品の製造原価を仕掛品勘定から各等級の製品勘定に振り替える。仕掛品勘定は1つで，製品勘定のみ等級製品ごとに多数設けるのが特徴である。

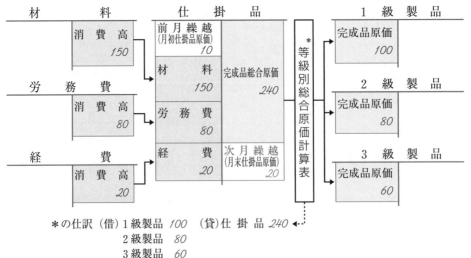

基本問題

解答p.58

1 次の資料によって，(1)等級別総合原価計算表を完成し，(2)等級別製品が完成したときの仕訳を示しなさい。

資　料

a．月初仕掛品原価　¥425,300

b．当月製造費用　材料費　¥1,076,000　　労務費　¥448,000　　経　費　¥575,700

c．月末仕掛品原価　¥305,000

d．完成品数量　1級製品　6,000個　　2級製品　8,000個　　3級製品　4,000個

e．単位重量　1級製品　200kg　　2級製品　160kg　　3級製品　120kg

f．等価係数は，各製品1個あたりの重量を基準としている。

(1)

等級別総合原価計算表

等級別製品	重　　　量	等価係数	完成品数量	積　　　数	等級別製造原価	製品単価
1 級 製 品	200kg	5	6,000個	30,000	900,000	¥　150
2 級 製 品	160kg	4	8,000個	32,000	960,000	¥　120
3 級 製 品	120kg	3	4,000個	12,000	360,000	¥　90
				74,000	2,220,000	

(2)

借　　　　　方		貸　　　　　方	
1　級　製　品	900,000	仕　　掛　　品	2,220,000
2　級　製　品	960,000		
3　級　製　品	360,000		

2 次の資料によって，等級別総合原価計算表を完成しなさい。

資　料

a．仕掛品評価額　月初仕掛品　¥350,000　　月末仕掛品　¥376,000

b．当月製造費用　材料費　¥378,000　　労務費　¥542,000　　経　費　¥284,000

c．完成品数量　1級製品　140個　　2級製品　260個　　3級製品　320個

d．等価係数は，各製品1個あたりの重量を基準としている。

等級別総合原価計算表

等級別製品	重　　　量	等価係数	完成品数量	積　　　数	等級別製造原価	製品単価
1 級 製 品	120kg	6	140個	840	319,200	¥　2,280
2 級 製 品	100kg	5	260個	1,300	494,000	¥　1,900
3 級 製 品	60kg	3	320個	960	364,800	¥　1,140
				3,100	1,178,000	

応用問題

解答p.59

1　次の資料によって，⑴等級別総合原価計算表を完成し，⑵等級別製品が完成したときの仕訳を示しなさい。ただし，等価係数は各製品1個あたりの容積を基準としている。

資　料
　　a．完成品の総合原価　¥515,000　　　　b．当月完成品数量　1級製品　600個
　　　　　　　　　　　　　　　　　　　　　　　　　　　　　　2級製品　700個
　　　　　　　　　　　　　　　　　　　　　　　　　　　　　　3級製品　800個

(1)
等級別総合原価計算表

等級別製品	容　　　　積	等価係数	完成品数量	積　　　数	等級別製造原価	製品単価
1 級 製 品	24m³	6	600個	3,600	180,000	¥　300
2 級 製 品	20m³	5	700個	3,500	175,000	¥　250
3 級 製 品	16m³	4	800個	3,200	160,000	¥　200
				10,300	515,000	

(2)

借　　　　方		貸　　　　方	
1　級　製　品	180,000	仕　　掛　　品	515,000
2　級　製　品	175,000		
3　級　製　品	160,000		

2　次の資料によって，⑴等級別総合原価計算表を完成し，⑵仕掛品勘定および各製品勘定を完成し，⑶等級別製品が完成したときの仕訳を示しなさい。ただし，等価係数は各製品1個あたりの容積を基準としている。

資　料
　　a．等級別製品1個あたりの容積　　　　b．当月完成品数量
　　　　1級製品　27m³　　　　　　　　　　　1級製品　2,000個
　　　　2級製品　18m³　　　　　　　　　　　2級製品　4,000個

(1)
等級別総合原価計算表

等級別製品	容　　　　積	等価係数	完成品数量	積　　　数	等級別製造原価	製品単価
1 級 製 品	27m³	3	2,000個	6,000	446,400	¥　223.2
2 級 製 品	18m³	2	4,000個	8,000	595,200	¥　148.8
				14,000	1,041,600	

(2)

仕　　掛　　品

前 月 繰 越	28,800	（諸　　口）	(1,041,600)
素　　　材	517,200	次 月 繰 越	32,400
賃　　　金	344,400		
諸　　　口	183,600		
	(1,074,000)		(1,074,000)

1　級　製　品

（仕掛品）	(446,400)	

2　級　製　品

（仕掛品）	(595,200)	

(3)

借　　　　　方		貸　　　　　方	
1　級　製　品	*446,400*	仕　　掛　　品	*1,041,600*
2　級　製　品	*595,200*		

3　東京製作所は，等級別総合原価計算を採用し，1級製品・2級製品を製造している。なお，同社では単純総合原価計算によって総合原価を計算した後，等級別製品の原価を計算している。下記の資料によって，

(1)　当月の完成品の総合原価を求めなさい。

(2)　等級別総合原価計算表を完成しなさい。

　　ただし，ⅰ　素材は製造着手のときにすべて投入され，加工費は製造の進行に応じて消費されるものとする。

　　　　　　ⅱ　月末仕掛品原価の計算は先入先出法による。

　　　　　　ⅲ　等価係数は，各製品1個あたりの重量を基準としている。

資　料

　a．月初仕掛品原価

　　素　材　費　¥ *492,000*

　　加　工　費　¥ *324,000*

　b．当月製造費用

　　素　材　費　¥ *2,740,500*

　　加　工　費　¥ *2,793,000*

　c．完成品数量　3,000個（1級製品　1,650個　2級製品　1,350個）

　d．1個あたりの重量

1級製品の1個あたりの重量	300 g
2級製品の1個あたりの重量	180 g

　e．生産データ　月初仕掛品　　　600個（加工進捗度60%）

　　　　　　　　　当 月 投 入　　3,150個

　　　　　　　　　　合　計　　　3,750個

　　　　　　　　　月末仕掛品　　　750個（加工進捗度40%）

　　　　　　　　　完　成　品　　3,000個

(1)

完成品の総合原価　　¥	*5,412,000*

(2)

等級別総合原価計算表

令和○年1月分

等級別製品	重　　量	等 価 係 数	完成品数量	積　　数	等級別製造原価	製 品 単 価
1 級 製 品	300g	5	1,650個	8,250	*3,630,000*	¥　*2,200*
2 級 製 品	180g	3	1,350個	4,050	*1,782,000*	¥　*1,320*
				12,300	*5,412,000*	

検定問題

解答p.60

1 次の取引の仕訳を示しなさい。

(1) 等級別総合原価計算を採用している長崎産業株式会社において，次のとおり製品が完成した。ただし，当月の完成品総合原価は¥1,170,000であり，等価係数には各製品の1個あたりの重量を用いている。　　　　　　　　　　　　　　　　　　　　　　　　　　　　　　（第54回）

製　品	1個あたりの重量	当月完成品数量
1 級 製 品	450g	700個
2 級 製 品	300g	900個

(2) 等級別総合原価計算を採用している秋田製作所は，月末に工場の建物に対する減価償却費の月割額を消費高として計上した。ただし，1年分の減価償却高は¥936,000である。　（第84回）

(3) 等級別総合原価計算を採用している岐阜製作所において，1級製品2,000個と2級製品3,000個が完成した。ただし，完成品の総合原価は¥2,100,000であり，等価係数は次の各製品1個あたりの重量を基準としている。　　　　　　　　　　　　　　　　　　　　　　　　　（第78回）

　　　　1級製品　300g　　2級製品　150g

(4) 等級別総合原価計算を採用している青森製作所は，工場の従業員に対する退職給付費用について，月末に当月分の消費高¥380,000を計上した。　　　　　　　　　　　　　　　　（第80回）

(5) 等級別総合原価計算を採用している宮城工業株式会社は，月末に等級別総合原価計算表を次のとおり作成し，等級別に製造原価を計上した。　　　　　　　　　　　　　　　　　　（第89回）

等級別総合原価計算表
令和○年1月分

等級別製品	重　　量	等価係数	完成品数量	積　　数	等級別製造原価	製品単価
1 級製品	120g	1.2	800個	960	1,584,000	¥1,980
2 級製品	100g	1.0	1,000個	1,000	1,650,000	¥1,650
3 級製品	80g	0.8	600個	480	792,000	¥1,320
				2,440	4,026,000	

(6) 等級別総合原価計算を採用している鳥取工業株式会社において，1級製品4,800個と2級製品4,000個が完成した。ただし，この完成品の総合原価は¥4,800,000であり，等価係数は次の各製品1個あたりの重量を基準としている。　　　　　　　　　　　　　　　　　　　（第94回）

　　　　1級製品　300g　　2級製品　240g

(7) 等級別総合原価計算を採用している奈良製作所は，当月分の修繕料の消費高を計上した。ただし，前月未払高は¥2,000であり，当月支払高は¥68,000　当月未払高は¥4,000である。

　　　　　　　　　　　　　　　　　　　　　　　　　　　　　　　　　　　　　　　（第62回）

	借　　　　　方		貸　　　　　方	
(1)	1　級　製　品	*630,000*	仕　掛　品	*1,170,000*
	2　級　製　品	*540,000*		
(2)	仕　掛　品	*78,000*	減　価　償　却　費	*78,000*
(3)	1　級　製　品	*1,200,000*	仕　掛　品	*2,100,000*
	2　級　製　品	*900,000*		
(4)	仕　掛　品	*380,000*	退　職　給　付　費　用	*380,000*
(5)	1　級　製　品	*1,584,000*	仕　掛　品	*4,026,000*
	2　級　製　品	*1,650,000*		
	3　級　製　品	*792,000*		
(6)	1　級　製　品	*2,880,000*	仕　掛　品	*4,800,000*
	2　級　製　品	*1,920,000*		
(7)	仕　掛　品	*70,000*	修　繕　料	*70,000*

2 　沖縄工業株式会社は，等級別総合原価計算を採用し，1級製品・2級製品・3級製品の3種類の製品を製造している。下記の資料によって，次の金額を求めなさい。　　　　　（第55回一部修正）

　　ただし，ⅰ　等価係数は，各製品の1個あたりの重量を基準とする。

　　　　　　　ⅱ　売上製品の払出単価の計算は，先入先出法による。

　　a．当月の製造費用　　　　　　b．当月の1級製品の製造原価

　　c．当月の2級製品の売上原価　　d．当月の3級製品の月末棚卸高

資　料

①　月初仕掛品原価　￥*1,178,000*

②　月末仕掛品原価　￥*1,100,000*

③　当月完成品総合原価　￥*6,948,000*

④

製　　　品	1個あたりの重量	当月完成品数量	月初棚卸数量	月末棚卸数量
1 級製品	750g	1,500個	150個	140個
2 級製品	600g	2,000個	250個	275個
3 級製品	300g	1,900個	230個	305個

　　なお，月初棚卸製品の単価は，1級製品￥*1,750*　2級製品￥*1,400*　3級製品￥*700*である。

a	当月の製造費用　￥	*6,870,000*	b	当月の1級製品の製　造　原　価　￥	*2,700,000*
c	当月の2級製品の売　上　原　価　￥	*2,834,000*	d	当月の3級製品の月　末　棚　卸　高　￥	*219,600*

3　栃木製作所は，等級別総合原価計算を採用し，1級製品・2級製品・3級製品を製造している。下記の資料によって，次の金額を求めなさい。ただし，等価係数は，各製品の1個あたりの重量を基準としている。　　　　　　　　　　　　　　　　　　　　　　　　　　　　　　　　（第90回）

　　　　　　a．1級製品の製造原価　　　b．3級製品の製品単価（単位原価）

資　料
　①　完成品総合原価　￥3,156,000
　②　製品1個あたりの重量
　　　　　1級製品　700g　　　　2級製品　490g　　　　3級製品　280g
　③　完成品数量
　　　　　1級製品　4,600個　　2級製品　3,500個　　3級製品　2,100個

a	1級製品の製造原価	￥	*1,840,000*
b	3級製品の製品単価	￥	*160*

4　静岡工業株式会社における次の等級別総合原価計算表の（　ア　）に入る金額を求めなさい。ただし，等価係数は，各製品の1個あたりの重量を基準としている。　　　　　　　　　　　（第91回）

等級別総合原価計算表
令和〇年1月分

等級別製品	重　　量	等価係数	完成品数量	積　　　数	等級別製造原価	製　品　単　価
1 級 製 品	950g	1.0	2,400個	（　　）	（　　　）	￥（　　）
2 級 製 品	760g	0.8	3,600個	（　　）	（　　　）	￥（　　）
3 級 製 品	570g	（　　）	5,000個	（　　）	（　　　）	￥（　ア　）
				（　　）	4,968,000	

アの金額	￥	*360*

5　大阪製作所は，等級別総合原価計算を採用し，1級製品と2級製品を製造している。次の資料によって，2級製品の製品単価を求めなさい。ただし，等価係数は，各製品の1個あたりの重量を基準としている。　　　　　　　　　　　　　　　　　　　　　　　　　　　　　　（第93回）

資　料
　ⅰ　当月完成品総合原価　　￥9,280,000
　ⅱ　製品1個あたりの重量　　1級製品　　150g　　　2級製品　　120g
　ⅲ　完成品数量　　　　　　　1級製品　3,000個　　　2級製品　2,050個

2級製品の製品単価	￥	*1,600*

6　兵庫製作所は，等級別総合原価計算を採用し，1級製品・2級製品・3級製品の3種類の製品を製造している。下記の資料によって，次の金額を求めなさい。　　　　　　　　（第62回一部修正）

　　ただし，i　等価係数は，各製品の1個あたりの重量を基準としている。

　　　　　　　ii　売上製品の払出単価の計算は，先入先出法による。

　　　　　　　　a．当月の2級製品の製造原価　　b．当月の1級製品の製品単価(単位原価)

　　　　　　　　c．当月の3級製品の売上原価　　d．当月の2級製品の月末棚卸高

資　料

　①　当月完成品総合原価　￥1,965,000

　②

製　品	1個あたりの重量	当月完成品数量	月初棚卸数量	月末棚卸数量
1級製品	120g	800個	70個	90個
2級製品	100g	1,120個	110個	130個
3級製品	60g	900個	80個	55個

　　なお，月初棚卸製品の単価は，1級製品￥960　2級製品￥800　3級製品￥480である。

a	当月の2級製品の製造原価　￥	*840,000*	b	当月の1級製品の製品単価(単位原価)　￥	*900*
c	当月の3級製品の売上原価　￥	*418,650*	d	当月の2級製品の月末棚卸高　￥	*97,500*

7　山梨製作所は，等級別総合原価計算を採用し，1級製品・2級製品の2種類の製品を製造している。下記の資料によって，次の金額を求めなさい。ただし，等価係数は各製品の1個あたりの重量を基準とし，売上製品の払出単価の計算は，先入先出法による。　　　　　　　（第65回一部修正）

　　a．当月の1級製品の製造原価　　b．当月の2級製品の製品単価(単位原価)

　　c．当月の2級製品の売上原価

資　料

　①　当月完成品総合原価　￥1,533,000

　②

製　品	1個あたりの重量	当月完成品数量	月初製品数量	月末製品数量	月初製品単価
1級製品	800g	2,000個	300個	100個	￥440
2級製品	600g	2,200個	500個	200個	￥330

a	当月の1級製品の製造原価　￥	*840,000*	b	当月の2級製品の製品単価(単位原価)　￥	*315*
c	当月の2級製品の売上原価　￥	*795,000*			

8　高知工業株式会社における次の等級別総合原価計算表の（　ア　）および（　イ　）に入る金額を求めなさい。ただし，等価係数は，各製品の1個あたりの重量を基準としている。

（第82回一部修正）

等級別総合原価計算表
令和○年6月分

等級別製品	重　　量	等 価 係 数	完成品数量	積　　数	等級別製造原価	製 品 単 価
1級製品	280 g	(　　)	(　　)個	(　　)	(　　)	￥（ア）
2級製品	210 g	(　　)	1,800　個	(　　)	（イ）	￥（　　）
3級製品	140 g	2	2,400　個	(　　)	(　　)	￥　300
				16,200	2,430,000	

ア	￥	*600*	イ	￥	*810,000*

4　組別総合原価計算

学習の要点 ●●●

1．組別総合原価計算

異なる種類の製品を組（A組・B組など）に分け，それぞれの組ごとに連続生産する製造業(食品工業や衣料品業など)で適用される原価計算の方法である。

2．組別総合原価計算の手続き

組別総合原価計算表のうえでおこなう。

(1)　当月製造費用を，各組の製品に直接発生した**組直接費**と，各組の製品に共通して発生した**組間接費**に分ける。

(2)　組直接費は各組に直接賦課し，組間接費は一定の配賦基準によって各組に配賦する。

(3)　各組に集計された当月製造費用に，月初仕掛品原価を加え，その合計額から月末仕掛品原価を差し引いて組別製品の完成品原価を求める。

(4)　各組の完成品原価を，各組製品の完成品数量で割って，組別製品の製品単価（単位原価）を計算する。

3．記帳方法

組ごとに仕掛品勘定と製品勘定を設ける。組間接費は個別原価計算の製造間接費の場合と同じように各組の仕掛品勘定へ振り替える。各組の完成品原価を各組の仕掛品勘定から各組の製品勘定に振り替える。

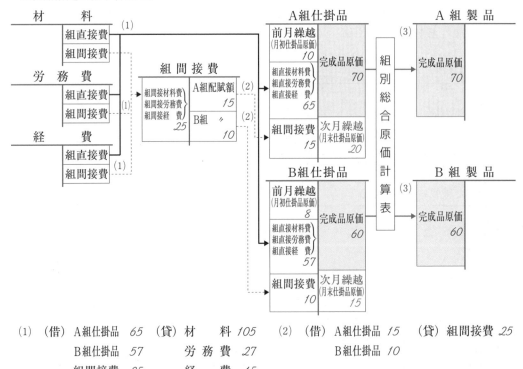

(1)　(借) A組仕掛品 *65*　(貸) 材　　料 *105*　(2)　(借) A組仕掛品 *15*　(貸) 組間接費 *25*
　　　　　　B組仕掛品 *57*　　　　労 務 費 *27*　　　　　　B組仕掛品 *10*
　　　　　　組間接費 *25*　　　　経　　費 *15*
(3)　(借) A組製品 *70*　(貸) A組仕掛品 *70*
　　　　　　B組製品 *60*　　　　B組仕掛品 *60*

基本問題

解答p.66

1 組別総合原価計算を採用している工場の次の取引について，仕訳を示しなさい。

(1) 素材の消費高¥1,320,000のうち，¥730,000はA組，¥565,000はB組に賦課し，¥25,000を組間接費とした。

(2) 組間接費¥250,000をA組製品に60%，B組製品に40%の割合で配賦した。

(3) 当月のB組製品の完成高は¥1,800,000であった。

(4) 当月の売上製品の製造原価は，A組製品¥2,300,000　B組製品¥1,800,000であった。

	借　　　　　方		貸　　　　　方	
(1)	A 組 仕 掛 品	730,000	素　　　　　　　材	1,320,000
	B 組 仕 掛 品	565,000		
	組 間 接 費	25,000		
(2)	A 組 仕 掛 品	150,000	組 間 接 費	250,000
	B 組 仕 掛 品	100,000		
(3)	B 組 製 品	1,800,000	B 組 仕 掛 品	1,800,000
(4)	売 上 原 価	4,100,000	A 組 製 品	2,300,000
			B 組 製 品	1,800,000

2 次の資料によって，組別総合原価計算表を完成しなさい。

資　料

(1) 組間接費¥420,000をA組に55%，B組に45%の割合で配賦する。

(2) 月末仕掛品　数　　量　A組　500個　　B組　250個
　　　　　　　　加工進捗度　A組　　40%　　B組　60%

(3) 素材は製造着手のときにすべて投入され，加工費は製造の進行に応じて消費されるものとする。

(4) 月末仕掛品原価の計算は平均法による。

組 別 総 合 原 価 計 算 表
令和○年9月分

摘　　　　　　要	A　　　組	B　　　組	合　　　計
組 直 接 費　素材費	1,146,000	375,000	1,521,000
加工費	380,000	220,000	600,000
組 間 接 費　加工費	231,000	189,000	420,000
当 月 製 造 費 用	1,757,000	784,000	2,541,000
月初仕掛品原価　素材費	168,000	150,000	318,000
加工費	145,000	51,000	196,000
計	2,070,000	985,000	3,055,000
月末仕掛品原価　素材費	146,000	105,000	251,000
加工費	36,000	60,000	96,000
完 成 品 原 価	1,888,000	820,000	2,708,000
完 成 品 数 量	4,000個	1,000個	———
製 品 単 価	¥　　472	¥　　820	

応用問題

解答p.67

1 組別総合原価計算を採用している工場の次の取引について，仕訳を示しなさい。
- (1) 素材¥580,000（うち，A組　¥330,000　　B組　¥250,000）を消費した。
- (2) 組間接費¥180,000をA組に40%，B組に60%の割合で配賦した。
- (3) A組製品¥950,000が完成した。
- (4) 当月に販売したB組製品の製造原価は¥670,000であった。

	借　　　　方		貸　　　　方	
(1)	A 組 仕 掛 品 B 組 仕 掛 品	330,000 250,000	素　　　　　　材	580,000
(2)	A 組 仕 掛 品 B 組 仕 掛 品	72,000 108,000	組 間 接 費	180,000
(3)	A 組 製 品	950,000	A 組 仕 掛 品	950,000
(4)	売 上 原 価	670,000	B 組 製 品	670,000

2 広島工業株式会社は，組別総合原価計算を採用し，A組・B組の2種類の製品を製造している。下記の資料によって，組別総合原価計算表を完成しなさい。

ただし，ⅰ　組間接費はA組に60%，B組に40%の割合で配賦する。

ⅱ　素材は製造着手のときにすべて投入され，加工費は製造の進行に応じて消費されるものとする。

ⅲ　月末仕掛品原価の計算は先入先出法による。

資　料

	A　　組	B　　組	組間接費
月 初 仕 掛 品 数 量	600個（加工進捗度40%）	300個（加工進捗度50%）	－
当月製造費用　素材費 労務費 経　費	¥ 2,583,000 ¥ 2,250,000 ¥　 28,500	¥ 1,386,000 ¥ 1,000,500 ¥　　　　－	－ ¥ 259,500 ¥ 490,500
月 末 仕 掛 品 数 量	750個（加工進捗度60%）	450個（加工進捗度40%）	－

組 別 総 合 原 価 計 算 表
令和○年8月分

摘　　　　要		A　　　組	B　　　組
組 直 接 費　素材費		2,583,000	1,386,000
加 工 費		2,278,500	1,000,500
組 間 接 費　加 工 費		450,000	300,000
当 月 製 造 費 用		5,311,500	2,686,500
月 初 仕 掛 品 原 価　素材費		480,000	246,000
加 工 費		198,000	126,000
計		5,989,500	3,058,500
月 末 仕 掛 品 原 価　素材費		615,000	378,000
加 工 費		382,500	153,000
完 成 品 原 価		4,992,000	2,527,500
完 成 品 数 量		3,000個	1,500個
製 品 単 価	¥	1,664	¥　　　1,685

3 岡山製作所株式会社は，組別総合原価計算を採用し，A組・B組の2種類の製品を製造している。下記の勘定記録と資料によって，(1)組間接費勘定・A組仕掛品勘定を完成し，(2)組別総合原価計算表を完成しなさい。

組　間　接　費		A　組　仕　掛　品		B　組　仕　掛　品	
賃　金 58,000		前月繰越 120,000		前月繰越 135,000	
電力料 73,000		素　材 328,000		素　材 656,000	
減価償却費 14,000		賃　金 490,200		賃　金 530,500	
雑　費 5,000		特許権使用料 9,500			

資　料

　a．組間接費は，次の割合で配賦する。

　　　　A組　45%　　　B組　55%

　b．当月完成品数量　A組　3,200個　　B組　4,800個

　　　月末仕掛品数量　A組　400個（加工進捗度60%）　B組　800個（加工進捗度50%）

　c．素材は製造着手のときにすべて投入され，加工費は製造の進行に応じて消費されるものとする。

　d．月末仕掛品原価の計算は平均法による。

(1)

組　間　接　費		A　組　仕　掛　品	
賃　金 58,000	(諸　口) (150,000)	前月繰越 120,000	(A組製品) (928,000)
電力料 73,000		素　材 328,000	次月繰越 (87,200)
減価償却費 14,000		賃　金 490,200	
雑　費 5,000		特許権使用料 9,500	
(150,000)	(150,000)	(組間接費) (67,500)	
		(1,015,200)	(1,015,200)

(2)

組 別 総 合 原 価 計 算 表

令和○年8月分

摘　　　要		A　　組	B　　組
組　直　接　費	素材費	328,000	656,000
	加工費	499,700	530,500
組　間　接　費	加工費	67,500	82,500
当　月　製　造　費　用		895,200	1,269,000
月初仕掛品原価	素材費	68,000	72,000
	加工費	52,000	63,000
計		1,015,200	1,404,000
月末仕掛品原価	素材費	44,000	104,000
	加工費	43,200	52,000
完　成　品　原　価		928,000	1,248,000
完　成　品　数　量		3,200個	4,800個
製　品　単　価		¥ 290	¥ 260

検定問題

解答p.69

1 次の取引の仕訳を示しなさい。

(1) 組別総合原価計算を採用している京都製作所は，当月分の製造経費の消費高を次のとおり計上した。なお，外注加工賃はA組製品に対するものである。 (第82回)

  組直接費 外注加工賃 ¥180,000

  組間接費 修 繕 料 ¥95,000 電 力 料 ¥22,000

(2) 組別総合原価計算を採用している滋賀製作所は，当月分の製造経費の消費高を次のとおり計上した。なお，外注加工賃はA組製品に対するものである。 (第78回)

  組直接費 外注加工賃 ¥200,000

  組間接費 修 繕 料 ¥145,000 保 険 料 ¥18,000

(3) 組別総合原価計算を採用している長野工業株式会社は，組間接費を各組の組直接費を基準として配賦率を求め，A組とB組に配賦した。なお，当月の製造費用は次のとおりである。(第91回)

	A組直接費	B組直接費	組間接費
材 料 費	¥3,350,000	¥1,650,000	¥ 570,000
労 務 費	¥4,176,000	¥2,024,000	¥ 980,000
経 費	¥1,574,000	¥1,226,000	¥1,950,000

(4) 組別総合原価計算を採用している福島製作所は，A組の製品製造のため当月分の特許権使用料¥500,000を計上した。 (第48回)

(5) 組別総合原価計算を採用している大阪製作所は，当月分の外注加工賃の消費高を計上した。ただし，外注加工賃はA組製品を製造するために消費したものであり，前月前払高は¥15,000 当月支払高は¥490,000 当月前払高は¥12,000である。 (第75回)

(6) 組別総合原価計算を採用している石川工業株式会社は，組間接費¥860,000を機械運転時間を基準にA組とB組に配賦した。なお，当月の機械運転時間はA組3,250時間 B組1,750時間であった。 (第93回)

(7) 組別総合原価計算を採用している愛知製造株式会社は，各組の製品の製造のために共通に発生した当月分の電力料の消費高を計上した。

  ただし，当月の支払高は¥326,000 当月の測定高は¥345,000である。 (第61回)

	借 方		貸 方	
(1)	A 組 仕 掛 品	180,000	外 注 加 工 賃	180,000
	組 間 接 費	117,000	修 繕 料	95,000
			電 力 料	22,000
(2)	A 組 仕 掛 品	200,000	外 注 加 工 賃	200,000
	組 間 接 費	163,000	修 繕 料	145,000
			保 険 料	18,000
(3)	A 組 仕 掛 品	2,275,000	組 間 接 費	3,500,000
	B 組 仕 掛 品	1,225,000		
(4)	A 組 仕 掛 品	500,000	特 許 権 使 用 料	500,000
(5)	A 組 仕 掛 品	493,000	外 注 加 工 賃	493,000
(6)	A 組 仕 掛 品	559,000	組 間 接 費	860,000
	B 組 仕 掛 品	301,000		
(7)	組 間 接 費	345,000	電 力 料	345,000

2　東京製作所は，組別総合原価計算を採用し，A組製品とB組製品を製造している。下記の資料によって，組別総合原価計算表を完成しなさい。　　　　　　　　　　　　　　　　（第92回一部修正）

　　ただし，ⅰ　組間接費は直接労務費を基準として配賦する。
　　　　　　　ⅱ　素材は製造着手のときにすべて投入され，加工費は製造の進行に応じて消費されるものとする。
　　　　　　　ⅲ　月末仕掛品原価の計算は先入先出法による。

資　料
　a．月初仕掛品原価
　　A組　¥1,432,000（素材費　¥955,000　加工費　¥477,000）
　　B組　¥　594,000（素材費　¥411,000　加工費　¥183,000）

　b．当月製造費用

	A組直接費	B組直接費	組間接費
材　料　費	¥4,050,000	¥1,955,000	¥229,000
労　務　費	¥2,520,000	¥1,080,000	¥559,000
経　　　費	¥　950,000	¥　212,000	¥112,000

　c．生産データ

	A　組	B　組
月初仕掛品	1,000個（加工進捗度50%）	500個（加工進捗度60%）
当 月 投 入	4,500個	2,300個
合　　計	5,500個	2,800個
月末仕掛品	1,500個（加工進捗度40%）	600個（加工進捗度50%）
完　成　品	4,000個	2,200個

組別総合原価計算表
令和○年6月分

摘　　　　　要	A　　　　組	B　　　　組
組　直　接　費　素材費	4,050,000	1,955,000
加工費	3,470,000	1,292,000
組　間　接　費　加工費	630,000	270,000
当　月　製　造　費　用	8,150,000	3,517,000
月初仕掛品原価　素材費	955,000	411,000
加工費	477,000	183,000
計	9,582,000	4,111,000
月末仕掛品原価　素材費	1,350,000	510,000
加工費	600,000	213,000
完　成　品　原　価	7,632,000	3,388,000
完　成　品　数　量	4,000個	2,200個
製　　品　　単　　価	¥　1,908	¥　1,540

3　長野工業株式会社は，組別総合原価計算を採用し，A組製品とB組製品を製造している。下記の
資料によって，　　　　　　　　　　　　　　　　　　　　　　　　　　　　　　（第57回一部修正）
(1)　A組仕掛品勘定を完成しなさい。
(2)　組別総合原価計算表を完成しなさい。
　　ただし，ⅰ　組間接費は直接作業時間を基準としてA組製品とB組製品に配賦している。
　　　　　　ⅱ　素材は製造着手のときにすべて投入され，加工費は製造の進行に応じて消費される
　　　　　　　　ものとする。
　　　　　　ⅲ　月末仕掛品原価の計算は平均法による。
　資　料
　　a . 当月製造費用
　　　　①　素材費　　A組　¥5,684,000　　　B組　¥5,206,000
　　　　②　労務費　　作業時間により消費高を計算する。なお，当月の実際平均賃率は1時間
　　　　　　　　　　　につき¥1,500である。
　　　　③　経費　　　A組　¥207,000　　　B組　¥280,000　　　組間接費　¥450,000
　　b . 当月作業時間　　A組　1,140時間　　　B組　1,860時間　　　間接作業　600時間
　　c . 月末仕掛品数量　　A組　400個（加工進捗度50%）　　　B組　200個（加工進捗度55%）

(1)

A　組　仕　掛　品

前 月 繰 越	（　636,000）	A 組 製 品	（　7,956,000）
素　　　材	5,684,000	次 月 繰 越	（　794,000）
労 務 費	（1,710,000）		
経　　　費	207,000		
(組間接費)	（　513,000）		
	（8,750,000）		（8,750,000）

(2)

組 別 総 合 原 価 計 算 表
令和○年1月分

摘　　　　　要		A　　　組	B　　　組
組 直 接 費	素 材 費	5,684,000	5,206,000
	加 工 費	1,917,000	3,070,000
組 間 接 費	加 工 費	513,000	837,000
当 月 製 造 費 用		8,114,000	9,113,000
月 初 仕 掛 品 原 価	素 材 費	510,000	284,000
	加 工 費	126,000	104,000
計		8,750,000	9,501,000
月 末 仕 掛 品 原 価	素 材 費	652,000	549,000
	加 工 費	142,000	231,000
完 成 品 原 価		7,956,000	8,721,000
完 成 品 数 量		3,400個	1,800個
製 品 単 価		¥　2,340	¥　4,845

4　神奈川製作所は，組別総合原価計算を採用し，A組製品とB組製品を製造している。下記の資料
によって，　　　　　　　　　　　　　　　　　　　　　　　　　　　　　（第87回一部修正）
(1)　A組仕掛品勘定を完成しなさい。
(2)　A組製品3,000個とB組製品4,000個が完成し，完成品原価を組別の製品勘定に振り替えるさい
　　の仕訳を示しなさい。
　　　ただし，ⅰ　組間接費は直接労務費を基準として配賦しており，組間接費勘定を設けて記帳して
　　　　　　　　　いる。
　　　　　　　ⅱ　素材は製造着手のときにすべて投入され，加工費は製造の進行に応じて消費される
　　　　　　　　　ものとする。
　　　　　　　ⅲ　月末仕掛品原価の計算は平均法による。

資　料
　a．生　産　デ　ー　タ
　　　　　　　　　　　　A　組　　　　　　　　　　B　組
　　月初仕掛品　　　600個（加工進捗度50%）　1,000個（加工進捗度60%）
　　当月投入　　　2,850個　　　　　　　　　　3,800個
　　合　　計　　　3,450個　　　　　　　　　　4,800個
　　月末仕掛品　　　450個（加工進捗度40%）　　800個（加工進捗度50%）
　　完　成　品　　3,000個　　　　　　　　　　4,000個
　b．月初仕掛品原価

	A　組	B　組
素　材　費	¥ 450,000	¥ 710,000
加　工　費	¥ 372,000	¥ 489,000

　c．当月製造費用

	A組直接費	B組直接費	組間接費
素　材　費	¥2,172,000	¥2,746,000	¥ 524,000
労　務　費	¥1,925,000	¥1,575,000	¥1,645,000
経　　　費	¥ 138,000	¥ 284,000	¥ 631,000

(1)

A　組　仕　掛　品

前 月 繰 越	822,000	（A組製品）	（ 6,030,000）
素　　　材	2,172,000	次 月 繰 越	（ 567,000）
労　務　費	1,925,000		
経　　　費	138,000		
（組 間 接 費）	（ 1,540,000）		
	（ 6,597,000）		（ 6,597,000）

(2)

借　　　　　方		貸　　　　　方	
A　組　製　品	6,030,000	A　組　仕　掛　品	6,030,000
B　組　製　品	6,160,000	B　組　仕　掛　品	6,160,000

5 組別総合原価計算を採用している宮城製作所では，A組製品とB組製品を製造している。下記の
資料によって，次の金額を求めなさい。 (第94回)

a．A組の組間接費配賦額　　　b．B組の月末仕掛品原価に含まれる素材費

　ただし， i 　組間接費は直接材料費を基準として配賦する。

　　　　　 ii 　素材は製造着手のときにすべて投入され，加工費は製造の進行に応じて消費される
　　　　　　　ものとする。

　　　　　 iii 　月末仕掛品原価の計算は平均法による。

資　料

① 生 産 デ ー タ　A組　完成品3,200個　月末仕掛品300個（加工進捗度50%）

　　　　　　　　　　B組　完成品2,600個　月末仕掛品500個（加工進捗度60%）

　　　　　　　　　　なお，どちらの組も仕損および減損は発生していない。

② 月初仕掛品原価　A組　¥2,390,000（素材費　¥1,520,000　加工費　¥870,000）

　　　　　　　　　　B組　¥2,046,000（素材費　¥1,392,000　加工費　¥654,000）

③ 当月製造費用　組直接費　A組　¥13,476,000（うち素材費　¥8,700,000）

　　　　　　　　　　　　　　B組　¥ 8,829,000（うち素材費　¥5,800,000）

　　　　　　　　組間接費　¥6,670,000

a	¥	4,002,000
b	¥	1,160,000

5　工程別総合原価計算

学習の要点 ● ● ●

1．工程別総合原価計算

　単純総合原価計算・等級別総合原価計算・組別総合原価計算を用いている企業において，製造工程が2つ以上の連続する工程に分かれているとき，工程ごとの原価を計算する場合（食品製造業・化学工業・製紙業など）に適用される原価計算の方法である。

2．工程別総合原価計算の記帳方法

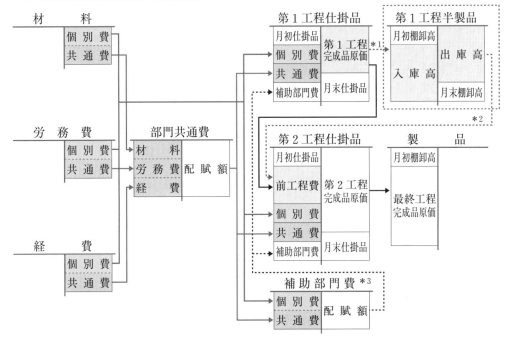

　＊1　第1工程完成品を第2工程に引き渡さず，一時倉庫に保管する場合。

　＊2　一時倉庫に保管していた第1工程半製品を次工程に引き渡したとき。

　＊3　補助部門費には，動力部門費や修繕部門費などがある。

3．半製品の記帳

　すべての工程を終了しない段階で，次の工程に引き渡さず，一時倉庫に保管する場合，各工程の**半製品勘定**に振り替える。

　⑴　第1工程完成品¥*100,000*を，いったん倉庫に保管した。

　　　（借）　第1工程半製品　*100,000*　　（貸）　第1工程仕掛品　*100,000*

　⑵　倉庫に保管していた上記の第1工程の完成品¥*100,000*を，第2工程に引き渡した。

　　　（借）　第2工程仕掛品　*100,000*　　（貸）　第1工程半製品　*100,000*

基本問題

解答p.75

1 工程別総合原価計算を採用している大分製造株式会社の，次の連続した取引の仕訳を示しなさい。

(1) 工程個別費および補助部門個別費として，次のとおり消費した。

	第1工程	第2工程	動力部門
素　　　材	¥400,000	¥300,000	¥150,000
賃　　　金	¥360,000	¥220,000	¥120,000
減価償却費	¥80,000	¥70,000	¥30,000
電　力　料	¥40,000	¥10,000	¥20,000

(2) 部門共通費である保険料¥360,000を次のとおり配賦した。
第1工程　¥140,000　　第2工程　¥100,000　動力部門　¥120,000

(3) 動力部門費を第1工程に60%，第2工程に40%の割合で配賦した。

(4) 第1工程の完成品原価¥1,100,000は，すべて第1工程半製品勘定に振り替えた。

(5) 倉庫から第2工程に投入した第1工程の完成品原価は¥900,000である。

(6) 最終工程である第2工程の完成品原価は¥1,700,000である。

	借　　　　方		貸　　　　方	
(1)	第 1 工 程 仕 掛 品	880,000	素　　　　　　材	850,000
	第 2 工 程 仕 掛 品	600,000	賃　　　　　　金	700,000
	動 力 部 門 費	320,000	減 価 償 却 費	180,000
			電　　力　　料	70,000
(2)	第 1 工 程 仕 掛 品	140,000	保　　険　　料	360,000
	第 2 工 程 仕 掛 品	100,000		
	動 力 部 門 費	120,000		
(3)	第 1 工 程 仕 掛 品	264,000	動 力 部 門 費	440,000
	第 2 工 程 仕 掛 品	176,000		
(4)	第 1 工 程 半 製 品	1,100,000	第 1 工 程 仕 掛 品	1,100,000
(5)	第 2 工 程 仕 掛 品	900,000	第 1 工 程 半 製 品	900,000
(6)	製　　　　　　品	1,700,000	第 2 工 程 仕 掛 品	1,700,000

2 高松製作所の下記の資料によって，
(1) 工程別総合原価計算表を完成しなさい。
(2) 第１工程半製品勘定を完成しなさい。
　　ただし，ⅰ　第１工程の完成品原価は，すべて第１工程半製品勘定に振り替えている。
　　　　　　ⅱ　素材は製造着手のときにすべて投入され，第１工程の完成品は第２工程の始点で投
　　　　　　　入される。
　　　　　　ⅲ　加工費は第１工程・第２工程ともに製造の進行に応じて消費される。
　　　　　　ⅳ　月末仕掛品の計算は平均法による。

資料
　ａ．当月製造費用
　　①　工程個別費および補助部門個別費

	第１工程	第２工程	補助部門
素 材 費	¥2,565,000	—	—
労 務 費	¥ 798,000	¥762,000	¥351,000
経 費	¥ 143,000	¥209,000	¥270,000

　　②　部門共通費を次のとおり配賦する。
　　　　第１工程　¥330,000　　第２工程　¥231,000　　補助部門　¥99,000
　　③　補助部門費を第１工程に55％，第２工程に45％の割合で配賦する。
　ｂ．月初仕掛品原価　第１工程　¥558,000（素材費　¥396,000　加工費　¥162,000）
　　　　　　　　　　　第２工程　¥873,000（前工程費　¥755,000　加工費　¥118,000）
　ｃ．月末仕掛品数量　第１工程　400個（加工進捗度50％）
　　　　　　　　　　　第２工程　600個（加工進捗度40％）
　ｄ．当月中に第１工程半製品2,700個を次工程へ引き渡した。なお，払出単価（原価）は¥1,500
　　である。

(1)

工程別総合原価計算表
令和○年１月分

摘　　　　　要	第　１　工　程	第　２　工　程
工 程 個 別 費 　素材費	2,565,000	——
前工程費	——	4,050,000
労 務 費	798,000	762,000
経 費	143,000	209,000
部 門 共 通 費 配 賦 額	330,000	231,000
補 助 部 門 費 配 賦 額	396,000	324,000
当 月 製 造 費 用	4,232,000	5,576,000
月 初 仕 掛 品 原 価	558,000	873,000
計	4,790,000	6,449,000
月 末 仕 掛 品 原 価	500,000	1,074,000
工 程 完 成 品 原 価	4,290,000	5,375,000
工 程 完 成 品 数 量	2,750個	2,500個
工 程 単 価	¥　　　1,560	¥　　　2,150

(2)

第　１　工　程　半　製　品

前 月 繰 越	306,000	（第２工程仕掛品）	(4,050,000)
（第１工程仕掛品）	(4,290,000)	次 月 繰 越	(546,000)
	(4,596,000)		(4,596,000)

応用問題

解答p.77

1️⃣ 京都製作所の次の資料によって，第1工程半製品勘定と第2工程仕掛品勘定を完成しなさい。

ただし，ⅰ 第1工程の完成品原価は，すべて第1工程半製品勘定に振り替えている。

ⅱ 素材は製造着手のときにすべて投入され，第1工程の完成品は第2工程（最終工程）の始点で投入される。

ⅲ 加工費は第1工程・第2工程ともに製造の進行に応じて消費される。

ⅳ 月末仕掛品の計算は平均法による。

資　料

a．生産データ

	第1工程	第2工程
月初仕掛品	200個（加工進捗度50%）	1,200個（加工進捗度50%）
当月投入	4,800個	4,200個
合計	5,000個	5,400個
月末仕掛品	600個（加工進捗度60%）	1,200個（加工進捗度40%）
完成品	4,400個	4,200個

b．当月製造費用

① 工程個別費および補助部門個別費

	第1工程	第2工程	補助部門
素 材 費	￥2,200,000	―	―
労 務 費	￥1,536,000	￥1,387,000	￥135,000
経 費	￥ 640,000	￥ 380,000	￥310,000

② 部門共通費を次のとおり配賦する。

　　第1工程　￥442,000　　第2工程　￥161,000　　補助部門　￥115,000

③ 補助部門費を第1工程に65%，第2工程に35%の割合で配賦する。

c．月初仕掛品原価

　　第1工程　￥ 850,000（素材費　￥ 500,000　加工費　￥350,000）

　　第2工程　￥1,260,000（前工程費　￥1,044,000　加工費　￥216,000）

d．当月中に第1工程半製品4,200個を次工程へ引き渡し，100個を外部に販売した。なお，払出単価（原価）は￥1,320である。

第 1 工 程 半 製 品

前 月 繰 越	1,320,000	（第2工程仕掛品）	(5,544,000)
（第1工程仕掛品）	(5,456,000)	売 上 原 価	(132,000)
		次 月 繰 越	(1,100,000)
	(6,776,000)		(6,776,000)

第 2 工 程 仕 掛 品

前 月 繰 越	1,260,000	（製　　　　品）	(7,224,000)
労 務 費	1,387,000	次 月 繰 越	(1,704,000)
経 費	380,000		
部 門 共 通 費	161,000		
補 助 部 門 費	(196,000)		
（第1工程半製品）	(5,544,000)		
	(8,928,000)		(8,928,000)

2　富山工業株式会社の次の資料によって,

(1)　第1工程の月末仕掛品原価を答えなさい。

(2)　第2工程の完成品原価を答えなさい。

(3)　第1工程半製品勘定を完成しなさい。

　　　ただし，i　第1工程の完成品原価は，すべて第1工程半製品勘定に振り替えている。

　　　　　　　ii　素材は製造着手のときにすべて投入され，第1工程の完成品は第2工程（最終工程）の始点で投入される。

　　　　　　　iii　加工費は第1工程・第2工程ともに製造の進行に応じて消費される。

　　　　　　　iv　月末仕掛品の計算は平均法による。

資　料

　　a．生産データ

	第1工程	第2工程
月初仕掛品	750個（加工進捗度40%）	1,000個（加工進捗度50%）
当月投入	6,000個	5,000個
合　計	6,750個	6,000個
月末仕掛品	750個（加工進捗度60%）	900個（加工進捗度40%）
完成品	6,000個	5,100個

　　b．当月製造費用

　　　①　工程個別費および補助部門個別費

	第1工程	第2工程	補助部門
素　材　費	¥4,071,000	—	—
労　務　費	¥4,057,500	¥3,070,500	¥354,000
経　　　費	¥ 936,000	¥ 867,000	¥280,500

　　　②　部門共通費を次のとおり配賦する。

　　　　　第1工程　¥432,000　　第2工程　¥480,000　　補助部門　¥48,000

　　　③　補助部門費を第1工程に¥409,500　第2工程に¥[　　　　　]配賦した。

　　c．月初仕掛品原価

　　　　第1工程　¥ 612,000（素材費　¥ 384,000　加工費　¥228,000）

　　　　第2工程　¥1,602,000（前工程費　¥1,242,000　加工費　¥360,000）

　　d．当月中に第1工程半製品5,200個を次工程へ引き渡し，600個を外部に販売した。なお，払出単価（原価）は¥1,590である。

(1)

第1工程の月末仕掛品原価	¥	918,000

(2)

第2工程の完成品原価	¥	12,801,000

(3)

第 1 工 程 半 製 品

前 月 繰 越	1,590,000	（第2工程仕掛品）	(8,268,000)
（第1工程仕掛品）	(9,600,000)	売 上 原 価	(954,000)
		次 月 繰 越	(1,968,000)
	(11,190,000)		(11,190,000)

3　福井製作所の次の資料によって,
(1)　第1工程の完成品原価を答えなさい。
(2)　第2工程の完成品原価を答えなさい。
(3)　第1工程半製品勘定を完成しなさい。
　　ただし, i　第1工程の完成品原価は, すべて第1工程半製品勘定に振り替えている。
　　　　　　 ii　素材は製造着手のときにすべて投入され, 第1工程の完成品は第2工程(最終工程)
　　　　　　　　 の始点で投入される。
　　　　　　 iii　加工費は第1工程・第2工程ともに製造の進行に応じて消費される。
　　　　　　 iv　月末仕掛品の計算は先入先出法による。
資　料
　a. 生産データ

	第1工程	第2工程
月初仕掛品	800個 (加工進捗度60%)	1,200個 (加工進捗度50%)
当月投入	4,200個	3,400個
合計	5,000個	4,600個
月末仕掛品	1,000個 (加工進捗度40%)	1,000個 (加工進捗度50%)
完成品	4,000個	3,600個

　b. 当月製造費用
　① 工程個別費および補助部門個別費

	第1工程	第2工程	補助部門
素材費	¥3,654,000	—	—
労務費	¥2,420,000	¥1,880,000	¥286,000
経費	¥624,000	¥670,000	¥82,000

　② 部門共通費を次のとおり配賦する。
　　　第1工程 ¥460,000　第2工程 ¥420,000　補助部門 ¥32,000
　③ 補助部門費を第1工程に55%, 第2工程に45%の割合で配賦する。
　c. 月初仕掛品原価
　　　第1工程 ¥1,072,000 (素材費 ¥640,000　加工費 ¥432,000)
　　　第2工程 ¥2,940,000 (前工程費 ¥2,364,000　加工費 ¥576,000)
　d. 当月中に第1工程半製品3,400個を次工程へ引き渡し, 200個を外部に販売した。なお, 払出単
　　価(原価)は¥1,850である。

(1)　第 1 工程の完成品原価　¥　　7,200,000

(2)　第 2 工程の完成品原価　¥　　10,080,000

(3)
第 1 工 程 半 製 品

前月繰越	1,850,000	(第2工程仕掛品)	(6,290,000)
(第1工程仕掛品)	(7,200,000)	売上原価	(370,000)
		次月繰越	(2,390,000)
	(9,050,000)		(9,050,000)

検定問題

解答p.79

1　次の取引の仕訳を示しなさい。

(1)　宮城製作所は，月末にあたり，工程別総合原価計算表を作成し，各工程の完成品原価を次のとおり計上した。なお，第1工程の完成品はすべて第2工程（最終工程）に投入している。（第74回）
　　　第1工程　　¥4,350,000　　　　第2工程　　¥6,410,000

(2)　工程別総合原価計算を採用している熊本薬品工業株式会社は，月末に工程別総合原価計算表を作成し，各工程の完成品原価を次のとおり計上した。ただし，各工程の完成品はすべていったん倉庫に保管しており，当月中に第2工程（最終工程）に投入した第1工程の完成品原価は¥2,180,000である。なお，当社では第1工程の完成品原価をすべて第1工程半製品勘定に振り替えている。（第85回）
　　　第1工程　　¥4,570,000　　　　第2工程　　¥3,290,000

(3)　工程別総合原価計算を採用している大阪製作所は，月末に工程別総合原価計算表を次のとおり作成し，各工程の完成品原価を計上した。なお，第1工程の完成品は第2工程（最終工程）に引き渡している。（第92回）

工程別総合原価計算表（一部）
令和○年1月分

摘　　　要	第　1　工　程	第　2　工　程
工程個別費　素材費	1,827,000	――
前工程費	――	3,500,000
工程完成品原価	3,500,000	5,200,000
工程完成品数量	2,500個	2,000個
工程単価	¥　1,400	¥　2,600

(4)　工程別総合原価計算を採用している秋田工業株式会社は，月末に工程別総合原価計算表を作成し，各工程の完成品原価を次のとおり計上した。ただし，各工程の完成品はすべていったん倉庫に保管しており，当月中に倉庫から第2工程（最終工程）に投入した第1工程の完成品原価は¥1,945,000である。なお，当社では第1工程の完成品原価をすべて第1工程半製品勘定に振り替えている。（第94回）
　　　第1工程　　¥2,670,000　　　　第2工程　　¥3,180,000

(5)　工程別総合原価計算を採用している佐賀工業株式会社は，第3工程（最終工程）で製品¥1,500,000が完成し，倉庫に保管した。（第50回一部修正）

	借　　　方		貸　　　方	
(1)	第 2 工 程 仕 掛 品	4,350,000	第 1 工 程 仕 掛 品	4,350,000
	製　　　　品	6,410,000	第 2 工 程 仕 掛 品	6,410,000
(2)	第 1 工 程 半 製 品	4,570,000	第 1 工 程 仕 掛 品	4,570,000
	第 2 工 程 仕 掛 品	2,180,000	第 1 工 程 半 製 品	2,180,000
	製　　　　品	3,290,000	第 2 工 程 仕 掛 品	3,290,000
(3)	第 2 工 程 仕 掛 品	3,500,000	第 1 工 程 仕 掛 品	3,500,000
	製　　　　品	5,200,000	第 2 工 程 仕 掛 品	5,200,000
(4)	第 1 工 程 半 製 品	2,670,000	第 1 工 程 仕 掛 品	2,670,000
	第 2 工 程 仕 掛 品	1,945,000	第 1 工 程 半 製 品	1,945,000
	製　　　　品	3,180,000	第 2 工 程 仕 掛 品	3,180,000
(5)	製　　　　品	1,500,000	第 3 工 程 仕 掛 品	1,500,000

2 滋賀産業株式会社は工程別総合原価計算を採用し，A製品を製造している。下記の資料によって，
(第93回一部修正)

(1) 第2工程の完成品原価を求めなさい。
(2) 第1工程半製品勘定を完成しなさい。
　　ただし，ⅰ　第1工程の完成品原価は，すべて第1工程半製品勘定に振り替えている。
　　　　　　ⅱ　素材は製造着手のときにすべて投入され，第1工程の完成品は第2工程の始点で投入されるものとする。
　　　　　　ⅲ　加工費は第1工程・第2工程ともに製造の進行に応じて消費されるものとする。
　　　　　　ⅳ　月末仕掛品原価の計算は平均法による。

a. 生産データ

	第1工程	第2工程
月初仕掛品	400個（加工進捗度50%）	600個（加工進捗度50%）
当月投入	2,100個	1,800個
合計	2,500個	2,400個
月末仕掛品	500個（加工進捗度40%）	500個（加工進捗度50%）
完成品	2,000個	1,900個

b. 当月製造費用
　　① 工程個別費および補助部門個別費

	第 1 工 程	第 2 工 程	補 助 部 門
素 材 費	￥5,250,000	———	
労 務 費	￥2,880,000	￥4,320,000	￥ 869,000
経 費	￥ 453,000	￥ 718,000	￥ 76,000

　　② 部門共通費を次のとおり配賦する。
　　　　第1工程　￥551,000　　第2工程　￥890,000　　補助部門　￥95,000
　　③ 補助部門費を第1工程に40%，第2工程に60%の割合で配賦する。

c. 月初仕掛品原価
　　　　第1工程　￥1,502,000（素材費￥1,050,000　加工費￥452,000）
　　　　第2工程　￥3,498,000（前工程費￥2,568,000　加工費￥930,000）

d. 当月中に第1工程半製品1,800個を次工程へ引き渡し，200個を外部に販売した。
　なお，払出単価（原価）は￥4,600である。

(1)

第2工程の完成品原価　￥	*15,200,000*

(2)

第 1 工 程 半 製 品

前 月 繰 越	*1,680,000*	(第2工程仕掛品)	(*8,280,000*)
(第1工程仕掛品)	(*9,360,000*)	売 上 原 価	(*920,000*)
		次 月 繰 越	(*1,840,000*)
	(*11,040,000*)		(*11,040,000*)

3　長野工業株式会社の下記の資料によって，
(1)　工程別総合原価計算表を完成しなさい。
(2)　第2工程仕掛品勘定を完成しなさい。
　　ただし，当社では，第1工程の完成品をすべて，いったん倉庫に保管し，その後，第2工程(最終工程)に投入している。　　　　　　　　　　　　　　　　　(第61回一部修正)
資　料
　i　当月製造費用

| 費　　目 | 工程および補助部門の個別費 | | | 部門共通費 |
	第 1 工 程	第 2 工 程	補 助 部 門	
素 材 費	¥1,806,000	———		
労 務 費	¥1,683,000	¥1,831,000	¥ 388,000	¥ 270,000
経 費	¥ 76,000	¥ 96,000	¥ 89,000	¥ 780,000

　ii　部門共通費　第1工程に40%，第2工程に50%，補助部門に10%の割合で配賦する。
　iii　補助部門費　第1工程と第2工程にそれぞれ50%の割合で配賦する。
　iv　仕 掛 品
　　①　月初仕掛品　第1工程　¥221,000(素 材 費¥108,000　加工費¥113,000)
　　　　　　　　　　第2工程　¥565,000(前工程費¥403,000　加工費¥162,000)
　　②　月末仕掛品　第1工程　200個(加工進捗度　50%)
　　　　　　　　　　第2工程　100個(加工進捗度　60%)
　　　　月末仕掛品原価の計算は平均法により，素材は製造着手のときにすべて投入され，加工費は製造の進行に応じて消費されるものとする。なお，第1工程の完成品は，第2工程の製造着手のときにすべて投入される。
　v　前 工 程 費　当月中に倉庫から第2工程に投入した第1工程の完成品は¥3,150,000である。
(1)
工程別総合原価計算表
令和○年1月分

摘　　　　要	第 1 工 程	第 2 工 程
工 程 個 別 費　素 材 費	1,806,000	———
前 工 程 費	———	3,150,000
労 務 費	1,683,000	1,831,000
経 費	76,000	96,000
部 門 共 通 費 配 賦 額	420,000	525,000
補 助 部 門 費 配 賦 額	291,000	291,000
当 月 製 造 費 用	4,276,000	5,893,000
月 初 仕 掛 品 原 価	221,000	565,000
計	4,497,000	6,458,000
月 末 仕 掛 品 原 価	297,000	314,000
工 程 完 成 品 原 価	4,200,000	6,144,000
工 程 完 成 品 数 量	2,000個	1,600個
工 程 単 価	¥ 2,100	¥ 3,840

(2)
第 2 工 程 仕 掛 品

前 月 繰 越	565,000	(製　　品)	(6,144,000)
労 務 費	1,831,000	次 月 繰 越	(314,000)
経 費	96,000		
部 門 共 通 費	(525,000)		
補 助 部 門 費	(291,000)		
(第1工程半製品)	(3,150,000)		
	(6,458,000)		(6,458,000)

6	副産物の評価

学習の要点 ●●●

1．副産物

　副産物とは，総合原価計算において，**おもな製品の製造過程から必然的に発生する副次的な物品**をいう。

　例　酒造業における酒かす，石鹸_{せっけん}製造業におけるグリセリン，豆腐製造業におけるおからなど。

2．副産物の評価

　副産物は次のように評価し，原則としてこれをおもな製品の製造原価から差し引く。

(1)　そのまま売却できるとき

　　　評価額＝見積売却価額－（販売費及び一般管理費＋通常の利益見積額）

(2)　加工のうえ売却できるとき

　　　評価額＝見積売却価額－（加工費＋販売費及び一般管理費＋通常の利益見積額）

(3)　そのまま自家消費するとき

　　　評価額＝自家消費によって節約されるべき物品の見積購入価額

(4)　加工のうえ自家消費するとき

　　　評価額＝自家消費によって節約されるべき物品の見積購入価額－見積加工費

(5)　評価額が低いとき

　　　評価額＝零（0）……軽微な副産物の場合には発生時に評価しないで，売却時に雑益として処理する。

3．副産物の記帳

　製品の製造原価から差し引いて，副産物勘定の借方に記入する。

　例　単純総合原価計算の場合

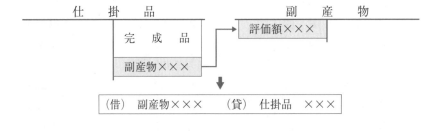

基本問題

解答p.82

1 次の取引の仕訳を示しなさい。

(1) 単純総合原価計算を採用している工場で，製品の完成とともに副産物¥40,000が発生した。なお，総合原価は¥800,000であり，副産物の評価額¥40,000は製品の総合原価から差し引いて，副産物勘定の借方に記入することにした。

(2) 上記(1)の副産物を¥40,000で売却し，代金は現金で受け取った。

(3) 単純総合原価計算を採用している工場で，見積売却価額¥60,000の副産物が発生した。なお，販売費などの見積額は¥5,000である。

	借　　方		貸　　方	
(1)	製　　　品 副　産　物	760,000 40,000	仕　掛　品	800,000
(2)	現　　　金	40,000	副　産　物	40,000
(3)	副　産　物	55,000	仕　掛　品	55,000

応用問題

解答p.82

1 次の取引の仕訳を示しなさい。

(1) 単純総合原価計算を採用している福島製作所において，製品の完成とともに副産物が発生した。ただし，総合原価は¥1,000,000であり，そのうち副産物の評価額は¥50,000であった。

(2) 等級別総合原価計算を採用している新潟製作所において，1級製品500個と2級製品300個が完成するとともに副産物が発生した。ただし，総合原価は¥2,000,000であり，そのうち副産物の評価額は¥320,000であった。なお，等価係数は次の製品1個あたりの重量を基準としている。

　　1級製品　　150g　　2級製品　　100g

(3) 等級別総合原価計算を採用している大分製作所において，1級製品1,700個と2級製品2,600個が完成するとともに副産物が発生した。ただし，総合原価は¥3,954,000であり，そのうち副産物の評価額は¥304,000であった。なお，等価係数は次の各製品1個あたりの重量を基準としている。

　　1級製品　　600g　　2級製品　　450g

	借　　方		貸　　方	
(1)	製　　　品 副　産　物	950,000 50,000	仕　掛　品	1,000,000
(2)	1　級　製　品 2　級　製　品 副　産　物	1,200,000 480,000 320,000	仕　掛　品	2,000,000
(3)	1　級　製　品 2　級　製　品 副　産　物	1,700,000 1,950,000 304,000	仕　掛　品	3,954,000

検定問題

解答p.83

1 次の取引の仕訳を示しなさい。

(1) 等級別総合原価計算を採用している福井工業株式会社において，1級製品400個と2級製品500個が完成するとともに副産物が発生した。ただし，総合原価計算は¥4,780,000であり，そのうち副産物の評価額は¥380,000であった。なお，等価係数は次の各製品1個あたりの重量を基準としている。 (第92回)

　　　1級製品　150g　　2級製品　100g

(2) 等級別総合原価計算を採用している徳島工業株式会社において，1級製品900個と2級製品1,500個が完成した。ただし，この完成品の総合原価は¥1,920,000であり，そのうち副産物の評価額は¥165,000であった。なお，等価係数は次の各製品1個あたりの重量を基準としている。 (第76回)

　　　1級製品　800g　　2級製品　300g

(3) 単純総合原価計算を採用している岐阜製作所において，製品の完成とともに副産物が発生した。ただし，総合原価は¥2,684,000であり，そのうち副産物の評価額は¥249,000である。 (第91回)

(4) 工程別総合原価計算を採用している福井工業製作所は，第1工程完成品をすべて第2工程（最終工程）に投入し，第2工程において製品の完成とともに副産物が発生した。ただし，第1工程の完成品原価は¥3,900,000　第2工程の総合原価は¥6,800,000であり，そのうち副産物の評価額は¥750,000であった。 (第65回)

(5) 北海道製作所は，発生が少量のため，製造原価から差し引かないでいた副産物を¥2,400で売却し，代金を現金で受け取ったさい，誤って次のように仕訳していたので，本日，これを訂正した。 (第46回)

　　（借）現　　金　2,400　（貸）副　産　物　2,400

(6) 等級別総合原価計算を採用している富山製作所において，1級製品850個と2級製品1,300個が完成するとともに副産物が発生した。ただし，総合原価は¥1,977,000であり，そのうち副産物の評価額は¥152,000であった。なお，等価係数は次の各製品1個あたりの重量を基準としている。

　　　1級製品　400g　　2級製品　300g (第81回)

	借　　方		貸　　方	
(1)	1 級 製 品	2,400,000	仕 掛 品	4,780,000
	2 級 製 品	2,000,000		
	副 産 物	380,000		
(2)	1 級 製 品	1,080,000	仕 掛 品	1,920,000
	2 級 製 品	675,000		
	副 産 物	165,000		
(3)	製 品	2,435,000	仕 掛 品	2,684,000
	副 産 物	249,000		
(4)	第 2 工 程 仕 掛 品	3,900,000	第 1 工 程 仕 掛 品	3,900,000
	製 品	6,050,000	第 2 工 程 仕 掛 品	6,800,000
	副 産 物	750,000		
(5)	副 産 物	2,400	雑 益	2,400
(6)	1 級 製 品	850,000	仕 掛 品	1,977,000
	2 級 製 品	975,000		
	副 産 物	152,000		

7　総合原価計算における減損および仕損

1．減損

　製造工程の途中で，原材料が蒸発，ガス化または粉散するなどして減少することを減損という。また減損が発生するまでに要した原価を減損費という。

2．正常減損

　製造工程で発生した減損のうち，その発生を避けることができないものを正常減損という。正常減損は完成品あるいは月末仕掛品の製造原価に含めて処理する。異常な減損については，非原価項目として処理する。

3．正常減損費の処理

（1）　完成品のみに負担させる場合

　　減損が月末仕掛品の加工進捗度よりも後の工程で発生した場合には，正常減損費は完成品のみに負担させる。完成品のみに負担させる場合には，正常減損の完成品数量または完成品換算数量を完成品とあわせて計算する。

仕　掛　品		
月初仕掛品	完　成　品	正常減損費を完成品のみに負担させる場合には，正常減損の数量と完成品数量とを加算して原価の配分をおこなう。
当　月　投　入	正　常　減　損	
	月末仕掛品	

（2）　完成品と月末仕掛品の両方に負担させる場合

　　減損が月末仕掛品の加工進捗度よりも前の工程で発生した場合には，正常減損費は完成品と月末仕掛品の両方で負担する。このときは，あたかも正常減損分が最初から投入されていなかったかのように仮定して計算する。

仕　掛　品		
月初仕掛品	完　成　品	正常減損費を完成品と月末仕掛品の両方が負担する場合には，正常減損の数量を当月投入量から差し引いて原価の配分をおこなう。
当　月　投　入	~~正　常　減　損~~	
	月末仕掛品	

4．仕損

　製造の途中で材料の不良や機械装置の故障などが原因で，一定の品質や規格にあわない不合格品となったものを仕損品といい，仕損品が生じることを仕損という。また，仕損の発生原価を集計したものを仕損費という。

5．正常仕損

　製造工程で発生した仕損のなかでも，その発生を避けることができないものを正常仕損という。正常仕損は，完成品あるいは月末仕掛品の製造原価に含めて処理する。異常な仕損については非原価項目とする。

6．正常仕損費の処理

　正常仕損費の処理は，正常減損の場合と同じである。ただし，正常減損には評価額はないが，正常仕損については仕損品評価額を考慮する必要がある。

> 正常仕損費＝仕損の発生までに要した原価－仕損品評価額

基本問題

解答p.84

1　次の各問いに答えなさい。

(1)　単純総合原価計算を採用している静岡製作所は，以下の資料にもとづき原価計算をおこなった。このとき完成品原価と月末仕掛品原価を求めなさい。ただし，

　ⅰ　素材は製造着手のときに投入され，加工費は製造の進行に応じて消費されるものとする。

　ⅱ　月末仕掛品原価の計算は平均法による。

　ⅲ　減損は工程の終点で発生している。

資　料

a．生産データ

　月初仕掛品　　100kg（加工進捗度40%）

　当月投入　　　900kg

　　合　計　　1,000kg

　月末仕掛品　　200kg（加工進捗度50%）

　正 常 減 損　　100kg

　完　成　品　　700kg

b．月初仕掛品原価

　素材費　¥170,000

　加工費　¥255,000

c．当月製造費用

　素材費　¥630,000

　加工費　¥645,000

(2)　(1)において先入先出法を採用していた場合の完成品原価と月末仕掛品原価を求めなさい。

(1)	完 成 品 原 価	¥	1,440,000	月末仕掛品原価	¥	260,000
(2)	完 成 品 原 価	¥	1,485,000	月末仕掛品原価	¥	215,000

2　次の各問いに答えなさい。

(1)　単純総合原価計算を採用している栃木製造株式会社は，以下の資料にもとづき原価計算をおこなった。このとき完成品原価と月末仕掛品原価を求めなさい。ただし，

　ⅰ　素材は製造着手のときに投入され，加工費は製造の進行に応じて消費されるものとする。

　ⅱ　月末仕掛品原価の計算は平均法による。

　ⅲ　減損は工程の始点で発生している。

資　料

a．生産データ

　月初仕掛品　　100kg（加工進捗度40%）

　当月投入　　　900kg

　　合　計　　1,000kg

　月末仕掛品　　200kg（加工進捗度50%）

　正 常 減 損　　100kg

　完　成　品　　700kg

b．月初仕掛品原価

　素材費　¥325,000

　加工費　¥274,000

c．当月製造費用

　素材費　¥800,000

　加工費　¥646,000

(2)　(1)において先入先出法を採用していた場合の完成品原価と月末仕掛品原価を求めなさい。

(1)	完 成 品 原 価	¥	*1,680,000*	月末仕掛品原価	¥	*365,000*
(2)	完 成 品 原 価	¥	*1,760,000*	月末仕掛品原価	¥	*285,000*

3　次の各問いに答えなさい。

(1)　単純総合原価計算を採用している岐阜製作所は，以下の資料にもとづき原価計算をおこなった。このとき完成品原価と月末仕掛品原価を求めなさい。ただし，
    i　素材は製造着手のときに投入され，加工費は製造の進行に応じて消費されるものとする。
    ii　月末仕掛品原価の計算は平均法による。
    iii　仕損は工程の終点で発生し，その評価額は¥*10,000*であった。なお，仕損品の評価額は素材費から控除する。

資　料
　　a．生産データ　　　　　　　　　　　　b．月初仕掛品原価
　　　　月初仕掛品　　100個（加工進捗度40%）　　　素材費　¥*170,000*
　　　　当月投入　　　900個　　　　　　　　　　　加工費　¥*255,000*
　　　　　合　計　　 1,000個　　　　　　　c．当月製造費用
　　　　月末仕掛品　　200個（加工進捗度50%）　　　素材費　¥*630,000*
　　　　正常仕損　　　100個　　　　　　　　　　　加工費　¥*645,000*
　　　　完　成　品　　700個

(2)　(1)において先入先出法を採用していた場合の完成品原価と月末仕掛品原価を求めなさい。

(1)	完 成 品 原 価	¥	*1,430,000*	月末仕掛品原価	¥	*260,000*
(2)	完 成 品 原 価	¥	*1,475,000*	月末仕掛品原価	¥	*215,000*

4　次の各問いに答えなさい。

(1)　単純総合原価計算を採用している栃木製造株式会社は，以下の資料にもとづき原価計算をおこなった。このとき完成品原価と月末仕掛品原価を求めなさい。ただし，
    i　素材は製造着手のときに投入され，加工費は製造の進行に応じて消費されるものとする。
    ii　月末仕掛品原価の計算は平均法による。
    iii　仕損は工程の始点で発生し，その評価額は¥*45,000*であった。なお，仕損品の評価額は素材費から控除する。

資　料
　　a．生産データ　　　　　　　　　　　　b．月初仕掛品原価
　　　　月初仕掛品　　100個（加工進捗度40%）　　　素材費　¥*280,000*
　　　　当月投入　　　900個　　　　　　　　　　　加工費　¥*274,000*
　　　　　合　計　　 1,000個　　　　　　　c．当月製造費用
　　　　月末仕掛品　　200個（加工進捗度50%）　　　素材費　¥*845,000*
　　　　正常仕損　　　100個　　　　　　　　　　　加工費　¥*646,000*
　　　　完　成　品　　700個

(2)　(1)において先入先出法を採用していた場合の完成品原価と月末仕掛品原価を求めなさい。

(1)	完 成 品 原 価	¥	*1,645,000*	月末仕掛品原価	¥	*355,000*
(2)	完 成 品 原 価	¥	*1,715,000*	月末仕掛品原価	¥	*285,000*

応用問題

解答p.89

1 単純総合原価計算を採用している神奈川工業株式会社の次の資料から，完成品原価を求めなさい。

ただし， i　素材は製造着手のときにすべて投入され，加工費は製造の進行に応じて消費されるものとする。

ii　月末仕掛品原価の計算は先入先出法による。

iii　正常減損は製造工程の終点で発生しており，正常減損費は完成品のみに負担させる。

資　料

a．生産データ
月初仕掛品　　　750kg（加工進捗度40%）
当 月 投 入　6,000kg
合　　計　6,750kg
月末仕掛品　　　600kg（加工進捗度50%）
正 常 減 損　　　150kg
完 成 品　6,000kg

b．月初仕掛品原価
素 材 費　¥ 360,000
加 工 費　¥ 114,000

c．当月製造費用
素 材 費　¥1,500,000
加 工 費　¥2,460,000

完 成 品 原 価　¥　　4,164,000

2 単純総合原価計算を採用している静岡製作所の次の資料から，月末仕掛品原価を求めなさい。

ただし， i　素材は製造着手のときにすべて投入され，加工費は製造の進行に応じて消費されるものとする。

ii　月末仕掛品原価の計算は平均法による。

iii　正常減損は製造工程の始点で発生しており，正常減損費は完成品と月末仕掛品の両方に負担させる。

資　料

a．生産データ
月初仕掛品　　　750kg（加工進捗度40%）
当 月 投 入　4,050kg
合　　計　4,800kg
月末仕掛品　　　600kg（加工進捗度50%）
正 常 減 損　　　200kg
完 成 品　4,000kg

b．月初仕掛品原価
素 材 費　¥ 90,000
加 工 費　¥ 160,000

c．当月製造費用
素 材 費　¥ 830,000
加 工 費　¥1,560,000

月 末 仕 掛 品 原 価　¥　　240,000

3 単純総合原価計算を採用している福岡製作所の次の資料から，完成品原価を求めなさい。
　　　ただし，ⅰ　素材は製造着手のときにすべて投入され，加工費は製造の進行に応じて消費される
　　　　　　　　ものとする。
　　　　　　ⅱ　月末仕掛品原価の計算は平均法による。
　　　　　　ⅲ　正常仕損は製造工程の終点で発生しており，その評価額は¥30,000であった。な
　　　　　　　　お，仕損品の評価額は素材費から控除する。

資　料
　a．生産データ　　　　　　　　　　　　　　　b．月初仕掛品原価
　　月初仕掛品　　　100kg（加工進捗度40%）　　　素 材 費　¥ 174,000
　　当 月 投 入　　6,250kg　　　　　　　　　　　加 工 費　¥ 190,000
　　　合　　計　　6,350kg　　　　　　　　　　c．当月製造費用
　　月末仕掛品　　　200kg（加工進捗度50%）　　　素 材 費　¥1,350,000
　　正 常 仕 損　　　150kg　　　　　　　　　　　加 工 費　¥1,560,000
　　完 成 品　　6,000kg

完 成 品 原 価	¥	*3,168,000*

4 単純総合原価計算を採用している富山工業株式会社の次の資料から，月末仕掛品原価を求めなさ
い。
　　　ただし，ⅰ　素材は製造着手のときにすべて投入され，加工費は製造の進行に応じて消費される
　　　　　　　　ものとする。
　　　　　　ⅱ　月末仕掛品原価の計算は先入先出法による。
　　　　　　ⅲ　正常仕損は製造工程の始点で発生しており，その評価額は¥70,000であった。な
　　　　　　　　お，仕損品の評価額は素材費から控除する。

資　料
　a．生産データ　　　　　　　　　　　　　　　b．月初仕掛品原価
　　月初仕掛品　　　100kg（加工進捗度40%）　　　素 材 費　¥ 220,000
　　当 月 投 入　　1,150kg　　　　　　　　　　　加 工 費　¥ 480,000
　　　合　　計　　1,250kg　　　　　　　　　　c．当月製造費用
　　月末仕掛品　　　200kg（加工進捗度50%）　　　素 材 費　¥1,280,000
　　正 常 仕 損　　　50kg　　　　　　　　　　　加 工 費　¥1,590,000
　　完 成 品　　1,000kg

完 成 品 原 価	¥	*370,000*

5 長野産業株式会社は，単純総合原価計算を採用している。このとき，下記の資料によって，

(1) 単純総合原価計算表を完成しなさい。

(2) 仕掛品勘定を完成しなさい。

　　ただし，i　素材は製造着手のときにすべて投入され，加工費は製造の進行に応じて消費されるものとする。

　　　　　　ii　月末仕掛品の評価は，先入先出法によること。

　　　　　　iii　仕損は工程の終点で発生し，その評価額は¥15,000であった。なお，仕損品の評価額は素材費から控除する。

資　料

　　a. 生産データ

　　　　月初仕掛品　　100個（加工進捗度40%）

　　　　当月投入　　1,150個

　　　　　合　計　　1,250個

　　　　月末仕掛品　　200個（加工進捗度50%）

　　　　正常仕損　　　50個

　　　　完　成　品　1,000個

　　b. 月初仕掛品原価

　　　　素　材　費　¥220,000

　　　　加　工　費　¥480,000

　　c. 当月製造費用

　　　　素　材　費　¥2,576,000

　　　　工場消耗品　¥129,000

　　　　労　務　費　¥930,000

　　　　経　　　費　¥495,000

(1)

単純総合原価計算表

令和○年×月分

摘　　要	素　材　費	加　工　費	合　　計
材　料　費	2,576,000	129,000	2,705,000
労　務　費	———	930,000	930,000
経　　費	———	495,000	495,000
計	2,576,000	1,554,000	4,130,000
月初仕掛品原価	220,000	480,000	700,000
計	2,796,000	2,034,000	4,830,000
仕損品評価額	15,000	———	15,000
月末仕掛品原価	448,000	140,000	588,000
完成品原価	2,333,000	1,894,000	4,227,000
完成品数量	1,000個	1,000個	1,000個
製品単価	¥2,333	¥1,894	¥4,227

(2)

仕　掛　品

前月繰越	(700,000)	(製　品)	(4,227,000)
材料費	(2,705,000)	仕損品	(15,000)
労務費	(930,000)	次月繰越	(588,000)
経費	(495,000)		
	(4,830,000)		(4,830,000)

検定問題

解答p.94

1　大分製作所は，単純総合原価計算を採用し，A製品を製造している。下記の資料と仕掛品勘定によって，

(第85回一部修正)

(1)　単純総合原価計算表を完成しなさい。

(2)　仕掛品勘定の減価償却費（アの金額）を求めなさい。

　　ただし，ⅰ　素材は製造着手のときにすべて投入され，加工費は製造の進行に応じて消費されるものとする。

　　　　　　ⅱ　月末仕掛品原価の計算は平均法による。

　　　　　　ⅲ　正常減損は製造工程の終点で発生しており，正常減損費は完成品のみに負担させる。

資　料

　a．生産データ

月初仕掛品	500kg	（加工進捗度40%）
当月投入	2,050kg	
合　計	2,550kg	
月末仕掛品	400kg	（加工進捗度50%）
正常減損	150kg	
完成品	2,000kg	

　b．月初仕掛品原価

　　素　材　費　¥ 801,000

　　加　工　費　¥ 819,000

　c．当月製造費用

　　素　材　費　¥3,075,000

　　加　工　費　¥8,299,000

仕　掛　品

前月繰越	（　　）	製　品	（　　）
素　材	（　　）	次月繰越	（　　）
工場消耗品	615,000		
賃　金	5,420,000		
退職給付費用	652,000		
健康保険料	73,000		
減価償却費	（　ア　）		
電　力　料	910,000		
雑　費	389,000		
	（　　）		（　　）

(1)
単純総合原価計算表
令和○年1月分

摘　要	素　材　費	加　工　費	合　計
材　料　費	3,075,000	615,000	3,690,000
労　務　費	——	6,145,000	6,145,000
経　費	——	1,539,000	1,539,000
計	3,075,000	8,299,000	11,374,000
月初仕掛品原価	801,000	819,000	1,620,000
計	3,876,000	9,118,000	12,994,000
月末仕掛品原価	608,000	776,000	1,384,000
完成品原価	3,268,000	8,342,000	11,610,000
完成品数量	2,000kg	2,000kg	2,000kg
製品1kgあたりの原価	¥　1,634	¥　4,171	¥　5,805

(2)

仕掛品勘定の減価償却費	¥	240,000

2　東京製作所は，組別総合原価計算を採用し，A組製品とB組製品を製造している。次の資料によって，　　　　　　　　　　　　　　　　　　　　　　　　　　　　　（第90回一部修正）

(1)　B組製品の完成品原価を求めなさい。

(2)　A組仕掛品勘定を完成しなさい。

　　ただし，ⅰ　組間接費は直接作業時間を基準として配賦する。

　　　　　　　ⅱ　素材は製造着手のときにすべて投入され，加工費は製造の進行に応じて消費されるものとする。

　　　　　　　ⅲ　月末仕掛品原価の計算は先入先出法による。

　　　　　　　ⅳ　仕損は製造工程の終点で発生しており，仕損費は完成品のみに負担させる。なお，仕損品の評価額は零（0）である。

資　料

　　a．月初仕掛品原価

　　　A組　¥1,275,000（素材費　¥903,000　加工費　¥372,000）

　　　B組　¥ 618,000（素材費　¥417,000　加工費　¥201,000）

　　b．当月製造費用

	A組直接費	B組直接費	組間接費
材 料 費	¥3,965,000	¥4,305,000	−
労 務 費	¥3,040,000	¥3,360,000	¥ 120,000
経 費	¥ 540,000	¥ 357,000	¥ 680,000

　　c．生産データ

	A組	B組
月初仕掛品	1,500個（加工進捗度40%）	600個（加工進捗度50%）
当月投入	6,500個	6,150個
合　計	8,000個	6,750個
月末仕掛品	2,000個（加工進捗度60%）	900個（加工進捗度40%）
正常仕損	− 個	50個
完成品	6,000個	5,800個

　　d．直接作業時間

　　　A組　1,900時間　　B組　2,100時間

(1)

B組の完成品原価	¥	8,178,000

(2)

A　組　仕　掛　品

前 月 繰 越	1,275,000	(A 組 製 品)	(7,260,000)
素　　材	3,965,000	次 月 繰 越	(1,940,000)
労 務 費	3,040,000		
経　　費	540,000		
(組 間 接 費)	(380,000)		
	(9,200,000)		(9,200,000)

3　福島製作所は，単純総合原価計算を採用し，A製品を製造している。下記の資料と仕掛品勘定によって，
（第94回一部修正）

(1)　単純総合原価計算表を完成しなさい。

(2)　仕掛品勘定の退職給付費用（アの金額）を求めなさい。

ただし，i　素材は製造着手のときにすべて投入され，加工費は製造の進行に応じて消費されるものとする。

　　　　ii　月末仕掛品原価の計算は先入先出法による。

　　　　iii　正常減損は製造工程の始点で発生しており，正常減損費は完成品と月末仕掛品に負担させる。

資　料

a.　生産データ

月初仕掛品	600kg	（加工進捗度50%）
当月投入	3,900kg	
合　計	4,500kg	
月末仕掛品	400kg	（加工進捗度50%）
正常減損	100kg	
完成品	4,000kg	

b.　月初仕掛品原価

素　材　費　¥ 1,848,000

加　工　費　¥ 540,000

c.　当月製造費用

素　材　費　¥11,856,000

加　工　費　¥ 6,864,000

仕　掛　品

前月繰越	（　　　）	製　品	（　　　）
素　材	（　　　）	次月繰越	（　　　）
工場消耗品	554,000		
賃　金	3,171,000		
給　料	1,342,000		
退職給付費用	（　ア　）		
健康保険料	240,000		
減価償却費	438,000		
電　力　料	86,000		
雑　費	73,000		
	（　　　）		（　　　）

(1)
単 純 総 合 原 価 計 算 表
令和○年1月分

摘　　要	素　材　費	加　工　費	合　　計
材　料　費	11,856,000	554,000	12,410,000
労　務　費	———	5,713,000	5,713,000
経　　費	———	597,000	597,000
計	11,856,000	6,864,000	18,720,000
月初仕掛品原価	1,848,000	540,000	2,388,000
計	13,704,000	7,404,000	21,108,000
月末仕掛品原価	1,248,000	352,000	1,600,000
完 成 品 原 価	12,456,000	7,052,000	19,508,000
完 成 品 数 量	4,000kg	4,000kg	4,000kg
製品1kgあたりの原価	¥　　3,114	¥　　1,763	¥　　4,877

(2)

仕掛品勘定の退職給付費用	¥	960,000

Ⅳ 製品の完成と販売

第1章 製品の完成と販売

学習の要点 ●●●

1．完成品の受け入れ

(1) 製造現場では，製品が完成すると，**完成報告書**と**完成品**を倉庫係に引き渡す。

(2) 倉庫係は検印し，原価計算係に渡すとともに，**製品棚札**に記入し，製品を保管する。

(3) 原価計算係は**原価計算表**を締め切り，会計係にまわし，会計係が**製品元帳**に受け入れの記帳をする。

(4) 原価計算係は，月末に**完成品原価月報**を作成し，会計係にまわす。

2．製品の販売にともなう手続きと記帳

(1) 販売係が売上伝票・出荷伝票・送り状を作成し，倉庫係に渡す。

(2) 会計係は月末に販売係から報告される**売上帳**の合計額によって仕訳し，製造原価を集計して**売上製品原価月報**を作成し，製品勘定から売上原価勘定に振り替える仕訳をおこなう。

基本問題
解答p.97

1 次の取引の仕訳を示しなさい。

(1) 個別原価計算を採用している京都工業株式会社の11月分の完成品原価月報は，次のとおりであった。

製造指図書番号	完 成 日	品名および規格	数　　量	単　　価	金　　額
完 成 品 原 価 月 報					No. 13
令和○年11月分					
#101	11/25	甲　品	30	5,000	150,000
合　　　　　計					860,000

(2) 個別原価計算を採用している神戸工業株式会社の，1月分の製品の売上高合計（全額掛け売り）は¥1,600,000であり，同月の売上製品原価月報は次のとおりであった。

売上伝票番号	品名および規格	摘　　要	数　　量	単　　価	金　　額
売 上 製 品 原 価 月 報					No. 1
令和○年1月分					
3	Ⓐ品2号	大津商会	12	9,000	108,000
合　　　　　計					1,200,000

	借　　　　　方		貸　　　　　方	
(1)	製　　　　　　　品	860,000	仕　　掛　　品	860,000
(2)	売　　掛　　金	1,600,000	売　　　　　上	1,600,000
	売　上　原　価	1,200,000	製　　　　　品	1,200,000

応用問題

解答p.97

1 次の取引の仕訳を示しなさい。

(1)　個別原価計算を採用している松山工業株式会社で，A品3,500個@¥140と，B品2,000個@¥160が完成した。

(2)　上記A品3,500個，B品2,000個をそれぞれA品@¥210，B品@¥240で掛け売りした。

(3)　(2)で売り上げた商品のうち，B品2,000個が返品された。

	借　　　　　方		貸　　　　　方	
(1)	製　　　　　　　品	810,000	仕　　掛　　品	810,000
(2)	売　　掛　　金	1,215,000	売　　　　　上	1,215,000
	売　上　原　価	810,000	製　　　　　品	810,000
(3)	売　　　　　上	480,000	売　　掛　　金	480,000
	製　　　　　　　品	320,000	売　上　原　価	320,000

2 次の取引の仕訳を示しなさい。

(1)　工程別総合原価計算を採用している高知産業株式会社は，第3工程（最終工程）で完成した製品を¥780,000で売り渡し，代金は掛けとした。なお，この売上製品の原価は¥645,000である。よって，売上高と売上原価を計上した。

(2)　個別原価計算を採用している徳島製作所は，A製品（製造指図書＃1）とB製品（製造指図書＃2）を受注先に発送した。よって，売上高および売上原価を計上した。

　　　売上高（掛け）　　A製品　¥1,240,000　　B製品　¥1,390,000

　　　製　造　原　価　　A製品　¥　876,000　　B製品　¥　724,500

(3)　さきに高知商店に掛け売りした製品のうち¥220,000（製造原価¥140,000）が品違いのため返品されたとき，誤って，次のような仕訳をしていたので，本日，これを訂正した。ただし，売上高および売上原価の修正を同時におこなうこと。

　　　（借）製　　　品 220,000　　（貸）売　掛　金 220,000

	借　　　　　方		貸　　　　　方	
(1)	売　　掛　　金	780,000	売　　　　　上	780,000
	売　上　原　価	645,000	製　　　　　品	645,000
(2)	売　　掛　　金	2,630,000	売　　　　　上	2,630,000
	売　上　原　価	1,600,500	製　　　　　品	1,600,500
(3)	売　　　　　上	220,000	製　　　　　品	80,000
			売　上　原　価	140,000

別解　**2** (3)（借）売　　掛　　金　220,000　　（貸）製　　　　　品　220,000

　　　　　　　　　 売　　　　　上　220,000　　　　　 売　　掛　　金　220,000

　　　　　　　　　 製　　　　　品　140,000　　　　　 売　上　原　価　140,000

検定問題 解答p.98

1 次の取引の仕訳を示しなさい。

(1) 個別原価計算を採用している埼玉製作所における1月分の製品の販売に関する資料は次のとおりであった。よって，売上高および売上原価を計上した。 (第87回)

	A製品（製造指図書＃11）	B製品（製造指図書＃12）
売上高（掛け）	¥763,000	¥628,000
製 造 原 価	¥452,000	¥391,000

(2) 等級別総合原価計算を採用している石川製作所の6月分の製品の販売に関する資料は，次のとおりであった。よって，売上高および売上原価を計上した。 (第86回)

	1級製品	2級製品
売上高（掛け）	¥1,080,000	¥600,000
製 品 原 価	¥756,000	¥420,000

(3) 工程別総合原価計算を採用している千葉工業株式会社は，倉庫に保管してある第1工程完成品の一部を¥2,160,000で売り渡し，代金は掛けとした。ただし，売り上げた半製品の原価は¥1,800,000であり，売上のつど売上原価に計上する。なお，当社では第1工程の完成品原価はすべて第1工程半製品勘定に振り替えている。 (第90回)

(4) 個別原価計算を採用している三重製作所は，次の製品を発注元に発送し，検収を受けた。よって，売上高および売上原価を計上した。 (第93回一部修正)

	A製品（製造指図書＃31）	B製品（製造指図書＃32）
売上高（掛け）	¥7,500,000	¥410,000
製 造 原 価	¥4,500,000	¥246,000

(5) 単純総合原価計算を採用している大阪工業株式会社は，かねて，兵庫商店に製品3,000個を1個あたり¥600で掛け売りしていたが，本日，そのうち50個が返品されたので，売上高および売上原価を修正した。なお，この製品の払出単価は¥420であった。 (第82回)

(6) 組別総合原価計算を採用している青森工業株式会社における6月分の製品の販売に関する資料は，次のとおりであった。よって，売上高および売上原価を計上した。 (第84回)

	A組	B組
売上高（掛け）	¥420,000	¥750,000
売上製品製造原価	¥294,000	¥525,000

	借 方		貸 方	
(1)	売 掛 金	1,391,000	売 上	1,391,000
	売 上 原 価	843,000	製 品	843,000
(2)	売 掛 金	1,680,000	売 上	1,680,000
	売 上 原 価	1,176,000	1 級 製 品	756,000
			2 級 製 品	420,000
(3)	売 掛 金	2,160,000	売 上	2,160,000
	売 上 原 価	1,800,000	第 1 工 程 半 製 品	1,800,000
(4)	売 掛 金	7,910,000	売 上	7,910,000
	売 上 原 価	4,746,000	製 品	4,746,000
(5)	売 上	30,000	売 掛 金	30,000
	製 品	21,000	売 上 原 価	21,000
(6)	売 掛 金	1,170,000	売 上	1,170,000
	売 上 原 価	819,000	A 組 製 品	294,000
			B 組 製 品	525,000

第2章　工場会計の独立

学習の要点 ●●●

1．工場会計の独立

　本社と工場が地理的に離れている場合や企業が大規模化した場合などに，工場の会計を本社の会計から独立させ，工場での製造活動に関する会計処理を工場でおこなうようになる。これを**工場会計の独立**（または工場元帳制）という。

2．取引の記帳

　工場会計を独立させた場合の一般的な例は，次のようになる。

　　《本社》の帳簿
　　　　●本社仕訳帳（一般仕訳帳）
　　　　●本社元帳（一般元帳）……購買・販売・管理活動に関する取引の勘定
　　　　　例　現金・預金・売掛金・買掛金・売上原価・販売費及び一般管理費・売上など。
　　《工場》の帳簿
　　　　●工場仕訳帳
　　　　●工場元帳……製造活動に関する取引の勘定
　　　　　例　素材・賃金・経費・仕掛品・製造間接費・製品など。

3．本社勘定と工場勘定

　本社と工場の両方に関係する取引については，本支店会計と同じように，本社側に**工場勘定**，工場側に**本社勘定**を設けて記帳する。

　例　本社は素材¥250,000を掛けで仕入れ，工場に直送した。

　●工場会計が独立していないときの仕訳

借　　　　方		貸　　　　方	
素　　材	250,000	買　掛　金	250,000

　●工場会計が独立しているときの仕訳

	借　　　方		貸　　　方	
〔本社側〕	工　　場	250,000	買　掛　金	250,000
〔工場側〕	素　　材	250,000	本　　社	250,000

基本問題

解答p.98

1 次の取引の仕訳を示しなさい。

本社は素材¥200,000を掛けで仕入れ，工場に直送した。

〈工場会計が独立していないときの仕訳〉

借　　　　方		貸　　　　方	
素　　　　　　材	200,000	買　掛　金	200,000

〈工場会計が独立しているときの仕訳〉

	借　　　　方		貸　　　　方	
本社	工　　　　　　場	200,000	買　掛　金	200,000
工場	素　　　　　　材	200,000	本　　　社	200,000

2 工場会計が本社会計から独立している場合の，次の取引の仕訳を示しなさい。

(1)　本社だけに関係のある取引

　　本社は取引先から売掛金¥100,000を現金で受け取った。

(2)　工場だけに関係のある取引

　　当月製品完成高は¥450,000である。

(3)　本社と工場の両方に関係のある取引

　　当月売上製品原価は¥350,000である。ただし，製品勘定は工場だけに設けてある。

		借　　　　方		貸　　　　方	
(1)	本社	現　　　　　金	100,000	売　掛　金	100,000
(2)	工場	製　　　　　品	450,000	仕　掛　品	450,000
(3)	本社	売　上　原　価	350,000	工　　　場	350,000
	工場	本　　　　　社	350,000	製　　　品	350,000

3 次の取引の仕訳を示しなさい。ただし，工場会計は本社会計から独立している。

(1)　本社は素材¥800,000を掛けで仕入れ，仕入先から工場に直送した。

(2)　本社は工場の電力料¥45,000を小切手を振り出して支払った。工場は，この通知を受けた。

		借　　　　方		貸　　　　方	
(1)	本社	工　　　　　場	800,000	買　掛　金	800,000
	工場	素　　　　　材	800,000	本　　　社	800,000
(2)	本社	工　　　　　場	45,000	当　座　預　金	45,000
	工場	電　力　料	45,000	本　　　社	45,000

応用問題
解答p.99

1 工場会計が独立している香川製作所の，次の取引の仕訳と本社と工場に分けて示し，工場勘定と本社勘定の残高の一致額を求めなさい。仕訳不要のさいには，「仕訳なし」と記入すること。

　　ただし，ⅰ　工場元帳には製造活動に関する諸勘定が設けられ，個別原価計算を採用している。
　　　　　　ⅱ　本社元帳には製品勘定が設けられておらず，所得税預り金勘定と健康保険料預り金勘定は本社元帳のみに設けられている。

(1)　本社は，素材¥350,000を掛けで仕入れ，工場へ直送した。ただし，引取運賃¥17,000は小切手を振り出して支払った。

(2)　工場は，本月分の賃金¥850,000を支払うむねを，本社に報告した。本社は，所得税¥60,000健康保険料¥42,000を差し引き，残額は現金で支払った。

(3)　工場は，素材を直接材料として¥890,000　間接材料として¥60,000消費した。

(4)　本社は，火災保険料¥72,000を現金で支払った。ただし，本社分3に対し工場分は7の割合で負担する。

(5)　本社は，製品を¥320,000で掛け売りし，工場は，本社の指示でこれを得意先に発送した。ただし，この製品の製造原価は¥240,000である。

(6)　上記売上製品のうち¥64,000が返品され，工場はこの製品を受け取った。ただし，この製品の製造原価は¥48,000である。

(7)　決算にさいして，本社は工場の機械装置について¥250,000の減価償却をおこなった。ただし，間接法により記帳している。

	本社 借方	本社 貸方	工場 借方	工場 貸方
(1)	工場 367,000	買掛金 350,000 / 当座預金 17,000	素材 367,000	本社 367,000
(2)	工場 850,000	所得税預り金 60,000 / 健康保険料預り金 42,000 / 現金 748,000	賃金 850,000	本社 850,000
(3)	仕訳なし		仕掛品 890,000 / 製造間接費 60,000	素材 950,000
(4)	保険料 21,600 / 工場 50,400	現金 72,000	保険料 50,400	本社 50,400
(5)	売掛金 320,000 / 売上原価 240,000	売上 320,000 / 工場 240,000	本社 240,000	製品 240,000
(6)	売上 64,000 / 工場 48,000	売掛金 64,000 / 売上原価 48,000	製品 48,000	本社 48,000
(7)	工場 250,000	機械装置減価償却累計額 250,000	減価償却費 250,000	本社 250,000

工場勘定と本社勘定の残高の一致額　¥　1,325,400

2 次の取引の仕訳を示しなさい。

(1) 工場会計が本社会計から独立している三重産業株式会社の松阪工場は，本社から送付を受けていた燃料￥80,000を本社の仕入先に直接返品し，本社に通知した。（工場の仕訳）

(2) 工場会計が独立している宮崎製作所の本社は，建物に対する保険料￥150,000（うち，工場分￥70,000）を小切手を振り出して支払った。（本社の仕訳）

(3) 工場会計が独立している新潟製作所の本社は，かねて，工場に製品￥2,500,000（製造原価）を得意先山梨商店に発送するように指示していたが，本日，発送済みの通知を受けたので，売上高（掛け）￥3,200,000および売上原価を計上した。ただし，本社には製品勘定を設けていない。（本社の仕訳）

(4) 単純総合原価計算を採用している愛媛製造株式会社の松山工場は，本社の指示により製造原価￥200,000の製品を得意先高知商店に発送した。ただし，工場会計は本社会計から独立しており，売上勘定・売上原価勘定は本社に，製品勘定は工場に設けてある。（工場の仕訳）

(5) 工場会計が独立している鳥取製作所の工場は，かねて，本社が得意先米子商店に掛け売りしていた製品￥2,600,000（製造原価￥2,000,000）のうち￥600,000（製造原価￥480,000）が品違いであったので，本日，返品された。ただし，製品勘定は工場だけに設けてある。（工場の仕訳）

(6) 山口製作所の本社は掛けで購入した素材を工場に送付していたが，本日，工場から不良品の10個 ＠￥9,000を仕入先に直接返品したとの通知を受けた。ただし，工場会計は本社会計から独立している。（本社の仕訳）

(7) 工場会計が独立している高知製鉄株式会社の本社は，工場が四国商事から素材￥6,000,000を買い入れたとの報告を受け，ただちに小切手を振り出して支払った。（本社の仕訳）

(8) 工場会計が独立している新潟製作所の本社は，工場の従業員の賃金について，所得税￥170,000 健康保険料￥130,000を控除した正味支払額￥2,800,000を現金で工場に送付した。ただし，所得税預り金勘定および健康保険料預り金勘定は本社にだけ設けてある。（本社の仕訳）

	借　　　　　方		貸　　　　　方	
(1)	本　　　　　社	80,000	燃　　　　　料	80,000
(2)	保　　険　　料 工　　　　　場	80,000 70,000	当　座　預　金	150,000
(3)	売　　掛　　金 売　上　原　価	3,200,000 2,500,000	売　　　　　上 工　　　　　場	3,200,000 2,500,000
(4)	本　　　　　社	200,000	製　　　　　品	200,000
(5)	製　　　　　品	480,000	本　　　　　社	480,000
(6)	買　　掛　　金	90,000	工　　　　　場	90,000
(7)	工　　　　　場	6,000,000	当　座　預　金	6,000,000
(8)	工　　　　　場	3,100,000	所 得 税 預 り 金 健康保険料預り金 現　　　　　金	170,000 130,000 2,800,000

検定問題

解答p.100

1 次の取引の仕訳を示しなさい。

(1) 工場会計が独立している山形工業株式会社の本社は，工場の従業員に対する健康保険料¥762,000を小切手を振り出して支払った。ただし，健康保険料のうち半額は事業主負担分であり，半額は従業員負担分である。なお，健康保険料預り金勘定は本社のみに設けてある。（本社の仕訳）　　　　　　　　　　　　　　　　　　　　　　　　　　　　（第94回）

(2) 工場会計が独立している福井産業株式会社の本社は，決算にさいし，建物の減価償却費¥2,300,000を計上した。ただし，このうち¥1,260,000は工場の建物に対するものであり，建物減価償却累計額勘定は，本社のみに設けてある。（本社の仕訳）　　　　　　（第93回）

(3) 工場会計が独立している新潟製造株式会社の本社は，工場から燃料¥131,000を買い入れたとの報告を受けた。ただし，この代金は本社が月末に支払う契約であり，製造活動に関する勘定は工場のみに設けている。（本社の仕訳）　　　　　　　　　　　　　（第76回）

(4) 工場会計が独立している長崎製作所の本社は，工場から製品¥3,675,000（製造原価）を得意先熊本商店に引き渡したとの通知を受けたので，売上高（掛け）¥5,250,000および売上原価を計上した。ただし，売上勘定と売上原価勘定は本社に，製品に関する勘定は工場に設けてある。（本社の仕訳）　　　　　　　　　　　　　　　　　　　　　　　（第91回）

(5) 工場会計が独立している秋田製作所の本社は，さきに得意先山形商店に売り渡した製品について，月末に製造原価は¥1,300,000であったと工場から報告を受け，売上製品の原価を計上した。ただし，売上原価勘定は本社に，製品に関する勘定は工場に設けてある。（本社の仕訳）（第89回）

(6) 工場会計が独立している群馬製作所の本社は，決算にさいし，建物の減価償却費¥954,000を計上した。ただし，このうち¥450,000は工場の建物に対するものであり，建物減価償却累計額勘定は本社のみに設けてある。（本社の仕訳）　　　　　　　　　　（第80回）

(7) 工場会計が独立している山梨工業株式会社の本社は，素材¥840,000を掛けで買い入れ，仕入先から工場に直送させた。ただし，製造活動に関する勘定は工場のみに設けている。（本社の仕訳）　　　　　　　　　　　　　　　　　　　　　　　　　　　　（第81回）

(8) 工場会計が独立している千葉工業株式会社の工場は，本社から工場の従業員に対する健康保険料¥480,000を支払ったとの通知を受けた。ただし，健康保険料¥480,000のうち半額は事業主負担分であり，半額は従業員負担分である。なお，健康保険料預り金勘定は本社のみに設けてある。（工場の仕訳）　　　　　　　　　　　　　　　　　　　　　　（第84回）

	借　　　方		貸　　　方	
(1)	工　　　　　場 健康保険料預り金	381,000 381,000	当　座　預　金	762,000
(2)	減　価　償　却　費 工　　　　　場	1,040,000 1,260,000	建物減価償却累計額	2,300,000
(3)	工　　　　　場	131,000	買　　掛　　金	131,000
(4)	売　　掛　　金 売　上　原　価	5,250,000 3,675,000	売　　　　上 工　　　　　場	5,250,000 3,675,000
(5)	売　上　原　価	1,300,000	工　　　　　場	1,300,000
(6)	減　価　償　却　費 工　　　　　場	504,000 450,000	建物減価償却累計額	954,000
(7)	工　　　　　場	840,000	買　　掛　　金	840,000
(8)	健　康　保　険　料	240,000	本　　　　社	240,000

Ⅴ 決 算

第1章　決 算

学習の要点 ●●●

1．月次決算と年次決算

　製造業では，短期間に経営成績を明らかにするため，毎月末にその月の営業損益を計算する。これを**月次決算**という。これに対して，会計期末におこなう決算を**年次決算**という。

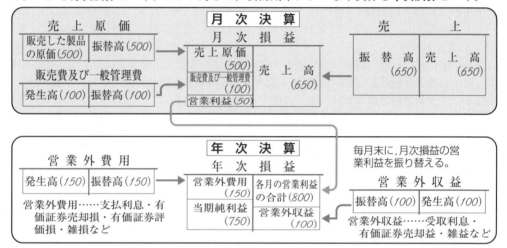

2．製造業の財務諸表

　会計期末に，商品売買業と同様に，損益計算書・貸借対照表などの財務諸表を作成するが，製造業では，これらのほかに製造原価報告書を作成する。

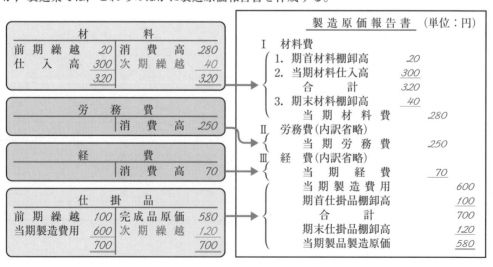

基本例題

1 次の資料によって，製造原価報告書と損益計算書（一部）を完成しなさい。

(1) 材　料　期首棚卸高　¥ 10,000　　当期仕入高　¥500,000
　　　　　　　期末棚卸高　¥ 14,000
(2) 労　務　費　賃　金　¥180,000　　給　料　¥160,000
(3) 経　費　電　力　料　¥ 50,000
　　　　　　　減価償却費　¥ 30,000
　　　　　　　修　繕　料　¥ 4,000
(4) 仕　掛　品　期首棚卸高　¥ 80,000　　期末棚卸高　¥ 70,000
(5) 売　上　高　¥ 1,500,000
(6) 製　品　期首棚卸高　¥120,000　　期末棚卸高　¥150,000

【解答】

製 造 原 価 報 告 書
令和○年4月1日から　令和△年3月31日まで　　（単位：円）

Ⅰ 材　料　費
　1. 期首材料棚卸高　　　（　10,000　）
　2. 当期材料仕入高　　　（　500,000　）
　　　　合　　計　　　　（　510,000　）
　3. 期末材料棚卸高　　　（　14,000　）
　　　当 期 材 料 費　　　　　　　（　496,000　）
Ⅱ 労　務　費
　1. 賃　　　金　　　　（　180,000　）
　2. 給　　　料　　　　（　160,000　）
　　　当 期 労 務 費　　　　　　　（　340,000　）
Ⅲ 経　　費
　1. 電　力　料　　　　（　50,000　）
　2. 減 価 償 却 費　　　（　30,000　）
　3. 修　繕　料　　　　（　4,000　）
　　　当 期 経 費　　　　　　　（　84,000　）
　　　当 期 製 造 費 用　　　　　　　　　　　（　920,000　）
　　　期首仕掛品棚卸高　　　　　　　　　　　（　80,000　）
　　　　合　　計　　　　　　　　　　　　　（　1,000,000　）
　　　期末仕掛品棚卸高　　　　　　　　　　　（　70,000　）
　　　当期製品製造原価　　　　　　　　　　　（　930,000　）

損　益　計　算　書
令和○年4月1日から　令和△年3月31日まで　　（単位：円）

Ⅰ 売　上　高　　　　　　　（　1,500,000　）
Ⅱ 売　上　原　価
　1. 期首製品棚卸高　　　（　120,000　）
　2. 当期製品製造原価　　（　930,000　）
　　　　合　　計　　　　（　1,050,000　）
　3. 期末製品棚卸高　　　（　150,000　）　（　900,000　）
　　　売 上 総 利 益　　　　　　　（　600,000　）

ポイント

1. p.152「2. 製造業の財務諸表」を参照。
2. 製造原価報告書で計算された当期製品製造原価が損益計算書に記入される（上記「解答」の矢印）。

基本問題

解答p.101

1 次の各文の_____のなかに，下記の語群のなかから，もっとも適当なものを選び，その番号を記入しなさい。

(1) 月次損益勘定の借方には_____ ア _____，販売費及び一般管理費を記入し，貸方には_____ イ _____を記入して1か月間の営業損益を計算する。

(2) 年次損益勘定の借方には_____ ウ _____を記入し，貸方には各月の営業利益，_____ エ _____を記入して1会計期間の当期純損益を計算する。

語群 1. 売上原価　　2. 製造原価　　3. 売上高　　4. 仕入高
　　5. 営業外収益　　6. 経常損益　　7. 営業外費用　　8. 特別損益

(1)		(2)	
ア	イ	ウ	エ
1	3	7	5

2 東京工業株式会社の4月末の各勘定残高から，次の各問いに答えなさい。

(1) 売上原価勘定と販売費及び一般管理費勘定の残高を月次損益勘定に振り替える仕訳を示しなさい。また，売上勘定の残高を月次損益勘定に振り替える仕訳を示しなさい。

(2) 月次損益勘定を年次損益勘定に振り替える仕訳を示しなさい。

(3) 上記の仕訳を各勘定に記入し，年次損益勘定を除く各勘定を締め切りなさい。ただし，勘定記入は日付（4月30日）・相手科目・金額を示すこと。

	借　　方		貸　　方	
(1)	月　次　損　益	600,000	売　上　原　価	560,000
			販売費及び一般管理費	40,000
	売　　　　上	800,000	月　次　損　益	800,000
(2)	月　次　損　益	200,000	年　次　損　益	200,000

(3)

売 上 原 価

	560,000	4/30 月次損益	560,000

月 次 損 益

4/30 売上原価	560,000	4/30 売　　上	800,000
〃 販売費及び一般管理費	40,000		
〃 年次損益	200,000		
	800,000		800,000

販売費及び一般管理費

	40,000	4/30 月次損益	40,000

売 上

4/30 月次損益	800,000		800,000

年 次 損 益

		4/30 月次損益	200,000

3 次の資料によって，上記，東京工業株式会社の3月末（期末）における年次損益勘定に記入し，締め切りなさい。なお，年次損益勘定は日付・相手科目・金額を示すこと。

資料　　受取利息　¥50,000　　有価証券売却損　¥40,000　　支払利息　¥30,000

年 次 損 益

3/31 有価証券売却損	40,000	月次損益からの振替高(4月~3月)	4,000,000
〃 支　払　利　息	30,000	3/31 受　取　利　息	50,000
〃 繰越利益剰余金	3,980,000		
	4,050,000		4,050,000

4 次の資料によって，製造原価報告書を完成しなさい。

資　料

①	材　　料	期首棚卸高	¥ 150,000	当期仕入高	¥ 2,000,000
		期末棚卸高	¥ 100,000		
②	労 務 費	賃　　金	¥ 1,200,000	給　　料	¥ 900,000
③	電 力 料	当期支払高	¥ 124,000	当期測定高	¥ 131,000
④	修 繕 料	前期未払高	¥ 12,000	当期支払高	¥ 68,000
		当期未払高	¥ 6,000		
⑤	仕 掛 品	期首棚卸高	¥ 250,000	期末棚卸高	¥ 200,000

製 造 原 価 報 告 書

令和○年4月1日から　令和△年3月31日まで　　（単位：円）

I　材 料 費
1．期首材料棚卸高　　　　（　　150,000　）
2．当期材料仕入高　　　　（　2,000,000　）
　　合　　　計　　　　　　（　2,150,000　）
3．(期末材料棚卸高)　　　（　　100,000　）
　　当 期 材 料 費　　　　　　　　　　（　2,050,000　）
II　労 務 費
1．賃　　　　金　　　　　（　1,200,000　）
2．給　　　　料　　　　　（　　900,000　）
　　当 期 労 務 費　　　　　　　　　　（　2,100,000　）
III　経　　費
1．電 力 料　　　　　　　（　　131,000　）
2．修 繕 料　　　　　　　（　　62,000　）
3．減 価 償 却 費　　　　　98,000
4．雑　　　　費　　　　　　11,000
　　当 期 経 費　　　　　　　　　　　　（　　302,000　）
　　当 期 製 造 費 用　　　　　　　　　（　4,452,000　）
　　(期首仕掛品棚卸高)　　　　　　　　（　　250,000　）
　　合　　　計　　　　　　　　　　　　（　4,702,000　）
　　期末仕掛品棚卸高　　　　　　　　　（　　200,000　）
　　当 期 製 品 製 造 原 価　　　　　　（　4,502,000　）

5 次の資料によって，製造原価報告書に記載する(1)当期材料費，(2)当期労務費の金額を求めなさい。

資　料

①	素　　材	期首棚卸高	¥ 260,000	当期仕入高	¥ 2,150,000
		期末棚卸高	¥ 310,000		
②	工 場 消 耗 品	当期消費高	¥ 280,000		
③	賃　　金	前期未払高	¥ 170,000	当期支払高	¥ 1,620,000
		当期未払高	¥ 190,000		
④	給　　料	当期消費高	¥ 470,000		
⑤	従業員賞与手当	当期消費高	¥ 220,000		

(1)	当期材料費　¥　2,380,000	(2)	当期労務費　¥　2,330,000

応用問題

解答p.103

1 下記の資料によって，製造原価報告書および損益計算書に記載する次の金額を求めなさい。ただし，材料消費価格差異は売上原価に振り替えること。

(1) 当期材料費　　(2) 当期労務費　　(3) 外注加工賃
(4) 当期経費　　(5) 当期製品製造原価　　(6) 売上原価

資料

① 素　　　材　　当期予定消費高　¥ 3,061,000

　　　　　　　　　期首棚卸高　¥ 185,000　　当期仕入高　¥ 3,090,000

　　　　　　　　　期末棚卸高　¥ 222,000

② 工場消耗品　　期首棚卸高　¥ 68,000　　当期仕入高　¥ 379,000

　　　　　　　　　期末棚卸高　¥ 71,000

③ 賃　　　金　　前期未払高　¥ 113,000　　当期支払高　¥ 2,340,000

　　　　　　　　　当期未払高　¥ 142,000

④ 給　　　料　　当期消費高　¥ 650,000

⑤ 健康保険料　　当期事業主負担額　¥ 116,000

⑥ 外注加工賃　　前期前払高　¥ 20,000　　当期支払高　¥ 173,000

　　　　　　　　　当期未払高　¥ 18,000

⑦ 電　力　料　　当期支払高　¥ 254,000　　当期測定高　¥ 266,000

⑧ 減価償却費　　当期消費高　¥ 210,000

⑨ 仕　掛　品　　期首棚卸高　¥ 312,000　　期末棚卸高　¥ 270,000

⑩ 製　　　品　　期首棚卸高　¥ 450,000　　期末棚卸高　¥ 395,000

(1)	当 期 材 料 費	¥	3,437,000	(2)	当 期 労 務 費 ¥	3,135,000
(3)	外 注 加 工 賃	¥	211,000	(4)	当 期 経 費 ¥	687,000
(5)	当期製品製造原価	¥	7,301,000	(6)	売 上 原 価 ¥	7,348,000

2 下記の勘定記録から，製造原価報告書および損益計算書（一部）を完成しなさい。ただし，会計期間は原価計算期間と一致しているものとする。

素　　　材

前期繰越	90,000	仕 掛 品	616,000
諸　　口	610,000	棚卸減耗損	8,000
		次 期 繰 越	76,000
	700,000		700,000

工 場 消 耗 品

前 期 繰 越	13,000	製造間接費	124,000
諸　　口	132,000	次 期 繰 越	21,000
	145,000		145,000

賃　　　金

諸　　口	520,000	前 期 繰 越	42,000
次 期 繰 越	38,000	諸　　口	516,000
	558,000		558,000

製 造 間 接 費

工場消耗品	124,000	仕 掛 品	723,000
賃　　金	34,000		
給　　料	109,000		
従業員賞与手当	76,000		
電 力 料	222,000		
減価償却費	86,000		
修 繕 料	23,000		
保 険 料	30,000		
(　　　　)	8,000		
雑　　費	11,000		
	723,000		723,000

仕 掛 品				製 品			
前 期 繰 越	89,000	製 品	1,853,000	前 期 繰 越	182,000	( )	1,827,000
素 材	616,000	次 期 繰 越	102,000	仕 掛 品	1,853,000	次 期 繰 越	208,000
賃 金	482,000				2,035,000		2,035,000
外注加工賃	45,000						
製造間接費	723,000						
	1,955,000		1,955,000				

製 造 原 価 報 告 書

令和○年4月1日から　令和△年3月31日まで　（単位：円）

Ⅰ 材 料 費
　　1.（ 期首材料棚卸高 ）　　　（　　103,000　）
　　2. 当期材料仕入高　　　　　（　　742,000　）
　　　　合　　　計　　　　　　（　　845,000　）
　　3.（ 期末材料棚卸高 ）　　　（　　105,000　）
　　　　当 期 材 料 費　　　　　　　　　　　（　　740,000　）
Ⅱ 労 務 費
　　1. 賃　　　　金　　　　　　（　　516,000　）
　　2. 給　　　　料　　　　　　（　　109,000　）
　　3. 従業員賞与手当　　　　　（　　76,000　）
　　　　当 期 労 務 費　　　　　　　　　　　（　　701,000　）
Ⅲ 経 費
　　1. 外 注 加 工 賃　　　　　（　　45,000　）
　　2. 電 力 料　　　　　　　　（　　222,000　）
　　3. 減 価 償 却 費　　　　　（　　86,000　）
　　4. 修 繕 料　　　　　　　　（　　23,000　）
　　5. 保 険 料　　　　　　　　（　　30,000　）
　　6.（ 棚 卸 減 耗 損 ）　　　　　8,000
　　7. 雑　　　　費　　　　　　（　　11,000　）
　　　　当 期 経 費　　　　　　　　　（　　425,000　）
　　　　当 期 製 造 費 用　　　　　　　　　　　　（　1,866,000　）
　　　　期首仕掛品棚卸高　　　　　　　　　　　　（　　89,000　）
　　　　合　　　計　　　　　　　　　　　　　　　（　1,955,000　）
　　　　（ 期末仕掛品棚卸高 ）　　　　　　　　　（　　102,000　）
　　　　（ 当期製品製造原価 ）　　　　　　　　　（　1,853,000　）

損 益 計 算 書

令和○年4月1日から　令和△年3月31日まで　（単位：円）

Ⅰ 売 上 高　　　　　　　　　　　　　　2,635,000
Ⅱ 売 上 原 価
　　1. 期首製品棚卸高　　　　　（　　182,000　）
　　2. 当期製品製造原価　　　　（　1,853,000　）
　　　　合　　　計　　　　　　（　2,035,000　）
　　3. 期末製品棚卸高　　　　　（　　208,000　）　（　1,827,000　）
　　　　売 上 総 利 益　　　　　　　　　　　（　　808,000　）

検定問題

解答p.105

1　広島製作所における当期（令和○年1月1日から令和○年12月31日まで）の勘定記録・製造原価報告書・損益計算書（一部）・貸借対照表（一部）により，（ア）から（ウ）に入る金額を求めなさい。ただし，会計期間は原価計算期間と一致しているものとする。　　　　　　　　　　　　（第94回一部修正）

仕 掛 品

前 期 繰 越	( )	製　　品	( )
素　　材	1,295,000	次 期 繰 越	( )
買 入 部 品	320,000		
賃　　金	(ア)		
外 注 加 工 賃	618,000		
製 造 間 接 費	( )		
	( )		( )

製 造 間 接 費

工 場 消 耗 品	270,000	仕 掛 品	( )
賃　　金	510,000		
給　　料	430,000		
健 康 保 険 料	170,000		
減 価 償 却 費	708,000		
電 力 料	( )		
雑　　費	59,000		
	( )		( )

製 品

前 期 繰 越	( )	売 上 原 価	( )
仕 掛 品	( )	次 期 繰 越	( )
	6,930,000		6,930,000

製 造 原 価 報 告 書

広島製作所　令和○年1月1日から令和○年12月31日まで　（単位：円）

Ⅰ	材 料 費		( )
Ⅱ	労 務 費		2,480,000
Ⅲ	経 費		1,897,000
	当 期 製 造 費 用		( )
	期 首 仕 掛 品 棚 卸 高		425,000
	合 計		( )
	期 末 仕 掛 品 棚 卸 高		542,000
	当 期 製 品 製 造 原 価		(イ)

損 益 計 算 書 （一部）

広島製作所　令和○年1月1日から令和○年12月31日まで　（単位：円）

Ⅰ	売 上 高	8,820,000
Ⅱ	売 上 原 価	( )
	売 上 総 利 益	(ウ)

貸 借 対 照 表 （一部）

広島製作所　　　　令和○年12月31日　　　（単位：円）

製 品	756,000	
仕 掛 品	( )	

ア	￥	1,370,000	イ	￥	6,145,000	ウ	￥	2,646,000

2 次の貸借対照表（一部）と資料から，製造原価報告書ならびに損益計算書（一部）の（ア）〜（エ）に入る金額を求めなさい。
(第61回一部修正)

貸 借 対 照 表（一部）
令和○年12月31日

製　　品	1,059,000	未払賃金	121,000
材　　料	780,000		
仕 掛 品	1,336,000		

資料

① 素　　　　材　期首棚卸高　¥ 640,000
　　　　　　　　 当期仕入高　¥ 3,091,000
② 工場消耗品　期首棚卸高　¥ 208,000
　　　　　　　　 当期仕入高　¥ 793,000
③ 賃　　　　金　前期未払高　¥ 129,000
　　　　　　　　 当期支払高　¥ 3,314,000
④ 給　　　　料　当期消費高　¥ 722,000
⑤ 仕 掛 品　期首棚卸高　¥ _____
⑥ 製　　　　品　期首棚卸高　¥ 1,264,000

製 造 原 価 報 告 書
令和○年1月1日から令和○年12月31日まで

Ⅰ 材 料 費	（ ア ）
Ⅱ 労 務 費	（ イ ）
Ⅲ 経 費	1,096,000
当期製造費用	（ ）
期首仕掛品棚卸高	（ ）
合 計	10,151,000
期末仕掛品棚卸高	（ ）
当期製品製造原価	（ ウ ）

損 益 計 算 書（一部）
令和○年1月1日から令和○年12月31日まで

Ⅰ 売 上 高	12,700,000
Ⅱ 売 上 原 価	（ ）
売 上 総 利 益	（ エ ）

ア	¥ 3,952,000	イ	¥ 4,028,000
ウ	¥ 8,815,000	エ	¥ 3,680,000

3 京都産業株式会社の下記の資料により，製造原価報告書に記載する次の金額を求めなさい。
(第93回)

　　　a. 当期材料費　　b. 当期労務費　　c. 当期製品製造原価

資料

① 素　　　　材　期首棚卸高　¥ 277,000　　当期仕入高　¥ 1,962,000
　　　　　　　　 期末棚卸高　¥ 283,000
② 工 場 消 耗 品　期首棚卸高　¥ 58,000　　当期仕入高　¥ 342,000
　　　　　　　　 期末棚卸高　¥ 60,000
③ 消耗工具器具備品　当期消費高　¥ 192,000
④ 賃　　　　金　前期未払高　¥ 251,000　　当期支払高　¥ 1,723,000
　　　　　　　　 当期未払高　¥ 247,000
⑤ 給　　　　料　当期消費高　¥ 953,000
⑥ 健 康 保 険 料　当期消費高　¥ 136,000
⑦ 水　　道　　料　基本料金　¥ 18,000
　　　　　　　　 当期使用料　¥ _____（当期使用量 2,100㎥ 単価1㎥あたり¥ 130）
　　　　　　　　 水道料の計算方法は，基本料金に当期使用料を加算して求める。
⑧ 減 価 償 却 費　当期消費高　¥ 175,000
⑨ 仕　　掛　　品　期首棚卸高　¥ 594,000　　期末棚卸高　¥ 608,000

a	¥ 2,488,000	b	¥ 2,808,000	c	¥ 5,748,000

Ⅵ 原価情報の活用

第1章　標準原価計算

1．標準原価計算の意味・目的

　品質を下げないで，原価の水準をできるだけ低く抑え，それを維持することを原価管理といい，これに役立つ資料を提供する方法に**標準原価計算**がある。標準原価計算は，科学的，統計的な分析・調査にもとづいて，無駄がなく，能率のよい原価標準を設定し，これによって製品の原価を計算する。次に，製品の製造に実際にかかった実際原価と標準原価を比較し，その差額(原価差異)を分析し，原価管理に役立てる。

2．原価標準の設定

　製品の製造に先立って，目標となる原価標準(製品1単位あたり)を設定する。原価標準は，直接材料費・直接労務費・製造間接費に分けて設定され，標準原価カードに示される。

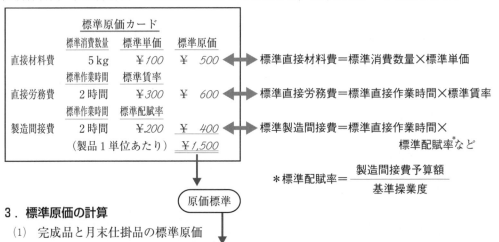

3．標準原価の計算

(1)　完成品と月末仕掛品の標準原価

　　完 成 品 の 標 準 原 価＝原価標準×完成品数量
　　月末仕掛品の標準原価＝原価標準×月末仕掛品完成品換算数量

　　(直接材料が製造着手のときにすべて投入される場合は，仕掛品数量を完成品数量に換算する必要はない)

(2)　当月投入量に対する標準原価

　　直接材料費・直接労務費・製造間接費別に，標準原価を計算(原価標準×当月投入量)

仕　掛　品

月初仕掛品 完成品換算数量	完 成 品 数 量
当 月 投 入 量	月末仕掛品 完成品換算数量

当月投入量＝完成品数量＋月末仕掛品完成品換算数量
　　　　　－月初仕掛品完成品換算数量

(3)　原価差異の計算と分析

①　**直接材料費差異**

標準直接材料費（標準消費数量×標準単価）と実際直接材料費（実際消費数量×実際単価）との差額で，材料消費価格差異と材料消費数量差異に分けて分析する。

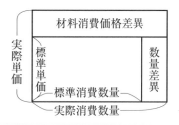

> 直接材料費差異＝標準直接材料費－実際直接材料費
> 材料消費価格差異＝（標準単価－実際単価）× 実際消費数量
> 材料消費数量差異＝標準単価 ×（標準消費数量－実際消費数量）

②　**直接労務費差異**

標準直接労務費（標準直接作業時間×標準賃率）と実際直接労務費（実際直接作業時間×実際賃率）との差額で，賃率差異と作業時間差異に分けて分析する。

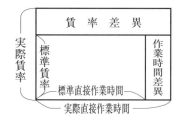

> 直接労務費差異＝標準直接労務費－実際直接労務費
> 賃率差異＝（標準賃率－実際賃率）× 実際直接作業時間
> 作業時間差異＝標準賃率×（標準直接作業時間－実際直接作業時間）

③　**製造間接費差異**

標準製造間接費配賦額と実際製造間接費発生額との差額で，予算差異・操業度差異・能率差異に分けて分析する。

> 製造間接費差異＝標準製造間接費配賦額－実際製造間接費発生額
> 予算差異＝（変動費率×実際直接作業時間＋固定費予算額）－実際製造間接費発生額
> 操業度差異＝（実際直接作業時間－基準操業度*）×固定費率
> 能率差異＝（標準直接作業時間－実際直接作業時間）×標準配賦率

＊　基準操業度は基準直接作業時間として示されることもある。

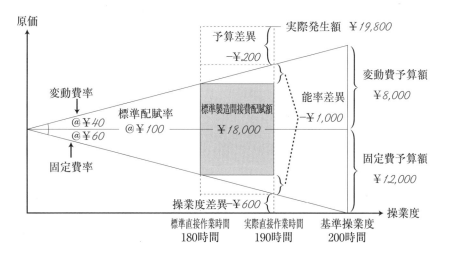

④ **原価差異の有利・不利**

原価差異は標準原価から実際原価を差し引いて計算する。計算結果がマイナスになる場合，つまり実際原価が標準原価より大きい場合を**不利差異**（借方差異）といい，これに対して，実際原価が標準原価より少ない場合を**有利差異**（貸方差異）という。

4．標準原価計算の記帳方法

パーシャルプラン

パーシャルプランとは，仕掛品勘定の借方に直接材料費・直接労務費・製造間接費を実際発生額で記入し，貸方の完成品原価・月末仕掛品原価および借方の月初仕掛品原価を標準原価で記入する方法である。

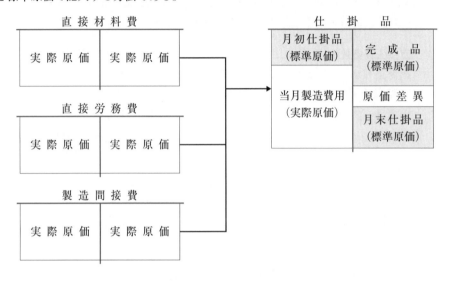

シングルプラン

シングルプランとは，材料費・労務費・経費を消費した段階で標準原価を計算し，それぞれの勘定科目で原価差異を把握する方法である。したがって，仕掛品勘定の借方と貸方は，ともに標準原価が記入されることになる。事務手続きが煩雑な反面，原価差異を早めに把握することができる。

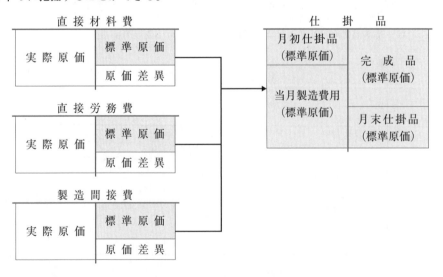

基本例題

1 下記の資料から，次の金額を求めなさい。なお，解答欄の(　　)内には有利差異のときには(有利)と記入し，不利差異のときには(不利)と記入しなさい。

(1)　直接材料費差異　　(6)　作業時間差異
(2)　材料消費価格差異　(7)　製造間接費差異
(3)　材料消費数量差異　(8)　予　算　差　異
(4)　直接労務費差異　　(9)　操　業　度　差　異
(5)　賃　率　差　異　　(10)　能　率　差　異

資　料

i　標準原価カード

標準原価カード（製品1単位あたり）			
	標準消費数量	標　準　単　価	標　準　原　価
直接材料費	10kg	¥600	¥6,000
	標準作業時間	標　準　賃　率	
直接労務費	4時間	¥1,000	¥4,000
	標準作業時間	標　準　配　賦　率	
製造間接費	4時間	¥1,200	¥4,800
			¥14,800

ii　当月実際直接材料費
　　¥5,324,000（実際単価　¥605　　実際消費数量　8,800kg）
　　直接材料は製造着手のときにすべて投入されたものとする。

iii　当月実際直接労務費
　　¥3,723,000（実際賃率　¥1,020　　実際直接作業時間　3,650時間）

iv　当月製造間接費
　　① 予算額　¥4,440,000（変動費予算額　¥1,850,000　　固定費予算額　¥2,590,000）
　　② 実際発生額　¥4,450,000
　　③ 実際直接作業時間　3,650時間
　　④ 基準操業度（基準直接作業時間）　3,700時間

v　当月の実際生産量
　　月初仕掛品数量　150個（加工進捗度40%）
　　月末仕掛品数量　200個（加工進捗度60%）
　　完成品数量　840個

解　答

(1)	直接材料費差異	¥	16,000	(有利)	(2)	材料消費価格差異	¥	44,000	(不利)
(3)	材料消費数量差異	¥	60,000	(有利)	(4)	直接労務費差異	¥	123,000	(不利)
(5)	賃　率　差　異	¥	73,000	(不利)	(6)	作業時間差異	¥	50,000	(不利)
(7)	製造間接費差異	¥	130,000	(不利)	(8)	予　算　差　異	¥	35,000	(不利)
(9)	操　業　度　差　異	¥	35,000	(不利)	(10)	能　率　差　異	¥	60,000	(不利)

ポイント

1．直接材料費差異・材料消費価格差異・材料消費数量差異

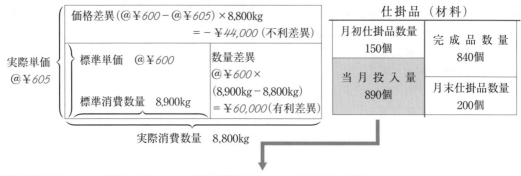

標準消費数量　10kg（製品1個あたりの標準消費数量）×890個（当月投入量）＝8,900kg

直接材料費差異　標準直接材料費（@￥600×8,900kg）－実際直接材料費（@￥605×8,800kg）＝￥16,000（有利差異）

2．直接労務費差異・賃率差異・作業時間差異

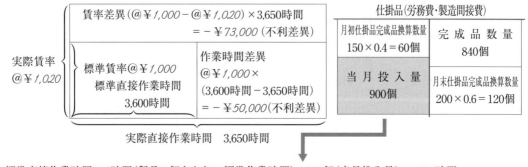

標準直接作業時間　4時間（製品1個あたりの標準作業時間）×900個（当月投入量）＝3,600時間

直接労務費差異　標準直接労務費（@￥1,000×3,600時間）－実際直接労務費（@￥1,020×3,650時間）＝－￥123,000（不利差異）

3．製造間接費差異・予算差異・操業度差異・能率差異

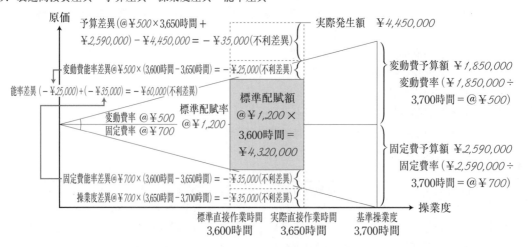

製造間接費差異　標準配賦額（@￥1,200×3,600時間）－実際発生額￥4,450,000＝－￥130,000（不利差異）
　　　　　　　　標準配賦率　標準直接作業時間

基本問題

解答p.107

1 次の各文の____のなかに，下記の語群のなかから，もっとも適当なものを選び，その番号を記入しなさい。

(1) 実際原価計算の目的は，主として___ア___の作成に必要な資料を提供することである。これに対して，標準原価計算は，あらかじめ科学的・統計的な調査にもとづいて原価標準を定め，これと実際原価との差異を分析して___イ___に役立つ資料を提供することを目的としている。

(2) 原価差異は標準原価から実際原価を差し引いて計算する。計算結果がマイナスになる場合を不利差異または___ウ___差異という。これに対して，実際原価が標準原価より少ない場合を有利差異または___エ___差異という。

語群 1. 販売管理　2. 財務諸表　3. 借　　方　4. 貸　　方
　　 5. 費目別計算　6. 変動費　7. 固定費　8. 原価管理

(1)		(2)	
ア	イ	ウ	エ
2	8	3	4

2 下記の資料によって，次の金額または数量を求めなさい。

(1) 完成品の標準原価　　(2) 月末仕掛品の標準原価
(3) 直接材料費の当月投入量　(4) 加工費の当月投入量(換算数量)

資料
i 標準原価カード

標準原価カード(製品1単位あたり)			
直接材料費	5 kg	@¥ 500	¥ 2,500
直接労務費	2 時間	@¥ 600	¥ 1,200
製造間接費	2 時間	@¥ 400	¥ 800
			¥ 4,500

ii 当月実際生産量
　月初仕掛品　100個(加工進捗度40%)
　完　成　品　800個
　月末仕掛品　40個(加工進捗度50%)

iii 直接材料は，製造着手のときにすべて投入されている。

(1)	完成品の標準原価　¥	3,600,000	(2)	月末仕掛品の標準原価　¥	140,000
(3)	直接材料費の当月投入量	740個	(4)	加工費の当月投入量(換算数量)	780個

3 次の資料から直接材料費差異を算出し，これを分析して，材料消費価格差異（価格差異）と材料消費数量差異（数量差異）を示しなさい。なお，解答欄の(　)内には有利差異のときには(有利)と記入し，不利差異のときには(不利)と記入しなさい。

資料　実際単価　@¥122　実際消費数量　310個
　　　標準単価　@¥120　標準消費数量　300個

直接材料費差異	¥	1,820 (不利)	価格差異	¥	620 (不利)	数量差異	¥	1,200 (不利)

4 次の資料から直接労務費差異を算出し，これを分析して，賃率差異と作業時間差異を示しなさい。なお，解答欄の（　　）内には有利差異のときには（有利）と記入し，不利差異のときには（不利）と記入しなさい。

資　料

| 実際賃率 | ＠¥85 | 実際直接作業時間 | 1,420時間 |
| 標準賃率 | ＠¥80 | 標準直接作業時間 | 1,400時間 |

直接労務費差異	¥	8,700（　不利　）	賃率差異	¥	7,100（　不利　）	作業時間差異	¥	1,600（　不利　）

5 次の資料から製造間接費差異を算出し，これを分析して，予算差異・操業度差異・能率差異を示しなさい。なお，解答欄の（　　）内には有利差異のときには（有利）と記入し，不利差異のときには（不利）と記入しなさい。

資　料

① 製造間接費予算額　¥720,000（変動費予算額　¥320,000　　固定費予算額　¥400,000）

② 製造間接費実際発生額　¥725,000

③ 実際直接作業時間　780時間

④ 基準操業度（基準直接作業時間）　800時間

⑤ 標準直接作業時間　760時間

製造間接費差異	¥	41,000（　不利　）	予　算　差　異	¥	13,000（　不利　）
操業度差異	¥	10,000（　不利　）	能　率　差　異	¥	18,000（　不利　）

6 下記の資料によって，(1)製品完成の仕訳，(2)原価差異を計上する仕訳を完成しなさい（仕訳はパーシャルプランによる）。

資　料

ⅰ　仕掛品勘定

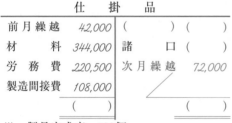

```
            仕　　掛　　品
前月繰越   42,000  （      ）（      ）
材　　料  344,000  諸　　口 （      ）
労　務　費 220,500  次月繰越  72,000
製造間接費 108,000
          （      ）         （      ）
```

ⅲ　製品完成高　500個

ⅱ　標準原価カード

標準原価カード（製品1単位あたり）			
直接材料費	4kg	＠¥150	¥ 600
直接労務費	2時間	＠¥200	¥ 400
製造間接費	2時間	＠¥100	¥ 200
			¥1,200

ⅳ　直接材料消費高　（標準）　2,120kg
　　　　　　　　　　（実際）　2,150kg　＠¥160　¥344,000

	借　　　　　方		貸　　　　　方	
(1)	（製　　　　品）	（　600,000）	（仕　　掛　　品）	（　600,000）
(2)	（材料消費価格差異）	（　21,500）	仕　　掛　　品	（　42,500）
	材料消費数量差異	（　4,500）		
	賃　率　差　異	10,500		
	作業時間差異	2,000		
	予　算　差　異	2,500		
	操業度差異	500		
	能　率　差　異	1,000		

7　標準原価計算を採用している株式会社茨城製作所は，A製品を継続して生産している。次の資料によって，

(1)　予算差異を求めなさい。なお，解答欄の（　　）内には有利差異のときには（有利），不利差異のときには（不利）を記入しなさい。

(2)　当月の損益計算書の空欄①〜③にあてはまる金額を記入しなさい。

資　料

　ⅰ　標準原価カード

A製品	標準原価カード		
費　　目	標準消費数量	標　準　単　価	金　　　額
直接材料費	5kg	￥ 7,200	￥ 36,000
	標準直接作業時間	標　準　賃　率	
直接労務費	3時間	￥ 9,000	￥ 27,000
	標準直接作業時間	標　準　配　賦　率	
製造間接費	3時間	￥ 1,000	￥ 3,000
	製品1単位あたりの標準原価		￥ 66,000

　ⅱ　当月の製造に関するデータ

　　　月初仕掛品数量　100個（加工進捗度50%）　月末仕掛品数量　200個（加工進捗度40%）

　　　当月完成品数量　900〃

　ⅲ　当月の原価に関するデータ

　　a．直接材料費　実際消費数量　5,020kg　実際単価　￥ 7,250

　　　　ただし，直接材料は製造着手のときにすべて投入されるものとする。

　　b．直接労務費　実際直接作業時間　2,800時間　実際賃率　￥ 8,900

　　c．製造間接費　実際直接作業時間　2,800時間

　　　　実際発生額　　　　　￥ 2,950,000

　　　　製造間接費予算額　￥ 36,000,000（年間）

　　　　　　　　　　　（変動費予算額　￥ 18,000,000　固定費予算額　￥ 18,000,000）

　　　　基準操業度　　　　　36,000時間（年間）

損　益　計　算　書　　　　（単位：円）

令和○2年3月1日から令和○2年3月31日まで

Ⅰ　売　　上　　高		60,000,000	
Ⅱ　売　上　原　価			
1．期首製品棚卸高	6,600,000		
2．当期製品製造原価	（　①　）		
計	（　　）		
3．期末製品棚卸高	9,900,000		
標準売上原価	（　　）		
4．原　価　差　異	（　②　）	（　　）	
売上総利益		（　③　）	

(1)	(2)		
予　算　差　異	①	②	③
（不利）￥ 50,000	￥　　59,400,000	￥　　365,000	￥　　3,535,000

8　標準原価計算を採用している埼玉製作所は，A製品を継続して生産し，シングルプランで記帳している。次の資料によって，製造間接費勘定と仕掛品勘定を完成しなさい。

　　ただし，ⅰ　直接材料は製造着手のときにすべて投入されるものとする。

　　　　　　ⅱ　操業度差異は基準操業度と実際操業度を比較して把握している。

資　料

① 標準原価カード

A製品	標準原価カード		
	標準消費数量	標 準 単 価	金　　　額
直接材料費	5kg	¥ 7,200	¥ 36,000
	標準直接作業時間	標 準 賃 率	
直接労務費	3時間	¥ 9,000	¥ 27,000
	標準直接作業時間	標 準 配 賦 率	
製造間接費	3時間	¥ 1,000	¥ 3,000
計	製品1単位あたりの標準原価		¥ 66,000

② 生産データ

　　月初仕掛品　100個（加工進捗度50%）　　月末仕掛品　200個（加工進捗度40%）

　　当月完成品　900個

③ 実際直接作業時間　2,800時間

③ 製造間接費実際発生額　¥2,950,000

④ 製造間接費予算（公式法変動予算）

　　変 動 費 率　¥500

　　固定費予算額　¥1,500,000

　　基 準 操 業 度（直接作業時間）　3,000時間

製 造 間 接 費

素　　材	890,000	(仕 掛 品)	(2,790,000)
工場消耗品	130,000	能 率 差 異	(10,000)
賃　　金	340,000	操業度差異	(100,000)
諸　　口	1,590,000	予 算 差 異	(50,000)
	2,950,000		2,950,000

仕 掛 品

前 月 繰 越	(5,100,000)	(製　　品)	(59,400,000)
素　　材	(36,000,000)	次 月 繰 越	(9,600,000)
賃　　金	(25,110,000)		
(製造間接費)	(2,790,000)		
	(69,000,000)		(69,000,000)

9　標準原価計算を採用している大阪製作所の当月における下記の資料によって，ただし，記帳方法としてはパーシャルプランを採用している。また，基準操業度において定めた予算額をそのまま実際操業度における予算額として，製造間接費を予算管理している。

資　料

①　標準原価カード

<table>
<tr><td colspan="4" align="center">標準原価カード</td></tr>
<tr><td></td><td align="center">標準消費数量</td><td align="center">標 準 単 価</td><td align="center">金　　　額</td></tr>
<tr><td>直接材料費</td><td align="center">7kg</td><td align="center">¥　400</td><td align="center">¥　2,800</td></tr>
<tr><td></td><td align="center">標準直接作業時間</td><td align="center">標 準 賃 率</td><td></td></tr>
<tr><td>直接労務費</td><td align="center">4時間</td><td align="center">¥　1,000</td><td align="center">¥　4,000</td></tr>
<tr><td></td><td align="center">標準直接作業時間</td><td align="center">標 準 配 賦 率</td><td></td></tr>
<tr><td>製造間接費</td><td align="center">4時間</td><td align="center">¥　800</td><td align="center">¥　3,200</td></tr>
<tr><td align="center">計</td><td colspan="2" align="center">製品 1 単位あたりの標準原価</td><td align="center">¥　10,000</td></tr>
</table>

②　生産データ

当月仕掛品　　200個（加工進捗度50%）
当 月 投 入　1,000個
　合　　計　1,200個
月末仕掛品　　300個（加工進捗度40%）
完 成 品　　900個

③　実際直接材料費　¥2,652,000
　　実際消費数量　　6,800kg
　　実 際 単 価 ¥　390

④　実際直接労務費　¥3,724,000
　　実際作業時間　　3,800時間
　　実 際 賃 料 ¥　980

⑤　製造間接費実際発生額　¥3,160,000

⑥　製造間接費予算（固定予算）
　　製造間接費予算額　¥3,200,000
　　基準操業度(直接作業時間)　4,000時間

仕 掛 品

<table>
<tr><td>前 月 繰 越</td><td align="right">(1,280,000)</td><td>(製　　品)</td><td align="right">(9,000,000)</td></tr>
<tr><td>直 接 材 料 費</td><td align="right">(2,652,000)</td><td>作業時間差異</td><td align="right">(120,000)</td></tr>
<tr><td>直 接 労 務 費</td><td align="right">(3,724,000)</td><td>能 率 差 異</td><td align="right">(96,000)</td></tr>
<tr><td>(製造間接費)</td><td align="right">(3,160,000)</td><td>操業度差異</td><td align="right">(160,000)</td></tr>
<tr><td>材料消費価格差異</td><td align="right">(68,000)</td><td>次 月 繰 越</td><td align="right">(1,704,000)</td></tr>
<tr><td>材料消費数量差異</td><td align="right">(80,000)</td><td></td><td></td></tr>
<tr><td>賃 率 差 異</td><td align="right">(76,000)</td><td></td><td></td></tr>
<tr><td>予 算 差 異</td><td align="right">(40,000)</td><td></td><td></td></tr>
<tr><td></td><td align="right">(11,080,000)</td><td></td><td align="right">(11,080,000)</td></tr>
</table>

応用問題

解答p.110

1 下記の資料から次の金額を求めなさい。なお，解答欄の（　　）内には有利差異のときには（有利）と記入し，不利差異のときには（不利）と記入しなさい。

(1) 直接材料費差異　　(2) 材料消費価格差異　　(3) 材料消費数量差異

(4) 直接労務費差異　　(5) 賃　率　差　異　　(6) 作　業　時　間　差　異

資　料

① 当月直接材料費（製品1個あたりの標準消費数量　2kg）

標準直接材料費　標準単価　@¥800　　標準消費数量　（　　　　）kg

実際直接材料費　実際単価　@¥805　　実際消費数量　　3,240　kg

＊　直接材料は製造着手のときにすべて投入されたものとする。

② 当月直接労務費（製品1個あたりの標準直接作業時間　3時間）

標準直接労務費　標準賃率　@¥400　　標準直接作業時間　（　　　　）時間

実際直接労務費　実際賃率　@¥390　　実際直接作業時間　　5,000　時間

③ 当月の生産データ

月初仕掛品数量　　　　250個（加工進捗度40%）

完 成 品 数 量　　　1,600個

月末仕掛品数量　　　　300個（加工進捗度40%）

(1)	直接材料費差異　¥	31,800 （ 有利 ）	(2)	材料消費価格差異　¥	16,200 （ 不利 ）
(3)	材料消費数量差異　¥	48,000 （ 有利 ）	(4)	直接労務費差異　¥	6,000 （ 不利 ）
(5)	賃　率　差　異　¥	50,000 （ 有利 ）	(6)	作 業 時 間 差 異　¥	56,000 （ 不利 ）

2 下記の資料から次の金額を求めなさい。なお，解答欄の（　　）内には有利差異のときには（有利）と記入し，不利差異のときには（不利）と記入しなさい。

(1) 製造間接費差異　　(2) 予 算 差 異　　(3) 操 業 度 差 異　　(4) 能 率 差 異

資　料

① 標準原価カード（製品1単位あたりの製造間接費）

製造間接費	3時間	¥ 450	¥ 1,350
計		製品1個あたりの標準原価	¥ 12,000

② 実際直接作業時間　3,020時間　　　　　⑤ 生産データ

③ 製造間接費予算（公式法変動予算）　　　月初仕掛品　　120個（加工進捗度50%）

変 動 費 率　　¥　200　　　　　当 月 投 入　1,010個

固 定 費 予 算 額　¥750,000　　　合 　計　1,130個

基準操業度(直接作業時間)　3,000時間　　月末仕掛品　　160個（加工進捗度50%）

④ 製造間接費実際発生額　¥1,350,000　　完 成 品　　970個

(1)	製造間接費差異　¥	13,500 （ 不利 ）	(2)	予 算 差 異　¥	4,000 （ 有利 ）
(3)	操 業 度 差 異　¥	5,000 （ 有利 ）	(4)	能 率 差 異　¥	22,500 （ 不利 ）

3　次の資料によって，下記の勘定を完成しなさい。ただし，

ⅰ　直接材料は製造着手のときにすべて投入され，加工費は製造の進行に応じて消費されている。

ⅱ　仕掛品勘定への記入は，パーシャルプランによっている。

資　料

①　標準原価カード

標準原価カード（製品1個あたり）			
	標準消費数量	標　準　単　価	標　準　原　価
直接材料費	10kg	¥ 200	¥ 2,000
	標準作業時間	標　準　賃　率	
直接労務費	2時間	¥ 500	¥ 1,000
	標準作業時間	標　準　配　賦　率	
製造間接費	2時間	¥ 600	¥ 1,200
			¥ 4,200

②　生産データ

月初仕掛品　　150個（加工進捗度40%）

当月投入　　1,350個

合　計　　1,500個

月末仕掛品　　100個（加工進捗度50%）

完成品　　1,400個

③　実際直接材料費　¥2,829,000

実際消費数量　　13,800kg

実際単価　¥　　205

④　実際直接労務費　¥1,367,100

実際作業時間　　2,790時間

実際賃率　¥　　490

⑤　製造間接費実際発生額　¥1,680,500

⑥　製造間接費予算（公式法変動予算）

変動費率　¥　　250

固定費予算額　¥ 980,000

基準操業度（直接作業時間）　2,800時間

```
              仕　　掛　　品
前月繰越 （  432,000） 製    品 （5,880,000）
直接材料費（2,829,000） 諸    口 （  146,500）
直接労務費（1,367,100） 次月繰越 （  310,000）
製造間接費（1,680,500）
賃率差異 （   27,900）
         （6,336,500）      （6,336,500）
```

```
              製　　　品
前月繰越   420,000
製    造 （5,880,000）
```

```
          材料消費価格差異
仕掛品 （  69,000）
```

```
          材料消費数量差異
仕掛品 （  60,000）
```

```
          賃　率　差　異
                仕掛品 （  27,900）
```

```
          作　業　時　間　差　異
仕掛品 （   5,000）
```

```
          予　算　差　異
仕掛品 （   3,000）
```

```
          操　業　度　差　異
仕掛品 （   3,500）
```

```
          能　率　差　異
仕掛品 （   6,000）
```

4 標準原価計算を採用している栃木工業株式会社は，A製品を継続して生産している。次の資料によって，当月の損益計算書の空欄にあてはまる金額①～⑤を記入しなさい。なお，販売価格は製品1個あたり¥20,000である。

資料

① 標準原価カード

A製品	標準原価カード		
	標準消費数量	標準単価	金額
直接材料費	5kg	¥600	¥3,000
	標準直接作業時間	標準賃率	
直接労務費	8時間	¥500	¥4,000
	標準直接作業時間	標準配賦率	
製造間接費	8時間	¥1,000	¥8,000
	製品1単位あたりの標準原価		¥15,000

② 生産データ

    月初仕掛品   200個 (加工進捗度50%)
    当月投入   900個
      合計   1,100個
    月末仕掛品   300個 (加工進捗度50%)
    完成品   800個

③ 実際直接材料費 ¥2,666,000
    実際消費数量   4,300kg
    実際単価 ¥   620

④ 実際直接労務費 ¥3,570,000
    実際作業時間   7,000時間
    実際賃率 ¥   510

⑤ 製造間接費実際発生額 ¥7,420,000

⑥ 製造間接費予算(公式法変動予算)
    変動費率   ¥   400
    固定費予算額   ¥4,500,000
    基準操業度(直接作業時間)   7,500時間

⑦ 製品に関するデータ
    月初製品数量   400個
    当月販売数量   1,000個
    月末製品数量   200個

栃木工業 株式会社	損益計算書	(単位：円)
	令和○2年3月1日から令和○2年3月31日まで	
Ⅰ 売上高		(①)
Ⅱ 売上原価		
1．期首製品棚卸高	( )	
2．当期製品製造原価	(②)	
計	( )	
3．期末製品棚卸高	(③)	
標準売上原価	( )	
4．原価差異	(④)	( )
売上総利益		(⑤)

①	¥	20,000,000
②	¥	12,000,000
③	¥	3,000,000
④	¥	756,000
⑤	¥	4,244,000

検定問題

解答p.113

1 　標準原価計算を採用している宮崎製作所の当月における下記の資料と仕掛品勘定の記録から，仕掛品勘定の(a)〜(c)の金額を求めなさい。なお，仕掛品勘定への記帳方法は，パーシャルプランによっている。ただし，直接材料は製造着手のときにすべて投入されるものとする。

（第88回一部修正）

資　料

①標準原価カード（一部）

A製品	標準原価カード		
	標 準 消 費 数 量	標 準 単 価	金　　　額
直接材料費	5 kg	￥380	￥1,900
	標準直接作業時間	標 準 賃 率	
直接労務費	3 時間	￥900	￥2,700
	製品１個あたりの標準原価		￥6,700

②生産データ

月初仕掛品　140個（加工進捗度50%）
当 月 投 入　970個
合　　計　1,110個
月末仕掛品　150個（加工進捗度60%）
完 成 品　960個

③実際直接材料費

実 際 消 費 数 量　5,050kg
実 際 単 価　￥400

④実際直接労務費

実際直接作業時間　2,950時間
実 際 賃 率　￥940

仕　　掛　　品			
前 月 繰 越	602,000	製　　　品（　　a　　）	
材　　　料	2,020,000	材料消費価格差異（　　b　　）	
労　　　務	2,773,000	材料消費数量差異	76,000
製造間接費	2,047,000	賃 率 差 異	118,000
予 算 差 異	38,000	作業時間差異（　　c　　）	

a	￥	6,432,000	b	￥	101,000	c	￥	9,000

2 　佐賀製作所は，標準原価計算を採用し，A 製品を製造している。下記の資料によって，次の金額を求めなさい。ただし，直接材料は製造着手のときにすべて投入されるものとする。

（第59回一部修正）

　　　a．完成品の標準原価　　　　b．月末仕掛品の標準原価

資　料

①　標準原価カード

A製品	標準原価カード		
	標 準 消 費 数 量	標 準 単 価	金　　　額
直接材料費	3 kg	￥500	￥1,500
	標準直接作業時間	標 準 賃 率	
直接労務費	2 時間	￥800	￥1,600
	標準直接作業時間	標 準 配 賦 率	
製造間接費	2 時間	￥200	￥400
	製品１個あたりの標準原価		￥3,500

②　生産データ

月初仕掛品　100個
　（加工進捗度55%）
当 月 投 入　2,900個
合　　計　3,000個
月末仕掛品　250個
　（加工進捗度40%）
完 成 品　2,750個

a	完成品の標準原価　￥	9,625,000	b	月末仕掛品の標準原価　￥	575,000

3　次の各問いに答えなさい。

(1)　標準原価計算を採用している岡山製作所の当月における下記の資料から，次の金額を求めなさい。ただし，直接材料は製造着手のときにすべて投入されるものとする。なお，解答欄の（　　）のなかに不利差異の場合は（不利），有利差異の場合は（有利）と記入すること。（第94回一部修正）
　　　ａ．完成品の標準原価　　　ｂ．直接材料費差異　　　ｃ．作業時間差異

資　料

①標準原価カード

標準原価カード			
	標準消費数量	標準単価	金　額
直接材料費	5 kg	￥ 400	￥ 2,000
	標準直接作業時間	標準賃率	
直接労務費	2 時間	￥ 1,500	￥ 3,000
	標準直接作業時間	標準配賦率	
製造間接費	2 時間	￥ 1,300	￥ 2,600
	製品1単位あたりの標準原価		￥ 7,600

②生産データ
月初仕掛品　200個（加工進捗度30%）
当月投入　850個
合計　1,050個
月末仕掛品　300個（加工進捗度40%）
完成品　750個
③実際直接材料費　￥1,722,000
④実際直接労務費
　実際直接作業時間　1,650時間
　実際賃率　￥ 1,450

a	￥ 5,700,000	b	￥ 22,000（不利）	c	￥ 45,000（不利）

(2)　標準原価計算を採用している長崎製作所の当月における下記の資料と製造勘定から，次の金額を求めなさい。なお，仕掛品勘定への記帳方法は，パーシャルプランによっている。
（第85回一部修正）
　　　ａ．仕掛品勘定の労務費（アの金額）　　ｂ．仕掛品勘定の次月繰越（イの金額）　　ｃ．予算差異
　　ただし，ⅰ　直接材料は製造着手のときにすべて投入されるものとする。
　　　　　　ⅱ　解答欄の（　　）のなかに不利差異の場合は（不利），有利差異の場合は（有利）と記入すること。

資　料

①標準原価カード

A製品 標準原価カード			
	標準消費数量	標準単価	金　額
直接材料費	4 kg	￥ 600	￥ 2,400
	標準直接作業時間	標準賃率	
直接労務費	3 時間	￥ 1,000	￥ 3,000
	標準直接作業時間	標準配賦率	
製造間接費	3 時間	￥ 1,200	￥ 3,600
	製品1個あたりの標準原価		￥ 9,000

②生産データ
月初仕掛品　200個（加工進捗度60%）
当月投入　800個
合計　1,000個
月末仕掛品　300個（加工進捗度50%）
完成品　700個
③実際直接材料費
　実際消費数量　3,250kg
　実際単価　￥580
④実際直接労務費
　実際直接作業時間　2,200時間
　実際賃率　￥1,060
⑤製造間接費実際発生額　￥2,728,000
⑥製造間接費予算（公式法変動予算）
　変動費率　￥500
　固定費予算額　￥1,610,000
　基準操業度(直接作業時間)　2,300時間

仕　掛　品			
前月繰越	1,272,000	製　品（　　　）	
材　料（　　　）		諸　口	207,000
労　務　費（ ア ）		次月繰越（ イ ）	
製造間接費（　　　）			
（　　　）		（　　　）	

a	仕掛品勘定の労務費　￥ 2,332,000	b	仕掛品勘定の次月繰越　￥ 1,710,000
c	予　算　差　異　￥ 18,000　（不利）		

第2章　直接原価計算

学習の要点 ●●●

1．直接原価計算の意味

(1) **直接原価計算**は，製品の原価を変動費と固定費に分け，このうち変動費だけで製造原価を計算し，固定費はその会計期間の費用として計算する方法である。

(2) 製品の製造に関連して生じたすべての原価要素を製品の原価として集計する全部原価計算に対して，直接原価計算は原価要素の一部だけで製造原価を計算するので**部分原価計算**の一つである。

(3) 売上高と直接連動する変動費だけで製品の原価を計算することにより，一定期間に必要とされる目標利益を設定し，目標利益を達成するために必要な売上高や原価などの利益計画をたてることができる。

2．直接原価計算の手続きと直接原価計算による損益計算書

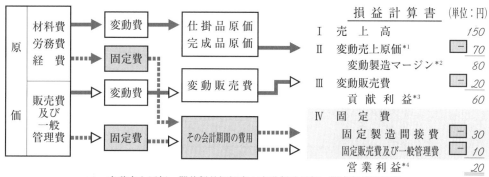

```
　損　益　計　算　書　（単位：円）
Ⅰ　売　上　高　　　　　　　　　　　150
Ⅱ　変動売上原価*1　　　　［－］ 70
　　変動製造マージン*2　　　　　　　 80
Ⅲ　変動販売費　　　　　　　［－］ 20
　　貢　献　利　益*3　　　　　　　　 60
Ⅳ　固　定　費
　　固定製造間接費　　　　　［－］ 30
　　固定販売費及び一般管理費［－］ 10
　　営　業　利　益*4　　　　　　　　 20
```

* ＊1　変動売上原価＝期首製品棚卸高＋変動製造原価－期末製品棚卸高
* ＊2　変動製造マージン＝売上高－変動売上原価
* ＊3　貢献利益＝変動製造マージン－変動販売費
* ＊4　営業利益＝貢献利益－固定費

3．損益分岐分析(CVP分析)

(1) 一定期間の売上高と総費用(変動費＋固定費)が等しく，利益も損失も生じない一致点を**損益分岐点**といい，利益をあげるためには，損益分岐点の売上高を上回る売上が必要となる。

(2) 売上高(営業量：volume)の増減に対して，原価(cost)と利益(profit)がどのように変化していくかを計算し，分析することを**損益分岐分析(CVP分析)**という。

(3) 損益分岐点・目標営業利益を達成するための売上高の算定
　　計算にあたって，売上高と変動費・貢献利益(固定費＋営業利益)の金額を明らかにする。

【（　）内の数字は上記**2**の損益計算書の数字を使用している】

売上高(¥150)
┬ 変　動　費(¥90＝変動売上原価¥70＋変動販売費¥20)
└ 貢献利益(¥60＝固定費¥40＋営業利益 ¥20)

$$変動費率(0.6) = \frac{変動費(¥90)}{売上高(¥150)} \qquad 貢献利益率(0.4) = \frac{貢献利益(¥60)}{売上高(¥150)}$$

【1−0.6（変動費率）＝0.4（貢献利益率）でも計算できる】

$$損益分岐点の売上高(¥100) = \frac{固定費(¥40)}{貢献利益率(0.4)}$$

目標営業利益を¥50とした場合

$$目標営業利益を達成するための売上高(¥225) = \frac{固定費(¥40)+目標営業利益(¥50)}{貢献利益率(0.4)}$$

損益分岐図表

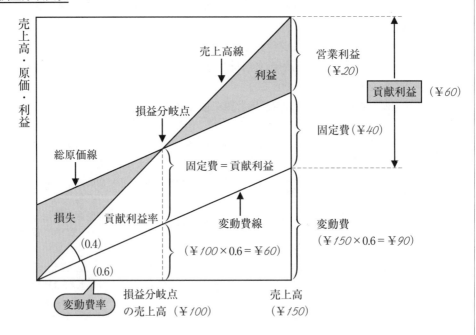

研究　固定費調整

　直接原価計算で営業利益を計算した場合には，期末の製品と仕掛品に含まれている固定製造間接費を加算し，期首製品と期首仕掛品に含まれている固定製造間接費を減算することで，全部原価計算による営業利益を計算することができる。この手続きを固定費調整という。

全部原価計算による営業利益	＝	直接原価計算による営業利益	＋	期末製品・期末仕掛品に含まれる固定製造間接費	−	期首製品・仕掛品に含まれる固定製造間接費

基本例題

　鳥取製作所では，直接原価計算をおこない利益計画をたてている。当月における下記の資料から，次の各問いに答えなさい。

(1)　鳥取製作所の直接原価計算による損益計算書を完成しなさい。

(2)　①　損益分岐点の売上高を求めなさい。

　　　②　目標営業利益¥300,000を達成するための売上高を求めなさい。

　　　③　売上高が¥2,000,000のときの営業利益を求めなさい。

資　料

　①　販　売　数　量　　1,200個

　②　販　売　単　価　　¥ 800

　③　製　造　費　用　　変動費（製品1個あたり）¥500　固定費　¥85,000

　④　販売費及び一般管理費　変動費（製品1個あたり）¥ 60　固定費　¥35,000

解　答

(1)　直接原価計算による損益計算書

```
鳥取製作所              損 益 計 算 書           （単位：円）
 Ⅰ　売　　上　　高                        （    960,000）
 Ⅱ　変 動 売 上 原 価                      （    600,000）
      変動製造マージン                      （    360,000）
 Ⅲ　変 動 販 売 費                        （     72,000）
      貢　献　利　益                        （    288,000）
 Ⅳ　固　　定　　費
      1．固 定 製 造 間 接 費   （    85,000）
      2．固定販売費及び一般管理費 （    35,000）  （    120,000）
      営　業　利　益                        （    168,000）
```

(2)

①	損益分岐点の売上高	¥	400,000
②	目標営業利益¥300,000を達成するための売上高	¥	1,400,000
③	売上高が¥2,000,000のときの営業利益	¥	480,000

ポイント

(1)　全部原価計算による損益計算書と直接原価計算による損益計算書

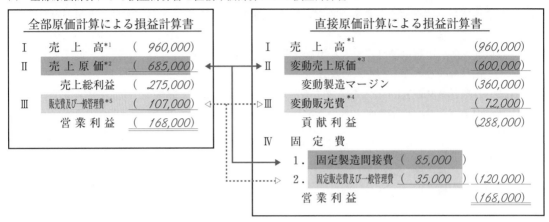

* 1　売　上　高　@¥800（販売単価）×1,200個＝¥960,000
* 2　売　上　原　価
　　　変動製造原価　　　@¥500×1,200個＝¥600,000
　　　固定製造間接費（月額）　　　　　¥ 85,000
　　　　　　　　　　　　　　　　　　　¥685,000
* 3　変動売上原価　@¥500（変動製造原価の単価）×1,200個＝¥600,000
* 4　変動販売費　@¥ 60（変動販売費の単価）×1,200個＝¥ 72,000
* 5　販売費及び一般管理費
　　　¥ 72,000（変動販売費）＋¥ 35,000（固定販売費及び一般管理費）＝¥107,000

(2)　損益分岐分析（CVP分析）　p.175「3．損益分岐分析（CVP分析）」参照。
　　　上記の直接原価計算による損益計算書から，売上高と変動費・貢献利益の金額を明らかにする。

売上高¥960,000 ─┬─ 変　動　費¥672,000（変動売上原価¥600,000＋変動販売費¥72,000）

　　　　　　　　　└─ 貢献利益¥288,000（売上高¥960,000－変動費¥672,000）

＝

（固定費¥120,000＋営業利益¥168,000）

$$変動費率(0.7)＝\frac{変動費（¥672,000）}{売上高（¥960,000）}$$

貢献利益率(0.3)＝1－変動費率(0.7)

「目標営業利益を達成するための売上高」を求める式で，下の①〜③の答えを計算することができる。

①　$\dfrac{¥120,000（固定費）＋¥0（営業利益）}{0.3（貢献利益率）}$ ＝¥400,000（損益分岐点の売上高）

②　$\dfrac{¥120,000（固定費）＋¥300,000（目標営業利益）}{0.3（貢献利益率）}$ ＝¥1,400,000
　　　　　　　　　　　　　　　　　　　　　　　　　　　　（目標営業利益¥300,000を達成するための売
　　　　　　　　　　　　　　　　　　　　　　　　　　　　上高）

③　$\dfrac{¥120,000（固定費）＋X（営業利益）}{0.3（貢献利益率）}$ ＝¥2,000,000

　　X＝¥480,000（売上高が¥2,000,000のときの営業利益）

基本問題

解答p.114

1　次の各文の◻のなかに，下記の語群のなかから，もっとも適当なものを選び，その番号を記入しなさい。

(1)　製品の製造に関連して発生したすべての要素を集計し，計算する原価計算の方法を◻ ア ◻というのに対して，原価要素の一部を集計・計算する原価計算の方法もある。その代表的なものとして，企業の利益計画の設定などのために◻ イ ◻だけで原価を計算する直接原価計算がある。

(2)　一定期間の売上高と総費用が等しく，利益も損失も生じない一致点を◻ ウ ◻という。売上高が◻ ウ ◻の売上高を上回った場合には営業利益が生じる。この営業利益は，◻ エ ◻から固定費を差し引いて求めることができる。

語群　1．標準原価計算　　2．全部原価計算　　3．損益分岐点　　4．直接原価計算
　　　5．貢 献 利 益　　6．売 上 高　　7．固 定 費　　8．変 動 費

(1)		(2)	
ア	イ	ウ	エ
2	8	3	5

2　下記の資料によって，次の各問いに答えなさい。
(1)　全部原価計算による損益計算書を完成しなさい。
(2)　直接原価計算による損益計算書を完成しなさい。

資料
① 販　売　数　量　1,000個
② 販　売　単　価　¥2,000
③ 製　造　費　用　変動費（製品1個あたり）¥900　固定費　¥200,000
　　　　　　　　　なお，固定費¥200,000はすべて固定製造間接費である。
④ 販売費及び一般管理費　変動費（製品1個あたり）¥100　固定費　¥300,000

(1)　全部原価計算による損益計算書

損 益 計 算 書　　（単位：円）
Ⅰ　売　　上　　高　　（　2,000,000　）
Ⅱ　売　上　原　価　　（　1,100,000　）
　　　売 上 総 利 益　（　900,000　）
Ⅲ　販売費及び一般管理費（　400,000　）
　　　営　業　利　益　（　500,000　）

(2)　直接原価計算による損益計算書

損 益 計 算 書　　（単位：円）
Ⅰ　売　上　高　　　　　　　　　　　（　2,000,000　）
Ⅱ　変 動 売 上 原 価　　　　　　　　（　900,000　）
　　　変動製造マージン　　　　　　　（　1,100,000　）
Ⅲ　変 動 販 売 費　　　　　　　　　（　100,000　）
　　　貢　献　利　益　　　　　　　　（　1,000,000　）
Ⅳ　固 定 製 造 間 接 費　（　200,000　）
　　固定販売費及び一般管理費（　300,000　）（　500,000　）
　　　営　業　利　益　　　　　　　　（　500,000　）

3 福岡製作所は，直接原価計算をおこない利益計画をたてている。当月における下記の損益計算書から，次の金額または数量を求めなさい。なお，製品の販売単価は¥5,000である。

(1) 変動費の合計額
(2) 損益分岐点の売上高
(3) 目標営業利益¥1,200,000を達成するための売上高
(4) 目標営業利益¥1,200,000を達成するための販売数量
(5) 売上高が¥9,000,000だった場合の営業利益

	損　益　計　算　書	（単位：円）
Ⅰ　売　　上　　高		5,000,000
Ⅱ　変　動　売　上　原　価		2,500,000
変　動　製　造　マ　ー　ジ　ン		2,500,000
Ⅲ　変　動　販　売　費		500,000
貢　　献　　利　　益		2,000,000
Ⅳ　固　定　製　造　間　接　費	400,000	
固　定　販　売　費　及　び　一　般　管　理　費	800,000	1,200,000
営　　業　　利　　益		800,000

(1)	¥	3,000,000	(2)	¥	3,000,000
(3)	¥	6,000,000	(4)		1,200　個
(5)	¥	2,400,000			

4 次の文の□□□のなかに，適当な金額または数量を記入しなさい。

埼玉製作所は，1個あたり¥1,000でX製品を販売している。短期利益計画を立案するために総原価を変動費と固定費に分け，直接原価計算による損益計算書を作成したところ，X製品を2,000個販売した場合の変動費は¥800,000　固定費は¥900,000　営業利益は¥□a□であった。

この損益計算書をもとに計算した損益分岐点の売上高は¥□b□であり，目標営業利益¥450,000を達成するための販売数量は□c□個であることがわかる。

a	¥	300,000	b	¥	1,500,000	c		2,250　個

5 次の文の□□□のなかに，適当な金額または数量を記入しなさい。

愛媛製作所では，1個あたり¥2,000でY製品を販売している。短期利益計画を立案するために総原価を変動費と固定費に分け，直接原価計算による損益計算書を作成したところ，製品1個あたりの変動製造費は¥600で，製品1個あたりの変動販売費は¥200であった。また，固定製造間接費と固定販売費及び一般管理費の合計額は¥1,080,000である。したがって損益分岐点の売上高は，□a□となる。

このとき目標営業利益¥828,000を達成するためには，Y製品を□b□個販売しなければならない。

a	¥	1,800,000	b		1,590　個

応用問題

解答p.115

1 次の文の ▢ のなかに，適当な金額・数量・比率を記入しなさい。

　三重製作所は，直接原価計算をおこない利益計画をたてている。当月における次の資料から，損益計算書を作成したところ，営業利益は¥ a で，損益分岐点の販売数量は b 個であった。

　今後，変動費が製品1個あたり¥*2,090*になることが予想される。販売数量および販売単価は当月と変わらない場合，目標営業利益¥*1,344,000*を達成するためには，固定費を c ％削減する必要がある。

資　料
① 販売数量　1,600個　　③変動費　¥*2,000*（製品1個あたり）
② 販売単価　¥*5,000*　　④固定費　¥*3,450,000*

a	¥　*1,350,000*	b	1,150　個	c	4　％

2 奈良製作所では，直接原価計算をおこない利益計画をたてている。当月における下記の資料から，次の金額または数量を求めなさい。

　a．販売数量が*3,500*個のときの営業利益
　b．損益分岐点の売上高
　c．目標営業利益¥*3,696,000*を達成するための販売数量

資　料
① 販売単価　　　　　　　　　¥*1,400*　　③ 販売費及び一般管理費
② 製造費用　　　　　　　　　　　　　　　　変動販売費（製品1個あたり）　　¥*180*
　 変動製造費（製品1個あたり）　¥*450*　　　固定販売費及び一般管理費　　¥*710,000*
　 固定製造間接費　¥*1,600,000*

a	¥　*385,000*	b	¥　*4,200,000*	c	7,800　個

3 次の文の ▢ にあてはまるもっとも適当な語句を，下記の語群のなかから選び，その番号を記入しなさい。

　直接原価計算では，一定期間の売上高から変動売上原価と変動販売費を差し引くことによって，売上高と比例関係にある ▢ を計算する。

　1．固定費　　2．変動製造マージン　　3．固定費　　4．貢献利益

4

検定問題

解答p.116

1 鹿児島製作所では，直接原価計算をおこない利益計画をたてている。当月における下記の資料から，次の金額または数量を求めなさい。 （第88回）

a．損益分岐点の売上高

b．目標営業利益¥720,000を達成するための販売数量

c．販売単価を20%引き下げた場合の損益分岐点販売数量

資　料

① 販売単価　　　　　　　　　¥2,500　　③ 販売費及び一般管理費

② 製造費用　　　　　　　　　　　　　　　　変動販売費（製品1個あたり）　　　¥200

　　変動製造費（製品1個あたり）¥800　　　　固定販売費及び一般管理費　¥380,000

　　固定製造間接費　　　¥550,000

a	¥	*1,550,000*	b		*1,100* 個	c		*930* 個

2 愛媛製作所では，直接原価計算をおこない利益計画をたてている。当月における下記の資料から，次の金額または数量を求めなさい。 （第90回）

a．販売数量が7,000個のときの営業利益

b．損益分岐点の売上高

c．目標営業利益¥7,392,000を達成するための販売数量

資　料

① 販売単価　　　　　　　　　¥2,800　　③ 販売費及び一般管理費

② 製造費用　　　　　　　　　　　　　　　　変動販売費（製品1個あたり）　　　¥360

　　変動製造費（製品1個あたり）¥900　　　　固定販売費及び一般管理費　¥1,420,000

　　固定製造間接費　　　¥3,200,000

a	¥	*6,160,000*	b	¥	*8,400,000*	c		*7,800* 個

3 大阪製作所では，直接原価計算をおこない利益計画をたてている。当月における下記の資料から，次の金額または数量を求めなさい。なお，目標営業利益は当月と比べて25%増加させた金額とする。 （第93回）

a．損益分岐点の売上高

b．目標営業利益を達成するための販売数量

c．変動製造費が製品1個あたり¥50増加した場合の損益分岐点の売上高

資　料

① 販売数量　　　　3,200個　　④ 変動販売費（製品1個あたり）　　　¥200

② 販売単価　　　　¥5,000　　⑤ 固定製造間接費　　　¥3,024,000

③ 変動製造費（製品1個あたり）¥2,350　　⑥ 固定販売費及び一般管理費　　　¥504,000

a	¥	*7,200,000*	b		*3,640* 個	c	¥	*7,350,000*

4　福岡製作所では，A製品を1個あたり¥2,000で販売している。この製品を3,000個製造・販売したときの全部原価計算および直接原価計算の損益計算書は下記のとおりである。よって，直接原価計算による次の金額または数量を求めなさい。ただし，月初・月末の仕掛品および製品はなかった。

（第91回）

　　　　a．損益分岐点の売上高
　　　　b．営業利益を2倍にするための販売数量
　　　　c．変動製造マージン（　ア　）の金額

資　料

（全部原価計算による）		
福岡製作所　　損益計算書		（単位：円）
Ⅰ　売　上　高		6,000,000
Ⅱ　売　上　原　価		4,310,000
売上総利益		1,690,000
Ⅲ　販売費及び一般管理費		1,234,000
営　業　利　益		456,000

（直接原価計算による）		
福岡製作所　　損益計算書		（単位：円）
Ⅰ　売　上　高		6,000,000
Ⅱ　変動売上原価		（　　　）
変動製造マージン		（　ア　）
Ⅲ　変動販売費		（　　　）
貢　献　利　益		2,280,000
Ⅳ　固　定　費		
1．固定製造間接費	1,520,000	
2．固定販売費及び一般管理費	304,000	1,824,000
営　業　利　益		456,000

a	¥　　4,800,000	b	3,600　個	c	¥　　3,210,000

5　愛知製作所では，直接原価計算をおこない利益計画をたてている。当月における下記の資料から，次の金額または数量を求めなさい。

（第85回）

　　　　a．当月の営業利益　　　b．損益分岐点の売上高
　　　　c．目標営業利益¥324,000を達成するための販売数量

資　料
　①　月初製品棚卸高　　　0個　　　⑤　製　造　費　用
　②　完成品数量　1,500個　　　　　　変動製造費（製品1個あたり）　¥　400
　③　月末製品棚卸高　　500個　　　　固定製造間接費　　　　　　　¥120,000
　④　販　売　単　価　¥900　　　⑥　販売費及び一般管理費
　　　　　　　　　　　　　　　　　　　変動販売費（製品1個あたり）　¥　50
　　　　　　　　　　　　　　　　　　　固定販売費及び一般管理費　　¥ 60,000

a	当月の営業利益	¥	270,000
b	損益分岐点の売上高	¥	360,000
c	目標営業利益¥324,000を達成するための販売数量		1,120　個

Ⅶ 形式別実践問題

第1章 仕訳問題

解答p.118

1 次の取引の仕訳を示しなさい。

(1) 和歌山工業株式会社は，会計期末にあたり，製造間接費配賦差異勘定の残高を売上原価勘定に振り替えた。なお，製造間接費配賦差異勘定の前月繰越高は，¥20,000（貸方）であり，当月の製造間接費の実際発生額は予定配賦額より¥4,000多く，この額は製造間接費配賦差異勘定に振り替えられている。

(2) 個別原価計算を採用している奈良製作所の月末における買入部品の実地棚卸数量は800個であった。よって，次の買入部品に関する当月の資料にもとづいて，買入部品勘定の残高を修正した。ただし，消費単価の計算は総平均法によっている。

前月繰越高　　1,300個　@¥2,500　¥3,250,000
当月仕入高　　2,600〃　@¥2,800　¥7,280,000
当月消費数量　3,040〃

(3) 組別総合原価計算を採用している滋賀工業株式会社における1月分の原価計算表の金額は，次のとおりであった。

	A　組	B　組
当月製造費用	¥ 9,168,000	¥ 2,030,000
月初仕掛品原価	¥ 630,000	¥ 431,000
月末仕掛品原価	¥ 798,000	¥ 513,000

(4) 単純総合原価計算を採用している兵庫製作所において，製品の完成とともに副産物が発生した。ただし，総合原価は¥4,056,000であり，そのうち副産物の評価は¥210,000であった。

(5) 工場会計が独立している岡山工業株式会社の本社は，決算にさいし，建物の減価償却費¥1,150,000を計上した。ただし，このうち¥490,000は工場の建物に対するものであり，建物減価償却累計額勘定は本社のみに設けてある。（本社の仕訳）

(6) 単純総合原価計算を採用している広島製作所では，月末に特許権使用料の月割額を計上した。ただし，1年分の特許権使用料は¥1,440,000である。

	借　　　　　方		貸　　　　　方	
(1)	製造間接費配賦差異	16,000	売 上 原 価	16,000
(2)	棚 卸 減 耗 損	162,000	買 入 部 品	162,000
(3)	A 組 製 品	9,000,000	A 組 仕 掛 品	9,000,000
	B 組 製 品	1,948,000	B 組 仕 掛 品	1,948,000
(4)	製 品	3,846,000	仕 掛 品	4,056,000
	副 産 物	210,000		
(5)	減 価 償 却 費	660,000	建物減価償却累計額	1,150,000
	工 場	490,000		
(6)	仕 掛 品	120,000	特 許 権 使 用 料	120,000

2　次の取引の仕訳を示しなさい。
(1)　個別原価計算を採用している富山製作所では，製造指図書＃101の製品が仕損となった。よって，補修指図書＃101-1を発行して補修をおこない，補修のために消費した素材¥30,000および賃金¥49,000を仕損費勘定に計上した。
(2)　単純総合原価計算を採用している新潟製作所は，月末に工場の従業員に対する賞与の月割額を計上した。なお，半年分の賞与の支払予定額は¥1,140,000である。
(3)　等級別総合原価計算を採用している大阪製作所の1月分の製品の販売に関する資料は，次のとおりであった。よって，売上高および売上原価を計上した。

	1級製品	2級製品
売上高(掛け)	¥ 1,780,000	¥ 569,000
売上製品原価	¥ 844,000	¥ 321,000

(4)　個別原価計算を採用している石川製作所の1月末における素材の実地棚卸高は440kgであった。よって，次の素材に関する1月の資料にもとづいて，素材勘定の残高を修正した。なお，消費単価の計算は先入先出法によっている。

　　　　1月1日　前月繰越　1,200kg　1kgにつき¥3,690　¥4,428,000
　　　　　9日　受け入れ　1,000kg　1kgにつき¥3,765　¥3,765,000
　　　　　14日　払い出し　1,600kg
　　　　　21日　受け入れ　1,400kg　1kgにつき¥3,675　¥5,145,000
　　　　　27日　払い出し　1,520kg

(5)　工場会計が独立している山形製作所の本社は，工場から製品¥7,350,000（製造原価）を得意先秋田商店に引き渡したとの通知を受けたので，売上高(掛け)¥10,500,000および売上原価を計上した。ただし，売上勘定と売上原価勘定は本社に，製品に関する勘定は工場に設けてある。（本社の仕訳）
(6)　青森工業株式会社は，本月分の賃金を次のとおり小切手を振り出して支払った。ただし，諸手当は賃金勘定に含めないで処理する。
　　　賃金総額　¥2,430,000　諸手当　¥497,000
　　　うち，控除額　所得税　¥135,000　健康保険料¥89,000
(7)　個別原価計算を採用している福井製作所では，製造指図書＃9の製品の全部が仕損となり，新たに製造指図書＃9-1を発行して代品を製造した。各製造指図書に集計された製造原価は次のとおりであり，仕損費を計上した。
　　　製造指図書＃9　¥210,000　製造指図書＃9-1　¥132,000

	借　方		貸　方	
(1)	仕 損 費	79,000	素　　　材	30,000
			賃　　　金	49,000
(2)	仕 掛 品	190,000	従業員賞与手当	190,000
(3)	売 掛 金	2,349,000	売　　上	2,349,000
	売 上 原 価	1,165,000	1 級 製 品	844,000
			2 級 製 品	321,000
(4)	棚 卸 減 耗 損	147,000	素　　　材	147,000
(5)	売 掛 金	10,500,000	売　　上	10,500,000
	売 上 原 価	7,350,000	工　　場	7,350,000
(6)	賃　　金	2,430,000	所得税預り金	135,000
	従業員賞与手当	497,000	健康保険料預り金	89,000
			当 座 預 金	2,703,000
(7)	仕 損 費	210,000	仕 掛 品	210,000

3 次の取引の仕訳を示しなさい。

(1) 個別原価計算を採用している岩手工業株式会社では、製造指図書#8の製造中に作業くずが発生した。よって、これを¥*47,000*と評価し、製造指図書#8の製造原価から差し引いた。

(2) 個別原価計算を採用している宮城工業株式会社は、月末に工場の建物に対する減価償却費の月割額を消費高として計上した。ただし、1年分の減価償却費は¥*2,040,000*である。

(3) 単純総合原価計算を採用している福島製作所の工場は、本社の指示により製造原価¥*2,250,000*の製品を得意先茨城商店に発送した。ただし、工場会計は本社会計から独立しており、売上勘定と売上原価勘定は本社に、製品に関する勘定は工場に設けてある。(工場の仕訳)

(4) 工程別総合原価計算を採用している栃木工業株式会社は、月末に工程別総合原価計算表を作成し、各工程の完成品原価を次のとおり計上した。ただし、各工程の完成品原価はすべていったん倉庫に保管しており、当月中に倉庫から第2工程(最終工程)に投入した第1工程の完成品原価は¥*2,680,000*である。なお、当社では第1工程の完成品原価をすべて第1工程半製品勘定に振り替えている。

    第1工程 ¥*1,980,000*　　第2工程 ¥*3,120,000*

(5) 本月分の賃金支払帳は次のとおりであった。よって、正味支払高を小切手を振り出して支払った。ただし、諸手当は賃金勘定に含めないで処理している。

賃　金　支　払　帳

番号	氏名	支払高			控除額			正味支払高
		基本賃金	諸手当	合　　　計	所得税	健康保険料	合　　　計	
		1,450,000	243,000	1,693,000	111,000	62,000	173,000	1,520,000

(6) 個別総合原価計算を採用している茨城製作所は、製造間接費について部門別計算をおこなっている。次の資料により、製造部門費の当月分を予定配賦した。ただし、直接作業時間を基準として予定配賦している。

	年間製造間接費予算	年間予定直接作業時間	当月実際直接作業時間
第1製造部門	¥*10,230,000*	18,600時間	1,600時間
第2製造部門	¥ *6,120,000*	15,300時間	1,300時間

(7) 工場会計が独立している埼玉製作所の本社は、得意先神奈川商店に製品200個を販売単価¥*1,500*で掛け売りした。なお、この製品の製造原価は1個あたり¥*700*である。ただし、製品勘定は工場に設けてある。(本社の仕訳)

	借　　　　　方		貸　　　　　方	
(1)	作　業　く　ず	47,000	仕　　掛　　品	47,000
(2)	製　造　間　接　費	170,000	減　価　償　却　費	170,000
(3)	本　　　　　社	2,250,000	製　　　　　品	2,250,000
(4)	第1工程半製品	1,980,000	第1工程仕掛品	1,980,000
	第2工程仕掛品	2,680,000	第1工程半製品	2,680,000
	製　　　　　品	3,120,000	第2工程仕掛品	3,120,000
(5)	賃　　　　　金	1,450,000	所得税預り金	111,000
	従業員賞与手当	243,000	健康保険料預り金	62,000
			当　座　預　金	1,520,000
(6)	仕　　掛　　品	1,400,000	第1製造部門費	880,000
			第2製造部門費	520,000
(7)	売　　掛　　金	300,000	売　　　　　上	300,000
	売　上　原　価	140,000	工　　　　　場	140,000

4　次の取引の仕訳を示しなさい。

(1)　等級別総合原価計算を採用している鹿児島産業株式会社において，1級製品1,600個，2級製品2,400個，3級製品3,600個が完成した。ただし，完成品の総合原価は¥4,080,000であり，等価係数は次の各製品1個あたりの重量を基準としている。

　　　　1級製品　140g　　　2級製品　100g　　　3級製品　60g

(2)　個別原価計算を採用している大分製作所において，製造指図書#121の製品全部が仕損となり，新たに製造指図書#121－1を発行し，代品の製造を開始したので，本日，仕損費を計上した。ただし，製造指図書#121に集計された製造原価は¥980,000であり，仕損品の評価額は¥70,000である。

(3)　個別原価計算を採用している長崎製作所は，補助部門費を次の配賦基準により，直接配賦法で各製造部門に配賦した。ただし，部門費配分表に集計された補助部門費の金額は，動力部門費¥135,000　修繕部門費¥90,000であった。

	配 賦 基 準	第1製造部門	第2製造部門	動 力 部 門	修 繕 部 門
動力部門費	kW数×運転時間数	15kW×300時間	12kW×250時間	－	10kW×150時間
修繕部門費	修 繕 回 数	5回	4回	3回	－

(4)　組別総合原価計算を採用している宮崎工業株式会社は，組間接費を各組の直接費を基準として配賦率を求め，A組とB組に配賦した。なお，当月の製造費用は次のとおりである。

	A組直接費	B組直接費	組 間 接 費
材 料 費	¥6,700,000	¥3,300,000	¥1,140,000
労 務 費	¥8,352,000	¥4,048,000	¥1,960,000
経 費	¥3,148,000	¥2,452,000	¥3,900,000

(5)　工場会計が独立している福岡工業株式会社の工場は，本社から工場の従業員に対する健康保険料¥124,000を支払ったとの通知を受けた。ただし，健康保険料¥124,000のうち半額は事業主負担分であり，半分は従業員負担分である。なお，健康保険料預り金勘定は本社のみに設けてある。（工場の仕訳）

(6)　個別原価計算を採用している佐賀工業株式会社は，補修指図書#102－1に集計された製造原価¥301,000を仕損費勘定に計上していたが，本日，これを製造指図書#102に賦課した。

(7)　熊本製作所は，会計期末にあたり，材料消費価格差異勘定の残高を売上原価勘定に振り替えた。なお，材料消費価格差異勘定の前月繰越高は，¥7,000（貸方）であり，当月の素材の実際消費高は予定消費高より¥12,000多く，この額は残量消費価格差異勘定に振り替えられている。

	借　　　方		貸　　　方	
(1)	1 級 製 品	1,344,000	仕 掛 品	4,080,000
	2 級 製 品	1,440,000		
	3 級 製 品	1,296,000		
(2)	仕 損 品	70,000	仕 掛 品	980,000
	仕 損 費	910,000		
(3)	第1製造部門費	131,000	動 力 部 門 費	135,000
	第2製造部門費	94,000	修 繕 部 門 費	90,000
(4)	A 組 仕 掛 品	4,550,000	組 間 接 費	7,000,000
	B 組 仕 掛 品	2,450,000		
(5)	健 康 保 険 料	62,000	本 社	62,000
(6)	仕 掛 品	301,000	仕 損 費	301,000
(7)	売 上 原 価	5,000	材料消費価格差異	5,000

第2章 総合原価計算の問題　解答p.120

1 静岡製作所は，組別総合原価計算を採用し，A組製品とB組製品を製造している。次の資料によって，
(1) A組仕掛品勘定を完成しなさい。
(2) B組製品の月末仕掛品原価を求めなさい。
　ただし，ⅰ　組間接費は機械運転時間を基準として配賦する。
　　　　　ⅱ　素材は製造着手のときにすべて投入され，加工費は製造の進行に応じて消費されるものとする。
　　　　　ⅲ　月末仕掛品原価の計算は平均法による。

資　料
a.　月初仕掛品原価
　　A組　¥413,000（素材費　¥242,000　加工費　¥171,000）
　　B組　¥253,000（素材費　¥116,000　加工費　¥137,000）
b.　当月製造費用
　①　材料費
　　素材の消費高は，1個あたり¥2,000の予定価格を用いて計算している。
　　素材　A組　1,040個　　B組　657個
　　工場消耗品（組間接費）　¥462,000
　②　労務費
　　賃金の消費高は作業時間1時間につき¥840の予定賃率を用いて計算している。
　　A組　1,800時間　　B組　1,900時間　　間接作業　300時間
　　また，健康保険料の事業主負担分¥145,000を消費している。
　③　経費
　　外注加工賃　¥483,000（A組　¥255,000　　B組　¥228,000）
　　電力料　¥190,000　保険料　¥91,000　減価償却費　¥270,000
　④　組間接費¥1,410,000を，次の機械運転時間を基準に配賦する。
　　A組　2,145時間　　B組　1,430時間
c.　生産データ

	A　組	B　組
月初仕掛品	1,000個（加工進捗度50%）	500個（加工進捗度60%）
当月投入	2,600個	3,900個
合計	3,600個	4,400個
月末仕掛品	800個（加工進捗度50%）	600個（加工進捗度40%）
完成品	2,800個	3,800個

(1)
A 組 仕 掛 品

前月繰越	413,000	(A組製品)	(4,242,000)
素　　材	(2,080,000)	次月繰越	(864,000)
労 務 費	(1,512,000)		
外注加工賃	(255,000)		
(組間接費)	(846,000)		
	(5,106,000)		(5,106,000)

(2)
B組製品の月末仕掛品原価	¥	345,000

2　大井製作所は，等級別総合原価計算を採用し，1級製品・2級製品を製造している。なお，同社では，単純総合原価計算によって総合原価を計算した後，等級別製品の原価を計算している。次の仕掛品勘定と資料によって，単純総合原価計算表と等級別総合原価計算表を完成しなさい。

　　　ただし，ⅰ　素材・加工費とも製造の進行に応じて消費されるものとする。
　　　　　　　ⅱ　月末仕掛品原価の計算は平均法による。
　　　　　　　ⅲ　等価係数は，各製品の1個あたりの重量を基準とする。

資　料
　a. 当月製造費用（一部）
　　① 素　材
　　　当月実際消費数量　2,500個
　　　予定価格　　@¥1,100
　　　実際価格　　@¥1,040
　　② 賃　金
　　　当月支払高　¥1,641,000
　　　前月未払高　¥　172,000
　　　当月未払高　¥　203,000
　b. 月初仕掛品　素材費　¥240,000　　加工費　¥258,000
　c. 月末仕掛品　400個（加工進捗度50%）
　d. 完成品数量　2,400個

仕　掛　品

前 月 繰 越	498,000	諸　　　口	(　　　　)
素　　　材	(　　　)	次 月 繰 越	(　　　　)
工 場 消 耗 品	154,000		
賃　　　金	(　　　)		
健 康 保 険 料	125,000		
減 価 償 却 費	114,000		
電 力 料	236,000		
雑　　　費	41,000		
(　　　)		(　　　)	

製　品	1個あたりの重量	完 成 品 数 量
1 級 製 品	60kg	900個
2 級 製 品	50kg	1,500個

単 純 総 合 原 価 計 算 表
（平均法）　令和○年7月分

摘　　　　要	素　材　費	加　工　費	合　　　計
材　　料　　費	2,750,000	154,000	2,904,000
労　　務　　費	———	1,797,000	1,797,000
経　　　　費	———	391,000	391,000
計	2,750,000	2,342,000	5,092,000
月 初 仕 掛 品 原 価	240,000	258,000	498,000
計	2,990,000	2,600,000	5,590,000
月 末 仕 掛 品 原 価	230,000	200,000	430,000
完 成 品 原 価	2,760,000	2,400,000	5,160,000

等 級 別 総 合 原 価 計 算 表
令和○年7月分

等級別製品	重　　量	等 価 係 数	完成品数量	積　　　数	等級別製造原価	製 品 単 価
1 級 製 品	60kg	6	900個	5,400	2,160,000	¥　2,400
2 級 製 品	50kg	5	1,500個	7,500	3,000,000	¥　2,000
				12,900	5,160,000	

3 徳島製作所では，組別総合原価計算を採用し，A組製品とB組製品を製造している。次の資料によって，

(1) A組仕掛品勘定を完成しなさい。

(2) B組製品の完成品原価を計算しなさい。

　　ただし，ⅰ　組間接費は直接作業時間を基準として配賦する。

　　　　　　ⅱ　素材は製造着手のときにすべて投入され，加工費は製造の進行に応じて消費されるものとする。

　　　　　　ⅲ　月末仕掛品原価の計算は先入先出法による。

　　　　　　ⅳ　仕損じは製造工程の終点で発生しており，仕損費は完成品のみに負担させる。

資　料

　a．月初仕掛品原価

　　　A組　¥428,000（素材費　¥240,000　加工費¥188,000）

　　　B組　¥218,800（素材費　¥195,000　加工費¥ 23,800）

　b．当月製造費用

	A組直接費	B組直接費	組間接費
材　料　費	¥1,800,000	¥2,400,000	－
労　務　費	¥ 646,000	¥ 868,000	¥ 630,000
経　　　費	¥ 292,000	¥ 309,000	¥ 504,000

　c．生産データ

	A 組	B 組
月初仕掛品	600個（加工進捗度50%）	400個（加工進捗度30%）
当 月 投 入	4,500個	4,800個
合　　計	5,100個	5,200個
月末仕掛品	500個（加工進捗度30%）	200個（加工進捗度60%）
正 常 減 損	－個	50個
完 成 品	4,600個	4,950個

　d．直接作業時間

　　　A組　2,160時間　　B組　2,880時間

(1)
A 組 仕 掛 品

前 月 繰 越	428,000	(A組製品)	(3,404,000)
素　　　材	(1,800,000)	次 月 繰 越	(248,000)
労　務　費	(646,000)		
経　　　費	(292,000)		
(組 間 接 費)	(486,000)		
	(3,652,000)		(3,652,000)

(2)

B組製品の完成品原価	¥	4,300,000

4　高知産業株式会社は工程別総合原価計算を採用し，A製品を製造している。下記の資料によって，

(1)　第1工程仕掛品勘定を完成しなさい。

(2)　第2工程の月末仕掛品原価を求めなさい。

　　ただし，i　第1工程の完成品原価は，すべて第1工程半製品勘定に振り替えている。

　　　　　　ii　素材は製造着手のときにすべて投入され，第1工程の完成品は第2工程の始点で投入されるものとする。

　　　　　　iii　加工費は第1工程・第2工程ともに製造の進行に応じて消費されるものとする。

　　　　　　iv　月末仕掛品原価の計算は平均法による。

資　料

　a.　生産データ

	第1工程	第2工程
月初仕掛品	200個（加工進捗度50%）	400個（加工進捗度60%）
当月投入	1,900個	1,200個
合計	2,100個	1,600個
月末仕掛品	200個（加工進捗度25%）	200個（加工進捗度40%）
完成品	1,900個	1,400個

　b.　当月製造費用

　　①　工程個別費および補助部門個別費

	第 1 工 程	第 2 工 程	補 助 部 門
材 料 費	¥1,250,000	－	－
労 務 費	¥ 678,000	¥ 736,000	¥ 92,000
経 費	¥ 72,000	¥ 94,000	¥ 80,000

　　②　部門共通費を次のとおり配賦する。

　　　　第1工程　¥216,000　　第2工程　¥216,000　　補助部門　¥108,000

　　③　補助部門費を第1工程に60%，第2工程に40%の割合で配賦する。

　c.　月初仕掛品原価

　　　　第1工程　¥334,000（素材費¥220,000　加工費¥114,000）

　　　　第2工程　¥450,000（前工程費¥276,000　加工費¥174,000）

　d.　当月中に第2工程に投入した第1工程の完成品原価は，¥2,412,000である。

(1)　　　　　　　　　　　　第 1 工 程 仕 掛 品

前 月 繰 越	334,000	(第1工程半製品)	(2,546,000)
素 材	1,250,000	次 月 繰 越	(172,000)
労 務 費	678,000		
経 費	72,000		
部門共通費	(216,000)		
補助部門費	(168,000)		
	(2,718,000)		(2,718,000)

(2)　| B組製品の完成品原価　¥　3,612,000 |

5　福島製作所は，単純総合原価計算を採用し，A製品を製造している。下記の資料と仕掛品勘定によって，

(1)　単純総合原価計算表を完成しなさい。

(2)　仕掛品勘定の減価償却費（アの金額）を求めなさい。

ただし，ⅰ　素材は製造着手のときにすべて投入され，加工費は製造の進行に応じて消費されるものとする。

ⅱ　月末仕掛の計算は平均法による。

ⅲ　正常減損は製造工程の終点で発生しており，正常減損費は完成品のみに負担させる。

資　料

a. 生産データ

月初仕掛品　1,000kg（加工進捗度40%）

当月投入　4,100kg

合　計　5,100kg

月末仕掛品　800kg（加工進捗度50%）

正常減損　300kg

完成品　4,000kg

b. 月初仕掛品原価

素材費　¥ 1,121,400

加工費　¥ 1,146,600

c. 当月製造費用

素材費　¥ 4,305,000

加工費　¥ 11,618,600

仕　掛　品			
前月繰越	(　　　　)	製　品	(　　　　)
素　材	(　　　　)	次月繰越	(　　　　)
工場消耗品	861,000		
賃　金	7,588,000		
退職給付費用	912,000		
健康保険料	103,000		
減価償却費	(　ア　)		
電力料	1,274,000		
雑　費	544,600		
	(　　　　)		(　　　　)

(1)
単 純 総 合 原 価 計 算 表
令和○年1月分

摘　　　要	素　材　費	加　工　費	合　　　計
材　料　費	4,305,000	861,000	5,166,000
労　務　費	———	8,603,000	8,603,000
経　　　費	———	2,154,600	2,154,600
計	4,305,000	11,618,600	15,923,600
月 初 仕 掛 品 原 価	1,121,400	1,146,600	2,268,000
計	5,426,400	12,765,200	18,191,600
月 末 仕 掛 品 原 価	851,200	1,086,400	1,937,600
完 成 品 原 価	4,575,200	11,678,800	16,254,000
完 成 品 数 量	4,000kg	4,000kg	4,000kg
製品1kgあたりの原価	¥　　1,143.8	¥　　2,919.7	¥　　4,063.5

(2)

仕掛品勘定の減価償却費（アの金額）　¥	336,000

6　岐阜製作所は，単純総合原価計算を採用し，A製品を製造している。下記の資料と仕掛品勘定によって，

(1)　単純総合原価計算表を完成しなさい。

(2)　仕掛品勘定の退職給付費用（アの金額）を求めなさい。

　　　ただし，i　素材は製造着手のときにすべて投入され，加工費は製造の進行に応じて消費されるものとする。

　　　　　　　ii　月末仕掛品の計算は平均法による。

　　　　　　　iii　正常減損は製造工程の始点で発生しており，正常減損費は完成品と月末仕掛品の両方に負担させる。

資　料

　a. 生産データ

　　　月初仕掛品　　　　600kg（加工進捗度50%）

　　　当 月 投 入　　4,860kg

　　　　合　　計　　　5,460kg

　　　月末仕掛品　　　　900kg（加工進捗度60%）

　　　正 常 減 損　　　　60kg

　　　完 成 品　　　4,500kg

　b. 月初仕掛品原価

　　　素 材 費　¥　534,000

　　　加 工 費　¥　246,000

　c. 当月製造費用

　　　素 材 費　¥　4,380,000

　　　加 工 費　¥　4,038,000

仕　掛　品

前月繰越	（　　　）	製　品	（　　　）
素　材	（　　　）	次月繰越	（　　　）
工場消耗品	420,000		
賃　金	840,000		
退職給付費用	（　ア　）		
健康保険料	73,000		
減価償却費	115,000		
電力料	1,640,000		
雑　費	720,000		
	（　　　）		（　　　）

(1)

単 純 総 合 原 価 計 算 表
令和○年1月分

摘　　　要	素　材　費	加　工　費	合　　　計
材　料　費	4,380,000	420,000	4,800,000
労　務　費	———	1,143,000	1,143,000
経　費	———	2,475,000	2,475,000
計	4,380,000	4,038,000	8,418,000
月 初 仕 掛 品 原 価	534,000	246,000	780,000
計	4,914,000	4,284,000	9,198,000
月 末 仕 掛 品 原 価	819,000	459,000	1,278,000
完 成 品 原 価	4,095,000	3,825,000	7,920,000
完 成 品 数 量	4,500kg	4,500kg	4,500kg
製品1kgあたりの原価	¥　910	¥　850	¥　1,760

(2)

仕掛品勘定の退職給付費用（アの金額）　¥	230,000

第3章　適語選択

解答p.126

1 次の各文の□□□のなかに，下記の語群のなかから，もっとも適当なものを選び，その番号を記入しなさい。

(1) 工業簿記では，購買活動・製造活動・販売活動に関する各種の取引を　ア　の原理によって記帳する。特に製造活動にかかわる取引については，原価の費目別計算・原価の部門別計算・原価の製品別計算などの　イ　と密接に結びついて記帳するところに特徴がある。

(2) 原価要素は，発生形態によって，材料費・　ウ　・経費に分類することができる。また，操業度との関連によって分類すると，操業度の増減にかかわりなく1期間の発生高が一定しているものと，操業度の増減にともなって発生高が比例的に増減するものに分けることができる。このうち，前者のように発生高が一定しているものを　エ　という。

語群　1. 複式簿記　2. 単式簿記　3. 固定費　4. 変動費
5. 商業簿記　6. 原価計算　7. 加工費　8. 労務費

(1)		(2)	
ア	イ	ウ	エ
1	6	8	3

2 次の各文の□□□のなかに，下記の語群のなかから，もっとも適当なものを選び，その番号を記入しなさい。

(1) 原価要素は，製品との関連により，特定の製品のために個別的に消費されるものと，各種製品の製造のため共通に消費されるものに分類される。前者の原価要素を　ア　といい，これは各製品別に個別的に集計される。この集計手続を　イ　という。

(2) 経費のなかには，外部に材料を提供して加工させたときに，加工賃として支払う　ウ　がある。この消費高は製品との関連から，特許権使用料と同様に　エ　に分類される。

語群　1. 直接経費　2. 製造間接費　3. 配賦　4. 外注加工賃
5. 賦課　6. 材料仕入帳　7. 原価元帳　8. 製造直接費

(1)		(2)	
ア	イ	ウ	エ
8	5	4	1

3 次の各文の□□□のなかに，下記の語群のなかから，もっとも適当なものを選び，その番号を記入しなさい。

(1) 製造原価に販売費及び一般管理費を加えたものを　ア　といい，このなかには，支払利息などの金融上の費用や火災・風水害による損失などの　イ　は含まれない。

(2) 実際原価計算において，材料や賃金の消費高の計算にそれぞれ予定価格や予定賃率を用いたり，製造間接費の配賦額の計算に予定配賦率を用いたりすると，　ウ　の途中で製品が完成したとき，ただちに，　エ　を計算することができるなどの利点がある。なお，これにもとづいて生じる材料消費価格差異・賃率差異・製造間接費配賦差異などの残高は，ふつう会計期末に売上原価勘定に振り替える。

語群　1. 会計期間　2. 総原価　3. 標準原価　4. 販売価格
5. 非原価項目　6. 販売期間　7. 製造原価　8. 原価計算期間

(1)		(2)	
ア	イ	ウ	エ
2	5	8	7

4　次の各文の□□□のなかに，下記の語群のなかから，もっとも適当なものを選び，その番号を記入しなさい。

(1)　経費は消費高の計算方法のちがいによって支払経費・□ア□・測定経費に分類できる。このうち測定経費は，計量器や検針器で求めた消費量に料率を乗じて消費高を計上するもので，ガス代や電力料などがある。また，支払経費は当月の支払高に前月や当月の前払高・□イ□を加減して消費高を求め，勘定に記入する。

(2)　個別原価計算では，特定の製品別に製造の命令をする□ウ□が発行される。これに，製造着手から完成まで特定の製品を代表する番号がつけられ，この番号別に原価計算表が作成される。作成された原価計算表を番号別につづりあわせて仕掛品勘定の内訳明細を示した補助簿を□エ□という。

語群
1．間　接　経　費　　2．総　勘　定　元　帳　　3．前　　受　　高　　4．未　　払　　高
5．直　接　経　費　　6．月　割　経　費　　　　7．製　造　指　図　書　　8．原　価　元　帳

(1)		(2)	
ア	イ	ウ	エ
6	4	7	8

5　次の各文の□□□のなかに，下記の語群のなかから，もっとも適当なものを選び，その番号を記入しなさい。

(1)　製造中に，材料の不良や機械の故障，工具のミスなどのために合格品にならなかったものを□ア□という。これを補修によって合格品にできる場合は，補修のため発行された補修指図書に集計された製造原価が□イ□となる。

(2)　製品の製造のために消費した実際原価によって製品の製造原価を計算する実際原価計算の目的は，主として□ウ□の作成に必要な資料を提供することである。これに対して標準原価計算の目的は，科学的・統計的調査にもとづいてあらかじめ定めた標準原価と実際原価とを比較して差異を算定し，その原因を分析することによって□エ□に役立つ資料を提供することである。

語群
1．販　売　管　理　　2．原　価　計　算　表　　3．原　価　管　理　　4．財　務　諸　表
5．仕　　損　　費　　6．作　業　く　ず　　　　7．仕　入　管　理　　8．仕　　損　　品

(1)		(2)	
ア	イ	ウ	エ
8	5	4	3

6　次の各文の□□□のなかに，下記の語群のなかから，もっとも適当なものを選び，その番号を記入しなさい。

(1)　標準原価計算の記帳方法で，それぞれの原価要素の勘定に原価差異を記入する方法を□ア□という。この記帳方法では，原価要素の勘定から仕掛品勘定への振り替えは□イ□でおこなう。

(2)　直接原価計算では，売上高から□ウ□による売上原価を差し引き，変動製造マージンを計算する。次に，変動製造マージンから変動販売費を差し引いて貢献利益を求め，最後に，この貢献利益から固定製造間接費と固定販売費及び一般管理費を差し引いて□エ□を計算する。

語群
1．売　上　総　利　益　　2．固　　定　　費　　3．実　際　原　価　　4．シングルプラン
5．営　業　利　益　　　　6．変　　動　　費　　7．標　準　原　価　　8．パーシャルプラン

(1)		(2)	
ア	イ	ウ	エ
4	7	6	5

第4章 計算問題

解答p.126

1 香川製作所の下記の勘定記録と資料により，次の金額を求めなさい。ただし，会計期間は原価計算期間と一致しているものとする。なお，製造間接費配賦差異は売上原価に振り替える。

　a．材料の実際消費高　　b．間接労務費の実際発生額　　c．売上原価

仕　掛　品			
前 期 繰 越	240,000	製　　　品	10,000,000
素　　　材	（　　　）	次 期 繰 越	（　　　）
賃　　　金	3,200,000		
外注加工賃	100,000		
製造間接費	（　　　）		
	（　　　）		（　　　）

製 造 間 接 費			
素　　　材	210,000	仕 掛 品	（　　　）
工場消耗品	（　　　）	製造間接費配賦差異	（　　　）
賃　　　金	（　　　）		
給　　　料	1,420,000		
退職給付費用	405,000		
健康保険料	124,000		
水　道　料	（　　　）		
減価償却費	300,000		
	（　　　）		（　　　）

資　料

① 素　　　材　期首棚卸高 ¥680,000　　当期仕入高 ¥3,400,000　　期末棚卸高 ¥620,000

② 工場消耗品　期首棚卸高 ¥ 31,000　　当期仕入高 ¥ 245,000　　期末棚卸高 ¥ 38,000

③ 賃　　　金　実際平均賃率　作業時間1時間につき¥800
　　　　　　　　直接作業時間4,000時間　　間接作業時間450時間

④ 水　道　料　基本料金 ¥ 12,000
　　　　　　　　当期使用量　4,500㎥　　　単価1㎥あたり¥120
　　　　　　　　水道料の計算方法は，基本料金に当期使用料を加算して求める。

⑤ 仕　掛　品　期首棚卸高 ¥240,000　　期末棚卸高 ¥309,000

⑥ 製　　　品　期首棚卸高 ¥900,000　　期末棚卸高 ¥800,000

⑦ 製造間接費配賦額は，直接作業時間1時間につき¥900の予定配賦率を用いている。

a	¥	3,698,000	b	¥	2,309,000	c	¥	10,109,000

2 十勝製作所の下記の資料から，製造原価報告書および損益計算書に記載する次の金額を求めなさい。なお，材料消費価格差異は売上原価に振り替える。

(1) 当期労務費　　(2) 当期経費　　(3) 当期製品製造原価　　(4) 売上原価

資　料

① 素　　　材　当期予定消費高 ¥801,000
　　　　　　　　期首棚卸高 ¥ 32,000　　当期仕入高 ¥781,000　　期末棚卸高 ¥ 29,000

② 賃　　　金　前期未払高 ¥ 12,000　　当期支払高 ¥574,000　　当期未払高 ¥ 14,000

③ 給　　　料　当期消費高 ¥119,000

④ 外注加工賃　前期前払高 ¥ 8,000　　当期支払高 ¥ 36,000

⑤ 減価償却費　当期消費高 ¥ 24,000

⑥ 電　力　料　当期支払高 ¥ 41,000　　当期測定高 ¥ 40,000

⑦ 仕　掛　品　期首棚卸高 ¥109,000　　期末棚卸高 ¥131,000

⑧ 製　　　品　期首棚卸高 ¥213,000　　期末棚卸高 ¥182,000

(1)	当 期 労 務 費	¥	695,000	(2)	当 期 経 費	¥	108,000
(3)	当期製品製造原価	¥	1,582,000	(4)	売 上 原 価	¥	1,596,000

3 北上工業株式会社における下記の勘定記録・貸借対照表(一部)と資料から，製造原価報告書に記載する次の金額を求めなさい。ただし，会計期間は原価計算期間と一致しているものとする。

(1) 当期材料費　(2) 当期労務費　(3) 当期製品製造原価　(4) 売上原価

仕 掛 品

前期繰越	221,000	製　　品	( )
素　　材	876,000	次期繰越	( )
賃　　金	( )		
外注加工賃	60,000		
製造間接費	( )		
	( )		( )

製 造 間 接 費

素　　材	( )	仕 掛 品	462,000
燃　　料	110,000		
給　　料	123,000		
健康保険料	30,000		
電 力 料	136,000		
減価償却費	51,000		
	( )		( )

貸 借 対 照 表 (一部)
令和○年3月31日　　(単位：円)

製　　品	200,000
材　　料	326,000
仕 掛 品	304,000

資 料

① 素材　期首棚卸高 ¥224,000　当期仕入高 ¥990,000　期末棚卸高 ¥326,000
② 賃金　前期未払高 ¥40,000　当期支払高 ¥705,000　当期未払高 ¥30,000
③ 製品　期首棚卸高 ¥470,000　期末棚卸高 ¥□

(1)	当 期 材 料 費 ¥	998,000	(2)	当 期 労 務 費 ¥	848,000
(3)	当期製品製造原価 ¥	2,010,000	(4)	売 上 原 価 ¥	2,280,000

4 徳島産業株式会社の次の資料により，製造原価報告書に記載する次の金額を求めなさい。

a．当期材料費　　b．当期労務費　　c．当期製品製造原価

資 料

① 素　　　材　期首棚卸高 ¥300,000　当期仕入高 ¥2,130,000　期末棚卸高 ¥270,000
② 工場消耗品　期首棚卸高 ¥60,000　当期仕入高 ¥351,000　期末棚卸高 ¥63,000
③ 消耗工具器具備品　当期消費高 ¥140,000
④ 賃　　　金　前期未払高 ¥253,000　当期支払高 ¥1,650,000　当期未払高 ¥60,000
⑤ 給　　　料　当期消費高 ¥800,000
⑥ 健康保険料　当期消費高 ¥130,000
⑦ 水 道 料　基本料金 ¥15,000
　　　　　　　当期使用料 ¥□　(当期使用量 2,000㎥　単価1㎥あたり¥110)
⑧ 減価償却費　当期消費高 ¥143,000
⑨ 仕 掛 品　期首棚卸高 ¥590,000　期末棚卸高 ¥620,000

a	¥	2,648,000	b	¥	2,387,000	c	¥	5,383,000

5 愛媛製作所では，直接原価計算をおこない利益計画をたてている。当月における下記の資料から，次の金額または数量を求めなさい。

a．損益分岐点の売上高　　b．目標営業利益¥1,440,000を達成するための販売数量

c．販売単価を20%引き下げた場合の損益分岐点販売数量

資　料

① 販　売　単　価　　　　　　¥5,000　　③ 販売費及び一般管理費

② 製　造　費　用　　　　　　　　　　　　　　変動販売費（製品1個あたり）　¥400

　　変動製造費（製品1個あたり）¥1,600　　　固定販売費及び一般管理費 ¥760,000

　　固定製造間接費　　　　¥1,100,000

a	¥	*3,100,000*	b		*1,100* 個	c		*930* 個

6 次の文の____のなかに，適当な金額または数量を記入しなさい。

高知工業株式会社はX製品を製造し，1個あたり¥2,800で販売している。短期利益計画のために，総原価を変動費と固定費に分け，直接原価計算による損益計算書を作成したところ，X製品を3,000個販売した場合の変動費は¥6,510,000　固定費は¥1,260,000　営業利益は¥___a___であった。この損益計算書をもとに計算した損益分岐点の売上高は¥___b___であり，目標営業利益¥756,000を達成するための販売数量は___c___個であった。

a	¥	*630,000*	b	¥	*5,600,000*	c		*3,200* 個

7 直接原価計算を採用している利根製作所の下記の資料によって，次の金額を求めなさい。

(1) 当月売上高　　(2) 貢献利益　　(3) 損益分岐点の売上高

(4) 目標営業利益¥150,000を達成するために必要な売上高

資　料

① 当月完成品数量　　　1,800個

② 製　造　費　用　　変動費（完成品1個あたり）¥　　370

　　　　　　　　　　　固定製造間接費（1か月）　¥120,000

③ 当月製品販売数量　　1,600個

④ 月末製品棚卸数量　　　200個

⑤ 変動販売費（1個あたり）　¥　50

⑥ 固定販売費及び一般管理費（1か月）　¥90,000

⑦ 販売価格（1個あたり）　¥600

(1)	当月売上高 ¥	*960,000*	(2)	貢献利益 ¥	*288,000*
(3)	損益分岐点の売上高			¥	*700,000*
(4)	目標営業利益¥150,000を達成するために必要な売上高 ¥				*1,200,000*

8　荒川工業株式会社は，標準原価計算を採用し，製品Kを生産している。下記の資料によって，次の金額を求めなさい。なお，解答欄の（　）内には有利差異のときは（有利）と記入し，不利差異のときは（不利）と記入しなさい。

(1)　材料消費価格差異　　(2)　材料消費数量差異　　(3)　賃率差異　　(4)　作業時間差異

資　料

　i　標準原価カード

標準原価カード（製品1単位あたり）				
直接材料費	5kg	@¥ 500	¥	2,500
直接労務費	10時間	@¥ 800	¥	8,000
製造間接費	10時間	@¥ 600	¥	6,000
			¥	16,500

　ii　生産に関するデータ

　　　月初仕掛品数量　　200個（加工進捗度50%）
　　　当　月　投　入　1,500個
　　　合　　　　　計　1,700個
　　　月末仕掛品数量　　300個（加工進捗度40%）
　　　完　成　品　数　量　1,400個

　　　（注）直接材料は製造着手のときにすべて投入されたものとする。

　iii　実際原価に関するデータ
　　　①　実際直接材料費　　実際単価　¥510　　実際消費数量　　7,540kg
　　　②　実際直接労務費　　実際賃率　¥805　　実際直接作業時間　14,100時間

(1)	材料消費価格差異	¥	75,400	（不利）	(2)	材料消費数量差異	¥	20,000	（不利）
(3)	賃　率　差　異	¥	70,500	（不利）	(4)	作業時間差異	¥	80,000	（有利）

9　相模工業株式会社は，標準原価計算を採用し，製品Sを生産している。製造間接費に関する下記の資料によって，次の金額を求めなさい。なお，解答欄の（　）内には有利差異のときは（有利）と記入し，不利差異のときは（不利）と記入しなさい。

(1)　製造間接費差異　　(2)　予算差異　　(3)　操業度差異　　(4)　能率差異

資　料

　i　標準原価カード（製品S　1単位（1個）あたり）
　　　製造間接費標準配賦率　¥1,600　　標準直接作業時間　2時間
　ii　製造間接費予算額　　¥9,600,000
　　　（変動費予算額　¥4,200,000　　固定費予算額　¥5,400,000）
　iii　製造間接費実際発生額　¥9,360,000　　実際直接作業時間　5,800時間
　iv　生産データ　月初仕掛品　800個（加工進捗度40%）
　　　　　　　　　完　成　品　2,760個
　　　　　　　　　月末仕掛品　600個（加工進捗度60%）
　v　基準操業度における作業時間　6,000時間

(1)	製造間接費差異	¥	400,000	（不利）	(2)	予　算　差　異	¥	100,000	（有利）
(3)	操　業　度　差　異	¥	180,000	（不利）	(4)	能　率　差　異	¥	320,000	（不利）

第5章 個別原価計算の問題

解答p.131

1 個別原価計算を採用している青森製作所の下記の取引(一部)によって,次の各問いに答えなさい。
  (1) 7月31日①の仕訳を示しなさい。
  (2) 賃金勘定・仕掛品勘定・製造間接費勘定に必要な記入をおこない,締め切りなさい。なお,勘定記入は日付・相手科目・金額を示すこと。
  (3) 部門費振替表を直接配賦法によって完成しなさい。
  (4) A製品(製造指図書#1)の原価計算表を完成しなさい。
    ただし, i 前月繰越高は,次のとおりである。
        素　　　材　　500個　@¥840　¥ 420,000
        工場消耗品　　210〃　〃260　¥ 54,600
        賃　　　金(未払高)　　　　　¥ 116,000
        仕　掛　品(製造指図書#1)　¥1,943,500(原価計算表に記入済み)
      ii 素材の消費高の計算は移動平均法により,工場消耗品の消費数量の計算は棚卸計算法によっている。
      iii 賃金の消費高の計算には,作業時間1時間につき¥800の予定賃率を用いている。
      iv 製造間接費は部門別計算をおこない,直接作業時間を基準として予定配賦している。

	第 1 製 造 部 門	第 2 製 造 部 門
年間製造間接費予定額	¥4,968,000	¥2,400,000
年間予定直接作業時間	21,600時間	12,000時間

取　引
  7月5日　素材および工場消耗品を次のとおり買い入れ,代金は掛けとした。
        素　　　材　　2,000個　@¥800　¥1,600,000
        工場消耗品　　640〃　〃260　¥ 166,400
    12日　素材を次のとおり消費した。　製造指図書#2　2,300個　　機械修理用　50個
    20日　電力料¥212,000を小切手を振り出して支払った。
    25日　賃金を小切手を振り出して支払った。
        賃金総額　　¥2,275,000
        うち,控除額　所得税¥218,000　健康保険料¥124,000
    31日　①　工場消耗品の月末棚卸数量は150個であった。よって消費高を計上した。(間接材料)
      ②　当月の賃金予定消費高を次の作業時間によって計上した。(消費賃金勘定は設けていない)　製造指図書#1　980時間　製造指図書#2　1,860時間
      ③　健康保険料の事業主負担分¥124,000を計上した。
      ④　当月の製造経費消費高を計上した。　電力料　¥213,600　　減価償却費　¥64,000
      ⑤　製造部門費を次のように予定配賦した。

		第 1 製造部門	第 2 製造部門
直接作業時間	製造指図書#1	550時間	430時間
	製造指図書#2	1,200時間	660時間

      ⑥　製造間接費を次のように各部門に配分した。(製造間接費勘定を設けている)

	金　額	第1部門	第2部門	動力部門	工場事務部門
部門費合計	624,000	337,500	174,000	85,500	27,000

      ⑦　補助部門費を次の配賦基準によって各製造部門に配賦した。

	配　賦　基　準	第 1 製 造 部 門	第 2 製 造 部 門
動 力 部 門 費	kW数×運転時間数	18kW×400時間	14kW×300時間
工場事務部門費	従　業　員　数	11人	7人

      ⑧　A製品(製造指図書#1)1,200個が完成した。
      ⑨　当月の賃金未払高は¥118,000であったので,消費高を計上した。よって,予定消費高と実際消費高との差額を,賃率差異勘定に振り替えた。
      ⑩　第1製造部門と第2製造部門の配賦差異を,製造部門費配賦差異勘定に振り替えた。

(1)

	借　　方		貸　　方	
７月31日①	製 造 間 接 費	182,000	工 場 消 耗 品	182,000

(2)

賃　　　金

7/25	諸　　　口	2,275,000	7/1	前 月 繰 越	116,000
31	次 月 繰 越	118,000	31	仕 掛 品	2,272,000
			〃	賃 率 差 異	5,000
		2,393,000			2,393,000

仕　　掛　　品

7/1	前 月 繰 越	1,943,500	7/31	製　　　品	2,940,000
12	素　　　材	1,858,400	〃	次 月 繰 越	3,754,400
31	賃　　　金	2,272,000			
〃	諸　　　口	620,500			
		6,694,400			6,694,400

製　造　間　接　費

7/12	素　　　材	40,400	7/31	諸　　　口	624,000
31	工場消耗品	182,000			
〃	健康保険料	124,000			
〃	諸　　　口	277,600			
		624,000			624,000

(3)

部 門 費 振 替 表

直接配賦法　　　　　　　　　　　令和○年７月分

部 門 費	配賦基準	金 額	製 造 部 門		補 助 部 門	
			第１部門	第２部門	動力部門	工場事務部門
部 門 費 合 計		624,000	337,500	174,000	85,500	27,000
動 力 部 門 費	ｋW数×運転時間数	85,500	54,000	31,500		
工場事務部門費	従 業 員 数	27,000	16,500	10,500		
配 賦 額 合 計		112,500	70,500	42,000		
製造部門費合計		624,000	408,000	216,000		

(4)　製造指図書＃１

原 価 計 算 表

直接材料費	直接労務費	製 造 間 接 費				集　　　計	
		部 門	時 間	配賦率	金 額	摘 要	金 額
1,485,500	320,000	第1	600	230	138,000	直接材料費	1,485,500
―――	784,000	第1	550	230	126,500	直接労務費	1,104,000
1,485,500	1,104,000	第2	430	200	86,000	製造間接費	350,500
					350,500	製 造 原 価	2,940,000
						完成品数量	1,200個
						製 品 単 価	¥ 2,450

2 個別原価計算を採用している岩手製作所の下記の資料によって，
(1)　9月10日の取引の仕訳を示しなさい。
(2)　素材勘定・製造間接費勘定・製造部門費配賦差異勘定に必要な記入をおこない，締め切りなさい。なお。勘定記入は日付・相手科目・金額を示すこと。
(3)　部門費振替表を相互配賦法によって完成しなさい。
(4)　A製品（製造指図書＃1）の原価計算表を完成しなさい。
　　ただし，　ⅰ　前月繰越高は，次のとおりである。
　　　　　　　素　　　　　材　　　250個　＠¥850　　¥212,500
　　　　　　　賃　　　　　金（未払高）　　　　　　　¥116,000
　　　　　　　仕　掛　品（製造指図書＃1）　　¥658,900（原価計算表に記入済み）
　　　　　　ⅱ　素材の消費高の計算は移動平均法により，工場消耗品の消費数量の計算は棚卸計算法によっている。
　　　　　　ⅲ　賃金の消費高の計算には，作業時間1時間につき¥900の予定賃率を用いている。
　　　　　　ⅳ　製造間接費は部門別計算をおこない，直接作業時間を基準として予定配賦している。

	第 1 製 造 部 門	第 2 製 造 部 門
年間製造間接費予定額	¥4,400,000	¥2,970,000
年間予定直接作業時間	11,000時間	9,000時間

取　引
　9月4日　素材を次のとおり買い入れ，代金は掛けとした。
　　　　　　素　　　　　材　　　1,000個　＠¥1,100　¥1,100,000
　　10日　素材を次のとおり消費した。　製造指図書＃1　580個　製造指図書＃2　360個
　　19日　製造経費を次のとおり小切手を振り出して支払った。
　　　　　　電力料　¥212,000　雑　費　¥19,000
　　25日　賃金を次のとおり小切手を振り出して支払った。
　　　　　　賃金総額　¥1,450,000（うち，控除額　所得税　¥108,000　健康保険料　¥86,000）
　　30日　①　消耗工具器具備品の当月消費高¥120,000を計上した。（間接材料）
　　　　　　②　当月の賃金予定消費高を次の作業時間によって計上した。（消費賃金勘定を設けている）
　　　　　　　　製造指図書＃1　1,050時間　製造指図書＃2　650時間　間接作業　100時間
　　　　　　③　健康保険料の事業主負担分¥86,000を計上した。
　　　　　　④　当月の製造経費消費高を計上した。
　　　　　　　　電　力　料　¥221,000　　減価償却費　¥100,000　　雑　　費　¥13,000
　　　　　　⑤　製造部門費を次のように予定配賦した。

		第 1 製 造 部 門	第 2 製 造 部 門
直接作業時間	製造指図書＃1	580時間	470時間
	製造指図書＃2	350時間	300時間

　　　　　　⑥　製造間接費を次のように各部門に配分した。（製造間接費勘定を設けている）
　　　　　　　　第 1 製 造 部 門　¥322,000　　第 2 製 造 部 門　¥226,600
　　　　　　　　動　力　部　門　　45,000　　修　繕　部　門　　36,400
　　　　　　⑦　補助部門費を次の配賦基準によって各製造部門に配賦した。

	配　賦　基　準	第1製造部門	第2製造部門	動 力 部 門	修 繕 部 門
動力部門費	kW数×運転時間数	20kW×350時間	15kW×400時間	————	10kW×200時間
修繕部門費	修 繕 回 数	8回	4回	2回	————

　　　　　　⑧　A製品（製造指図書＃1）500個が完成した。
　　　　　　⑨　当月の賃金実際消費高を計上した。なお，当月の作業時間は1,800時間であり，実際平均賃率は作業時間1時間につき¥905であった。
　　　　　　⑩　賃金の予定消費高と実際消費高との差額を，賃率差異勘定に振り替えた。
　　　　　　⑪　第1製造部門費および第2製造部門費の配賦差異を，製造部門費配賦差異勘定に振り替えた。

(1)

	借　　　方	貸　　　方
9 月10日	仕　掛　品　　　987,000	素　　　材　　　987,000

(2)

素　　　材

9/1	前 月 繰 越	212,500	9/10	仕 掛 品	987,000
4	買 掛 金	1,100,000	30	次 月 繰 越	325,500
		1,312,500			1,312,500

製 造 間 接 費

9/30	消耗工具器具備品	120,000	9/30	諸　　口	630,000
〃	消 費 賃 金	90,000			
〃	健康保険料	86,000			
〃	諸　　口	334,000			
		630,000			630,000

製 造 部 門 費 配 賦 差 異

9/1	前 月 繰 越	2,300	9/30	第1製造部門費	1,400
30	第2製造部門費	5,300	〃	次 月 繰 越	6,200
		7,600			7,600

(3)　　　　　　　部 門 費 振 替 表

相互配賦法　　　　　　　令和○年9月分

部　門　費	配 賦 基 準	金　額	製 造 部 門		補 助 部 門	
			第1部門	第2部門	動力部門	修繕部門
部門費合計		630,000	322,000	226,600	45,000	36,400
動力部門費	kW数×運転時間数	45,000	21,000	18,000	———	6,000
修繕部門費	修繕回数	36,400	20,800	10,400	5,200	———
第1次配賦額		81,400	41,800	28,400	5,200	6,000
動力部門費	kW数×運転時間数	5,200	2,800	2,400		
修繕部門費	修繕回数	6,000	4,000	2,000		
第2次配賦額		11,200	6,800	4,400		
製造部門費合計		630,000	370,600	259,400		

(4)　製造指図書#1　　　　原 価 計 算 表

直接材料費	直接労務費	製 造 間 接 費				集　　計	
		部 門	時 間	配賦率	金 額	摘　要	金　額
326,900	268,000	第1	160	400	64,000	直接材料費	935,900
609,000	945,000	第1	580	400	232,000	直接労務費	1,213,000
935,900	1,213,000	第2	470	330	155,100	製造間接費	451,100
					451,100	製 造 原 価	2,600,000
						完成品数量	500個
						製 品 単 価	¥ 5,200

3　個別原価計算を採用している福岡製作所の下記の資料によって，次の各問いに答えなさい。
(1)　1月31日①と⑦の取引の仕訳を示しなさい。
(2)　消費賃金・製造間接費勘定・第1製造部門費勘定に必要な記入をおこない，締め切りなさい。
　　なお，勘定記入は日付・相手科目・金額を示すこと。
(3)　A製品（製造指図書＃1）とB製品（製造指図書＃2）の原価計算表を作成しなさい。
　　ただし，ⅰ　前月繰越高は，次のとおりである。
　　　　　　　素　　　材　　600個　　＠¥820　　¥492,000
　　　　　　　工場消耗品　　450〃　　〃〃80　　¥ 36,000
　　　　　　　仕　掛　品（製造指図書＃1）　¥2,727,000（原価計算表に記入済）
　　　　ⅱ　素材の消費高の計算は移動平均法，工場消耗品の消費数量の計算は棚卸計算法によっている。
　　　　ⅲ　賃金の消費高は，作業時間1時間につき¥1,180の予定賃率を用いている。
　　　　ⅳ　製造間接費は部門別計算をおこない，直接作業時間を配賦基準として予定配賦している。

	第1製造部門	第2製造部門
年間製造間接費予定額（予算額）	¥5,200,000	¥4,332,000
年間予定直接作業時間（基準操業度）	10,000時間	11,400時間

取引
1月7日　素材および工場消耗品を次のとおり買い入れ，代金は現金で支払った。
　　　　　素　　　材　　1,200個　　＠¥805　　¥966,000
　　　　　工場消耗品　　2,000〃　　〃〃80　　¥160,000
12日　B製品（製造指図書＃2）の注文を受け，素材1,500個を消費して製造を開始した。
23日　賃金を次のとおり小切手を振り出して支払った。
　　　　賃金総額　¥2,925,000
　　　　うち，控除額　所得税　¥234,000　　健康保険料　¥117,000
31日　①　工場消耗品の月末棚卸数量は350個であった。よって，消費高を計上した。(間接材料)
　　　②　当月の賃金予定消費高を次の作業時間によって計上した。
　　　　　製造指図書＃1　1,200時間　製造指図書＃2　1,050時間　間接作業　200時間
　　　③　健康保険料の事業主負担分¥117,000を計上した。
　　　④　当月の製造経費消費高を計上した。
　　　　　電　力　料　¥194,000　　保　険　料　¥58,000
　　　　　減価償却費　247,000　　雑　　　費　12,000
　　　⑤　当月の直接作業時間は次のとおりであった。よって，製造部門費を予定配賦した。

		第1製造部門	第2製造部門
直接作業時間	製造指図書＃1	400時間	800時間
	製造指図書＃2	850時間	200時間

　　　⑥　製造間接費を次のように各部門に配分した。
　　　　　第1製造部門　¥467,000　　第2製造部門　¥294,000
　　　　　動　力　部　門　175,000　　修　繕　部　門　96,000
　　　⑦　補助部門費を次の配賦基準によって，直接配賦法で各製造部門に配賦した。

	配賦基準	第1製造部門	第2製造部門
動力部門費	kW数×運転時間数	30kW×800時間	20kW×550時間
修繕部門費	修繕回数	6回	2回

　　　⑧　A製品（製造指図書＃1）50個が完成した。
　　　⑨　当月の賃金実際消費高¥2,940,000を計上した。
　　　⑩　賃金の予定消費高と実際消費高との差額を，賃率差異勘定に振り替えた。
　　　⑪　第1製造部門費と第2製造部門費の配賦差異を，製造部門費配賦差異勘定に振り替えた。

(1)

	借　　　　方		貸　　　　方	
1月31日①	製 造 間 接 費	*168,000*	工 場 消 耗 品	*168,000*
31日⑦	第 1 製 造 部 門 費	*192,000*	動 力 部 門 費	*175,000*
	第 2 製 造 部 門 費	*79,000*	修 繕 部 門 費	*96,000*

(2)

消　費　賃　金

1/31 賃　　　金	*2,940,000*	1/31 諸　　　口	*2,891,000*
		〃 賃 率 差 異	*49,000*
	2,940,000		*2,940,000*

製　造　間　接　費

1/31 工場消耗品	*168,000*	1/31 諸　　　口	*1,032,000*
〃 消 費 賃 金	*236,000*		
〃 健 康 保 険 料	*117,000*		
〃 諸　　　口	*511,000*		
	1,032,000		*1,032,000*

第 1 製 造 部 門 費

1/31 製造間接費	*467,000*	1/31 仕 掛 品	*650,000*
〃 諸　　　口	*192,000*	〃 製造部門費配賦差異	*9,000*
	659,000		*659,000*

(3)

製造指図書＃1　　　　原　価　計　算　表

直接材料費	直接労務費	製　　造　　間　　接　　費				集　　　　計	
		部 門	時 間	配賦率	金 額	摘 要	金 額
2,132,000	*413,000*	第1	350	*520*	*182,000*	直接材料費	*2,132,000*
	1,416,000	第1	400	*520*	*208,000*	直接労務費	*1,829,000*
	1,829,000	第2	800	*380*	*304,000*	製造間接費	*694,000*
					694,000	製 造 原 価	*4,655,000*
						完成品数量	50個
						製 品 単 価	￥　*93,100*

製造指図書＃2　　　　原　価　計　算　表

直接材料費	直接労務費	製　　造　　間　　接　　費				集　　　　計	
		部 門	時 間	配賦率	金 額	摘 要	金 額
1,215,000	*1,239,000*	第1	850	*520*	*442,000*	直接材料費	
		第2	200	*380*	*76,000*	直接労務費	

4 個別原価計算を採用している静岡製作所の下記の資料によって，次の各問いに答えなさい。

⑴　6月30日①の取引の仕訳を示しなさい。

⑵　消費賃金勘定・製造間接費勘定・第2製造部門費勘定に必要な記入をおこない，締め切りなさい。なお，勘定記入は日付・相手科目・金額を示すこと。

⑶　A製品（製造指図書♯1）とB製品（製造指図書♯2）の原価計算表を作成しなさい。

　　ただし，ⅰ　前月繰越高は，次のとおりである。

　　　　　　　　素　　　材　100個　　@¥2,660　　¥266,000

　　　　　　　　仕　掛　品（製造指図書♯1）　　¥1,938,000（原価計算表に記入済）

　　　　　ⅱ　素材の消費高の計算は先入先出法によっている。

　　　　　ⅲ　賃金の消費高は，作業時間1時間につき¥1,260の予定賃率を用いている。

　　　　　ⅳ　製造間接費は部門別計算をおこない,直接作業時間を配賦基準として予定配賦している。

	第 1 製 造 部 門	第 2 製 造 部 門
年間製造間接費予定額（予算額）	¥4,500,000	¥4,320,000
年間予定直接作業時間（基準操業度）	10,000時間	12,000時間

取　引

　　6月8日　素材を次のとおり買い入れ，代金は現金で支払った。

　　　　　　　　素　　　材　　　800個　　@¥2,650　　¥2,120,000

　　　12日　B製品（製造指図書♯2）の注文を受け，素材600個を消費して製造を開始した。

　　　25日　賃金を次のとおり小切手を振り出して支払った。

　　　　　　賃金総額　¥2,893,000

　　　　　　うち，控除額　所得税　¥231,000　　健康保険料　¥97,000

　　　28日　A製品（製造指図書♯1)50個が完成した。なお，A製品の賃金予定消費高と製造部門予定配賦高を，次の作業時間によって計算し，原価計算表に記入した。ただし，賃金予定消費高と製造部門予定配賦高を計上する仕訳は，月末におこなっている。

　　　　　　　製造指図書♯1　1,200時間（第1製造部門　400時間　第2製造部門　800時間）

　　　30日　①　消耗工具器具備品の当月消費高¥196,000を計上した。（間接材料）

　　　　　　②　当月の作業時間は，次のとおりであった。よって，賃金予定消費高を計上した。

		合計	内訳 第 1 製 造 部 門	第 2 製 造 部 門
直接作業時間	製造指図書♯1	1,200時間	400時間	800時間
	製造指図書♯2	900時間	700時間	200時間
間接作業時間		150時間		

　　　　　　③　上記②の直接作業時間によって，製造部門費を予定配賦した。

　　　　　　④　健康保険料の事業主負担分¥97,000を計上した。

　　　　　　⑤　当月の製造経費消費高を計上した。

　　　　　　　　電　力　料　¥130,000　　保　険　料　¥44,000　　減価償却費　¥200,000

　　　　　　⑥　製造間接費を次のように各部門に配分した。

　　　　　　　　第1製造部門　¥403,000　　第2製造部門　¥293,000

　　　　　　　　動　力　部　門　　90,000　　修　繕　部　門　　70,000

　　　　　　⑦　補助部門費を次の配賦基準によって，直接配賦法で各製造部門に配賦した。

	配賦基準	第 1 製 造 部 門	第 2 製 造 部 門
動力部門費	kW数×運転時間数	20kW×300時間	10kW×300時間
修繕部門費	修繕回数	2回	2回

　　　　　　⑧　当月の賃金実際消費高を計上した。これにより，当月の実際平均賃率は作業時間1時間につき¥1,280となった。

　　　　　　⑨　予定賃率による消費高と実際平均賃率による消費高との差額を，賃率差異勘定に振り替えた。

　　　　　　⑩　第1製造部門費の配賦差異を，製造部門費配賦差異勘定に振り替えた。

　　　　　　⑪　第2製造部門費の配賦差異を，製造部門費配賦差異勘定に振り替えた。

(1)

	借　　　方	貸　　　方
6月30日①	製 造 間 接 費　　　196,000	消耗工具器具備品　　　196,000

(2)

消 費 賃 金

6/30 賃　　　金	2,880,000	6/30 諸　　　口	2,835,000
		〃 賃 率 差 異	45,000
	2,880,000		2,880,000

製 造 間 接 費

6/30 消耗工具器具備品	196,000	6/30 諸　　　口	856,000
〃 消 費 賃 金	189,000		
〃 健 康 保 険 料	97,000		
〃 諸　　　口	374,000		
	856,000		856,000

第 2 製 造 部 門 費

6/30 製 造 間 接 費	293,000	6/30 仕 掛 品	360,000
〃 諸　　　口	65,000		
〃 製造部門費配賦差異	2,000		
	360,000		360,000

(3)

製造指図書＃1

原 価 計 算 表

直接材料費	直接労務費	製 造 間 接 費				集 計	
		部 門	時 間	配賦率	金 額	摘 要	金 額
1,596,000	252,000	第1	200	450	90,000	直接材料費	1,596,000
	1,512,000	第1	400	450	180,000	直接労務費	1,764,000
	1,764,000	第2	800	360	288,000	製造間接費	558,000
					558,000	製 造 原 価	3,918,000
						完成品数量	50個
						製 品 単 価	¥　78,360

製造指図書＃2

原 価 計 算 表

直接材料費	直接労務費	製 造 間 接 費				集 計	
		部 門	時 間	配賦率	金 額	摘 要	金 額
1,591,000	1,134,000	第1	700	450	315,000	直接材料費	
		第2	200	360	72,000	直接労務費	

●執筆
　検定簿記問題研究会